U0602937

成都市卿平海名师工作室丛书

创意练笔

卿平海　张速　著

四川大学出版社

项目策划：梁　平
责任编辑：陈克坚
责任校对：傅　奕
封面设计：璞信文化
责任印制：王　炜

图书在版编目（CIP）数据

创意练笔 / 卿平海，张速著 . — 成都 ：四川大学
出版社，2020.10（2024.6 重印）
（成都市卿平海名师工作室丛书 / 卿平海主编）
ISBN 978-7-5690-3423-3

Ⅰ . ①创… Ⅱ . ①卿… ②张… Ⅲ . ①作文课－教学
研究－中小学 Ⅳ . ① G633.342

中国版本图书馆 CIP 数据核字 (2020) 第 156046 号

书名　创意练笔

著　　者	卿平海　张　速
出　　版	四川大学出版社
地　　址	成都市一环路南一段 24 号（610065）
发　　行	四川大学出版社
书　　号	ISBN 978-7-5690-3423-3
印前制作	四川胜翔数码印务设计有限公司
印　　刷	永清县晔盛亚胶印有限公司
成品尺寸	170mm×240mm
印　　张	19
字　　数	369 千字
版　　次	2020 年 11 月第 1 版
印　　次	2024 年 6 月第 2 次印刷
定　　价	75.00 元

版权所有 ◆ 侵权必究

◆ 读者邮购本书，请与本社发行科联系。
　电话：(028)85408408/(028)85401670/
　(028)86408023　邮政编码：610065
◆ 本社图书如有印装质量问题，请寄回出版社调换。
◆ 网址：http://press.scu.edu.cn

扫码加入读者圈

四川大学出版社
微信公众号

回归真写作

——为卿平海、张速所著《创意练笔》序

倪文锦 ①

早在 20 世纪末，语文教学就大力提倡创意教学、创意写作。在今天有些人看来，"创意"似乎已不再时新，对于教育而言，它更多的只是一个口号。但有一位老师在语文教学第一线痴恋"创意练笔"已有 36 年，着实令人感动和钦佩。这位老师就是《创意练笔》一书的作者——卿平海老师。

卿平海老师认为，所谓练笔，"就是练习写作，训练笔力"；所谓创意，就是"具有创造性的意念，语文教学的创意是师生的创新意念、创新意境、创新意味的互动生成过程"；所谓创意练笔，就是"教师用有创意的教引导学生有创意的写的创造性活动，包括练笔的新理念、新内容、新方法、新策略、新评改等"。为此，他坚持创意练笔的写作教改实验几十年如一日，初心不改，孜孜不倦。他说："没有创意的练笔，语文教学就失魂落魄。"

于是，他探求厌写变会写的练笔成功方法，探寻会写变创写的练笔智慧策略，探索创写变乐写的练笔育人之道。实践中，他收获了满满的自豪感和幸福感：能让"学生不怕作文，甚至喜欢作文，对语文老师来说，也是一种专业的骄傲和职业的幸福"。卿平海老师关于创意练笔实验的学理基础和实践操作过程在《创意练笔》中已有翔实的介绍，相信读者阅读后一定会获益匪浅。以我观之，《创意练笔》具有以下三个显著的特点：

一是注重培养学生的创新意识。

众所周知，创造性思维是创意教学的灵魂。发展创造性思维当然离不开形象思维、直觉思维、逻辑思维、辩证思维等的培养，但发散思维的训练无疑是

---

① 倪文锦，教育部基础教育语文课程标准研制专家组核心成员，著名语文教育家，我国课程与教学论专业首位语文教育研究方向的博士生导师，中国高等教育学会语文教育专业委员会副会长，华东师范大学著名教授。

发展创造性思维的基础。从书中许多体现发散思维的创意练笔成功案例可知，卿老师的创意练笔教学非常注重学生创新意识的培养，尤其是通过日常教学训练对学生发散思维的培养。创意教学的核心在于创新，我们虽然不可能事事创新、日日创新，但通过日常教学注重发散思维的培养，则是一条培养学生创新意识、发展创造性思维的有效途径。我们甚至可以说，没有发散思维就很难有任何创造性的萌芽和创造性的成果。发散思维虽然不等于创造性思维，但它在创造性思维活动中具有不可替代的作用——为思维活动指明方向，即要求朝着与传统的思想、观念、理论相反的方向去思维，其实质是要冲破传统思想、观念和理论的束缚。以往的语文教学重在培养聚合思维，它要求思维内容和思维成果都要集中、统一到传统观念或原有概念上来，其优点是有利于对前人知识与经验的掌握；其弊端则是容易造成学生对书本、对教师、对权威的迷信。只讲聚合思维，很容易形成思维定势，使我们的认识永远停留在前人的水平上，不利于产生新的理论、新的思想。而"创意练笔"把"写什么"与"怎么写"放在提高写作教学有效性的层面加以反思，重在发散——注重求异思维、逆向思维、多向思维，乃至辩证思维的训练，这就把"创意"落到了实处，而不是可望而不可即的虚无缥缈的空中楼阁。

二是引导学生写真实的生活。

在我看来，《创意练笔》是学生实实在在的真实生活写作，或者说学生通过写作实践不断增强笔力，更好地书写真实的生活。创意练笔写什么？卿平海老师说得很清楚，基于学生的生活世界。毋庸置疑，写作是作者在特定语境中构造书面语篇进行表达和交流的活动。任何真实的写作活动，同说话一样，都是特定情境中面向明确或潜在读者的书面交流行为。任何写作都面临着对什么人、为什么目的、写什么、怎么写等交际语境问题。写作时，作者要揣摩语境要素，设想读者的需求和已有知识，根据写作目的选择话题，并对文章的结构、体式、语言和内容详略等进行安排。学生的生活世界，正是他们真实生活的展示，因而基于学生生活世界的练笔才是真写作。这里的真写作是有别于"笔下生花"的假写作的，但遗憾的是，这样的真写作长期以来却被应试教育严重异化了。就当下的写作教学而言，我们毋庸讳言，追求"笔下生花"的假写作可谓到处泛滥。卿老师用自己"创意练笔"的教改实践与上述假作文划清了界限，他以生活作文为导向的"创意练笔"决定了他要求学生追求写作课堂中的"在学习"和"真学习"。我认为，这种源于生活真实的写作不仅还原了中小学写作教学的本来面目，而且应该成为我们每个语文教师的自觉追求。

　　三是注重学生的自主写作实践。

　　人的语言（包括口头语言和书面语言）发展不仅是人的发展的重要表征，也是人的一切发展的基础。因而语言的正确理解与运用是对学生语言发展的基本要求，也是对语文学习提出的本体性要求。语文学习不同于其他知识类科目的学习，它不是以知识的学习和掌握为目的，而是以满足社会交际的语文能力的培养为旨归。如果学生的语言能力得不到有效发展，他们不能正确理解与运用祖国的语言文字，无法驾驭语文工具，那么他们不仅不能从人类文明的优秀成果中吸取伟大的精神力量，而且也无法正确表达对客观世界的真实感受，抒发自己丰富的内心世界。从本质上说，语文能力是学生在长期听、说、读、写的语文实践中逐步形成和发展起来的，它不可能一蹴而就，只有经过不断反复、由浅入深的过程才能形成，写作教学更是如此。学校教育中的语文实践不同于生活中随机的语文实践，定向训练必然是语文教学的必要环节，不然学校教育中的语文实践与社会生活中的语文实践就没有差别，所以训练之于语文教学不可或缺。自然，"创意练笔"的语言训练也即言语实践。

　　我们平日写的文章，包含话语内容（写什么）和话语形式（怎么写）两个方面。所以语言与思想的关系就是话语形式与内容的关系：一定的话语内容生成于一定的话语形式，一定的话语形式实现一定的话语内容。而语言学习的根本途径是"在游泳中学会游泳"，即在言语实践中学习语言运用，母语教学也不例外。由此可见，《创意练笔》非常强调并注重学生的自主写作实践是符合写作教学规律的。

　　《创意练笔》是我国第一本练笔教改实验专著，它着力于"基于为什么练笔的言语生命动力""基于练笔写什么的学生生活世界""基于练笔怎样写的自主写作实践""基于练笔写给谁的分享评改机制"，为我们提供了一份全面的写作教学的实验范例，具有理念的先进性、体系的科学性、策略的创新性、成效的显著性，有助于我们的写作教学实现向真写作、真学习的正迁移，有利于语文新课改的深化。

目　录

第一章　为了创意练笔的写作教改实验

▶▶▶▶ 创意练笔心语

所谓练笔，就是练习写作，训练笔力①。学生的练笔与作家的练笔不能混为一谈，各有旨意。学生平时的写话、习作、作文、写作都属于练笔范畴，与大作文、考试写作相比，时间上更灵活，空间上更自由，更看重日常改进。

创意是具有创造性的意念，语文教学的创意是师生的创新意念、创新意境、创新意味的互动生成过程。创意练笔是教师用有创意的教引导学生有创意的写的创造性活动，包括练笔的新理念、新内容、新方法、新策略、新评改等。

语文新课程要求小学生每学年课内习作不低于 16 次，初中生每学年练笔不少于 1 万字②，高中生课外练笔不少于 2 万字③，这要求是史无前例的。它有别于新课改前的日记、周记，也不同于片段作文、小作文，需要创意练笔。

学生缺动力不乐写、缺生活写假话、缺自主写套话、缺分享写空话，教师缺练笔真实问题有效解决的创新策略，没有创意的练笔教学失魂落魄。我们对自己持续 30 多年的写作教改实验探索进行深入反思，总结了中小学创意练笔的发展历程、学理基础、方法策略、教学理念等系列成果。

这些成果以创意练笔问题解决为核心，是由创意练笔教改实验、创意练笔学理基础、创意练笔教学策略、创意练笔教学理念四个方面构成的"一核四维"成果。图 1—1 是为了创意练笔的写作教改实验"一核四维"成果思维导图。

---

① 卿平海. 天天练笔：诗意生活的创意表达 [J]. 语文教学通讯，2015（12B）：4.

② 中华人民共和国教育部. 义务教育语文课程标准（2011 年版）[S]. 北京：北京师范大学出版社，2012：11，17.

③ 中华人民共和国教育部. 普通高中语文课程标准（2017 年版）[S]. 北京：人民教育出版社，2018：33.

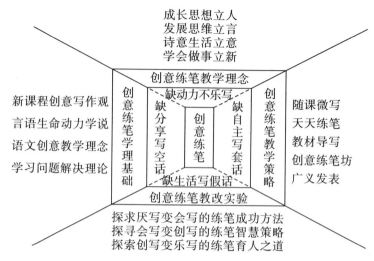

图 1-1 为了创意练笔的写作教改实验"一核四维"成果思维导图

▶▶▶▶ 创意练笔问道

一、没有创意的练笔失魂落魄

你当学生时，怕写作文吗？你当教师后，怕教作文吗？

课改前有调查表明，学生有"三怕"：一怕写作文，二怕文言文，三怕周树人，鲁迅的文章读不懂。在各级教师培训中，我们多次用同样的问题问老师，不少老师也怕教作文，尤其是农村中小学语文老师。

我国基础教育还有"三喻"之说：小学如铁脚，高中似铜头，而初中像豆腐腰。初中作文教学两头受气，左右为难。农村初中生作文更难，农村初中作文教学难上难。其实，不管农村还是城市的学校里，每个班都有对作文头疼的学生，如果能让这些学生不怕作文，甚至喜欢作文，对语文老师来说，也是一种专业的骄傲和职业的幸福。

所谓练笔，就是练习写作，训练笔力①。学生的练笔与作家的练笔，不能混为一谈，各有各的旨意。学生练笔属于写话、习作、作文、写作的范畴，与大作文、考试写作相比，时间上更灵活，空间上更自由，更看重学生作文的日常改进。作为动词的练笔，是指练习写话、习作、作文、写作的教学活动；作为名词的练笔，就是写话、习作、作文、写作等练习活动所形成的小作品。

语文新课程要求小学生每学年课内习作不低于 16 次，初中生每学年练笔

---

① 卿平海. 新课程练笔的问题解决策略 [D]. 成都：四川师范大学，2007.

不少于 1 万字[①]，高中生课外练笔不少于 2 万字[②]，这些要求是史无前例的。它有别于新课改前的日记、周记，也不同于片段作文，还有异于小作文，需要探索创意练笔。"不低于 16 次""不少于 1 万字""不少于 2 万字"，不是只对爱好写作学生的选择性要求，而是对所有学生的硬性要求；不是全班学生练笔字数的平均数，而是班上写作最困难学生的最少字数量。这确实是语文新课程写作教学的突出问题，它是促进全体学生写作新发展的严峻挑战，也是回避不了必须着力解决的新课题。

事实上，2001 年以来，全国各地新课程写作教学真实情况并不如人们期望的那样乐观。有调查表明，新课程实施后教师认为学生的写作能力降低的比例最高，只有 19.48％ 的高中学生每学期完成了约 3500 字的课外练笔[③]。更有甚者，不少学生讨厌练笔，学生练笔假话连篇、缺乏新意，教师精批细改练笔却徒劳无功。这是为什么呢？是语文新课标对练笔要求过高，还是我们练笔教学努力不够？

其实，原因是多方面的，但练笔教学效益低，是不争的事实。学生缺动力不乐写、缺生活写假话、缺自主写套话、缺分享写空话，教师缺真问题有效解决的创意练笔教学策略，缺行之有效的创意练笔教学理论，也是事实。

没有创意的练笔，语文教学就失魂落魄。

记得那是 1988 年，我刚在农村小学教一年级语文，课堂上经常给孩子讲故事。

有一天，学校领导和语文组的老师突然来听课。我先让学生齐读昨天学的生字，接着请学生把书翻到新课。

一声激动而稚嫩的质问蹦了出来："张老师，今天你怎么不讲故事了？我们还等着听呢！"

学生不懂新老师第一次被听课的难处，我寻声商量："张老师没准备好故事，明天……"

"那我帮你讲小骆宾王写诗的故事。"一个女生急切地插话，为我解围，还扬起脸，满含期待地问，"好吗？"

---

① 中华人民共和国教育部. 义务教育语文课程标准（2011 年版）［S］. 北京：北京师范大学出版社，2012：11，17.

② 中华人民共和国教育部. 普通高中语文课程标准（2017 年版）［S］. 北京：人民教育出版社，2018.33.

③ 广州市教育局教研室中学语文科. 广州市普通高中语文新课程实施情况的调研报告［J］. 中学语文教与学，2008（3）：6.

我感激地点点头，她便高兴地讲故事："唐朝有个小朋友叫骆宾王，有一天他家来了客人，大人忙着招待客人，他就一个人跑到池塘边玩耍。池塘边有美丽的花草，小虫子在草丛里跳来跳去。微风吹拂，柳枝把水面划出一道道的波纹。池塘里，大白鹅悠闲地游来游去。骆宾王捉了几只小虫子朝水里扔去，鹅群赶紧游来，就像一团团白絮在水面漂浮。红红的脚掌像小船桨一样划水，清清的水面上扩展着扇形的涟漪。骆宾王最喜欢大白鹅了，他捡起一根木棍，在地面上画起了白鹅游水图。有个客人看到地上的画，还真有些像呢。于是灵机一动，想考考他，指着白鹅叫他作一首诗。骆宾王朝着水中想了一会儿，就高声吟诵起来：'鹅，鹅，鹅，曲项向天歌。白毛浮绿水，红掌拨清波。'客人听了非常佩服，夸骆宾王是小神童。这首诗很快就传播开来。"

教室里响起热烈的掌声。我抚摸着她的小脑袋，笑容满面地点头。她眼睛忽闪忽闪，十分真诚地问我："小骆宾王写这首诗时才七岁，我今年也七岁，什么时候才写得来诗呢？"

"我们三年级开始学写作文，到时你就会写诗了。现在可要好好学汉字……"自然转到本节生字学习的新课来。这一机智处理，在评课时多次被听课老师肯定。

但小女孩那失望和茫然，经常浮现在我眼前，她好像在追问：为什么要等到三年级才能学作文？这个追问一直在我脑海蹦跳着，让我倍受折磨。

有次我在梦中笑醒：那女孩参加现场作诗大赛，即兴赋诗，荣获第一。她在获奖感言中说，感谢骆宾王，感谢张老师教我作诗。梦醒后惭愧，两年后我调离学校时，她还眼巴巴地望着我，央求我教她写诗呢。

后来，我尝试从一年级开始仿说词句，仿说仿写课文里的儿歌。每当学生脱口仿说出诗的时候，课堂里掌声阵阵，学生激动不已，快乐无比。每当学生抓耳挠头，在课本诗旁仿写出自己的诗来，手舞足蹈，声音发颤、得意洋洋地念诗时，一个个俨然意气风发的小诗人，满脸洋溢着幸福。①

这些让我们体悟到：情意浓浓、充满诗意的语文是幸福的，书声琅琅、议论纷纷的语文是幸福的，练练评评、富有创意的语文是幸福的②。语文应返璞归真，找回自我。生活是语文之源，创意是语文之根，幸福是语文之本。创意语文滋养诗意生活，幸福语文成就幸福人生。

语文新课程是百年语文的期待，也是社会发展和语文教改的期待。作为教

---

① 张速. 幸福语文［M］. 成都：四川大学出版社，2018：1—2.
② 张速. 幸福语文［M］. 成都：四川大学出版社，2018：2.

师，我们更关注学生对语文新课程的期待。这令我回想起语文新课程第一节课的情景来。那是 2003 年 9 月开学第一天的第一节课，上课地点是位于锦江河畔的成都市盐道街中学南区旧教学楼。肃静的目光聆听着猎猎国旗与"锦江春水来天地，玉垒浮云变古今"的应和，一缕缕晨曦，爬着苍老的窗枢，一张张惊讶的小脸，一排一排检阅整齐的新书，一个一个阅读新奇的目光。

"上课!"

"起立!"

"请多多关照!"一个九十度的躬。

"?"一泓亮闪闪的眸。

"没有老师学生可以自学，卿老师不和你们一起学语文，有其他老师来上，没有你们我理想的天空就没有太阳的灿烂和鲜花的芳香，我真诚地再说一声——同学们，请多多关照!"

"老师……"一片九十度鞠躬中冒出此起彼伏的"请多多关照"。

"第一次见面，我们都想相互了解。是你们先了解我，还是我……"

"我来!"一个学生举着小手从座位上站起来，一个军礼，在大家哄堂大笑后，满脸通红，"报告老师，我与鲁迅（周树人）同姓，都姓周;当夸某人才貌双全时，我不嫉妒，因为我是大名鼎鼎的周斌斌也! 敢问老师尊姓大名?"有同学为他鼓起掌来。

"回大名鼎鼎的周斌斌同学的话，"模仿古代拜见名士礼仪，"我喜欢关汉卿的戏剧，虽不能为'官'，但甘愿做同学们的爱卿;虽然喜欢交友，但只与爱妻卿卿我我。当人们沉醉于'潮平两岸阔，风正一帆悬。海上生残夜，江春入旧年'时，我们共同分享诗意的生活，因为我只是沧海一粟的无名小卒，卿平海是也。"大家欢呼起来。

"卿老师，您因为学习打过您的孩子吗?"一个女生站起来，羞涩地问，"如果不会暴露您隐私的话，您能告诉我们，您打孩子时的心情吗?"

"我与某些同学的父母一样不高明，也曾因为学习打过自己的孩子。"我惭愧得很，眼眶充盈，不敢正视我的学生，"打的理由似乎很充分，但打前思想痛苦，打中手痛，打后心疼……从今以后，我保证……"我与一些学生一起低下了头。

"老师，我是临时班长，叫高芳，'高'是'高兴'的'高';'芳'呢，不是'病入膏肓'的'肓'，而是'小芳'的'芳'。"一个高个子的女生站起来，又引发大家畅快的笑声。"老师，不知道您最想了解我们什么?"

"你们每个同学都是一本正在用青春和智慧书写的唐诗、宋词、元曲，以后我会一个个拜读。在小学，我们学了六年语文，在中学，我们还要读六年语文。语文是什么呢？今天，我最想了解我们每个同学心中不同的语文，请你用自己的话，说说你对语文的独特感受或独到见解。"

"语文就是不厌其烦地学文字，'拖，Tuō，拖拉机的'拉'，念得你眼花舌麻；每字写100遍，抄得你骂造字的祖先八代；考试时，'折''析''拆''桥'就像迷魂阵，让你不得不大声疾呼，文字王国咋不早抓计划生育！"一张苦大仇深的脸和紧握拳头挥舞的臂博得稀疏的掌声。

"读课文就像念《圣经》，语文课堂确实没劲得慌，真难忘那一幕幕情景：老师不知疲倦地叨念：'少壮不努力，老大徒伤悲。'熟读唐诗三百首，不会作诗也会编。偷看课外书者：'满园春色关不住，一枝红杏出墙来。'十年寒窗无人问，窗外世界真精彩。被突然抽问：'不识庐山真面目，只缘身在此山中。''只在此山中，云深不知处。'同学间互相抽背课文：检查者气势非凡，'但使龙城飞将在，不叫胡马度阴山'；背诵者求声连连，'本是同根生，相煎何太急'。考试作弊：'不敢高声语，恐惊天上人'。公布成绩时：'小荷才露尖尖角，早有蜻蜓立上头'。"同学们的脸被声情并茂的诗句染成了五颜六色，陷入了深情的回忆。

"其实，语文是一个五彩缤纷的大世界，刚才有的同学描写了萧瑟的秋天，严寒的冬天会酝酿春光明媚的梦。"我面带微笑，深情地问："你对语文的期望是什么？"

"不在被窝里偷偷读小说，让我们尽情阅读自己喜欢的书籍和刊物，让我们在课堂上读《西游记》、科幻小说等，指导我们网上冲浪，最好老师能组织我们交流读书心得。"

"不出命题作文，不做课本上的作文，瞎编作文害了我们，也苦了老师；让我们忘情地写自己的酸甜苦辣，倾诉心声。"

"课文让我们选读，交流让我们自由进行，老师应允许不同理解。"

"多搞些情景对话，多学些口语交际的技巧。"

"老师，你心中的语文是怎样的？"我正陶醉其中，一个学生却突然将我一军。

"读有字之书，神交贤人，心灵共振，与大师对话，纵论古今，指点江山，激扬文字，养浩然之气。"我顿了顿，看着凝神屏气的学生，情不自禁地大肆兜售起来，"读无字之书，在社会大课堂里记人叙事，立德立言；在行万里路中写景状物，养性炼字；在每日三省吾身中提升文品，文如其人。语文学习是一种文化享受，享受母语的慈爱，享受物质的馈赠，享受精神的文明，享受心灵的鸡汤，享受成长的美丽！"

"哎，原以为自己学了几千个汉字，不是文盲，有文化了，殊不知——"一个学生自言自语，大家的目光齐刷刷聚焦在他脸上，只见他两手一探，长长地叹了一口气，"遗憾啊，我们的语文没文化！"

"语文怎能丢了文化呢？"

我与同学们都陷入了沉思。①

语文究竟怎么啦？为什么会有"少慢差费"的咄咄怪事？为什么会有误尽苍生的奇谈怪论？在有些语文课上，学生为什么会感到失魂落魄？是啊，作为人类文化重要组成部分的语文怎能没有文化？正像学生们所描述的那样，我们的语文在死记硬背中丢失了学生学习的创意，在含辛茹苦的机械讲授中丢失了教师教学的创意，在无可奈何的追求高分中丢失了语文教学生活的诗意。前面故事中那个感叹以前的语文教学没文化的唐文天同学，在当天的练笔本上这样写道："第一节语文课，本以为还是小学那道无聊无味的风景，没想到它居然是那么的美丽。新课程令我兴奋，催我努力！世界真是太奇妙了，让我遇到了这么好的人生向导，他会帮我在人生的十字路口选择一条好的路，使我兴奋，引我健康成长！语文旅游开始了，我太兴奋了，定会是一个美好的旅游……"这是语文新课程的魅力，是语文创意教学的魅力。

创意练笔，让写作教学魂兮归来！

学生喜欢的创意练笔也是语文课程标准所倡导的。充分发挥师生双方在教学中的主动性和创造性，激发写作兴趣，创造性地使用教材，积极开发、合理利用课程资源，鼓励学生自由表达和有创意的表达，重视培养学生的创新精神和实践能力②。学生怎样有创意地学练笔，教师怎样有创意地教练笔，怎样用有创意的教引导学生有创意的写，这是创意练笔实验研究的核心问题。

▶▶▶▶ 创意练笔寻道

二、为了创意练笔的 36 年痴恋

语文百年，无数语文人默默耕耘，"日新谓之盛德"，把语文浇灌成学科百花园的参天大树；百年语文，无数语文人直面问题，"苟日新，日日新，又日

---

① 卿平海. 语文新课程创意教学［M］. 北京：开明出版社，2005：前言 1—3.

② 中华人民共和国教育部. 义务教育语文课程标准（2011 年版）［S］. 北京：北京师范大学出版社，2012：19—23.

新"，探寻语文不断发展的科学道路。创新，是语文教学不可或缺的基因，是语文教育发展不竭的动力。

语文创意教学追求以有创意的教引导有创意的学，它不是随心所欲的刻意求异，也不是故弄玄虚的自我标榜，而是语文教学创新驱动发展的一种理念、一种策略。它强调语文真问题倒逼教改的创意问道，着力语文核心问题创造性解决的创意寻道，重视语文活动经验反思成智慧的创意悟道。此道非彼道，它是学生正确理解运用祖国语言文字、全面提高语文素养的创意学习之道，也是教师正确把握语文教育特点、充分发挥师生双方主动性创造性的教学之道，更是师生焕发言语生命活力、自我更新自我超越的发展之道。

创意教学、诗意生活，幸福语文、幸福人生，这并非一时的心血来潮，它始于 1984 年，是我们教学教改、教研科研探索的主线索，也是我们三十多年语文教育追梦的主旋律。不同阶段，社会发展对语文教学要求不同，学生语文学习需求不同，自身教学突出问题不同，探索的重点课题也不同，逐渐形成创意教学、幸福语文的发展体系。

创意练笔教改实验探索，是我们创意教学、幸福语文的重要组成部分，历时 36 年，可以分为三个发展阶段。

（一）探求厌写变会写的练笔成功方法

1984 年是我（卿平海，下同）语文教学的元年，一个农村孩子成了偏僻乡村学校的孩子王。第一次站在讲台，看到那虔诚求知的热眸，内心不禁一颤，常被厌学辍学困扰而又渴望跳农门的他们与三年前的我不是一样的吗？因愚致贫的家长，提着小土特产，切断代际传递的满眼渴望激起我一腔热血，我似乎一下子明白作为老师的重大责任[①]。

怎样教好那质朴可爱的学生，怎样答谢那纯朴可敬的乡亲？冷静下来，竟吓出一身冷汗：中师学的是小学教材教法、儿童心理学和儿童教育学，拿什么去教初中生？山村学生基础差，一提笔就写错别字，一听作文就皱眉头，一写作文就咬笔头，一交作文就直摇头。学生作文能按要求完成的少得可怜，考试作文达标的屈指可数，作文不写、没写完、不交的大有人在，不少学生怕写作文、讨厌作文甚至拒绝作文。

为解作文这语文之痛，我把能找到的课本教参、作文资料、报纸杂志堆放在办公桌上，一头扎进去，在煤油灯下一本一本地读，贪婪地学习他人作文教学智慧。主动向老教师求教，走几十里山路去听公开课。尝试课堂小仿写，仿

---

① 卿平海名师工作室. 语文课堂创意教学［M］. 成都：四川大学出版社，2017：6.

词句仿语段仿写法。开展成语接龙、故事续编、课本小剧、心理对话、山村小调查、小种植小养殖笔记等丰富多彩的活动，引导学生写趣味活动、写师生故事、写家庭亲情、写山村见闻。我与学生激情投入一次次活动，也与学生一起一篇篇地写练笔，反反复复改练笔，在教室里张贴、评议练笔……我与学生都陶醉在练笔进步中，不亦乐乎。

我教的第一个班中考破了纪录，我被评为县优秀教师，组织拟对我委以重任，但我还是毅然选择了脱产进修。两年进修，做了两件疯狂的事。把对知识的渴求变为学习的誓言：横扫图书馆！两年后，借书证上留下 1000 多本书名，写了数十本笔记。图书馆没被扫掉，自己却由进校时的火眼金睛变成了须臾不可离的高度眼镜。坐在高校教室里，边听课边读书边反思过去的教学，似乎明白了许多，又似乎有更多不明白之处，于是我发起、组织了大规模的中学生现状调查。

通过调查数据统计分析，自己发现了认识的盲区，找到了书本和我敬佩的教授们没法给出的问题答案。农村部分初中学生为什么厌学严重？学而无获是根本原因，还有学而无趣、学而无法、学而无友、学而无助等重要诱因[1]。农村初中学生喜欢作文的占 13.7%，厌恶作文的高达 36.9%，学生厌写与厌学有高度的相关性。我们还发现，初中学生自信心发展有逆向性，随着年级增高，其自信心反而越来越低[2]，这也与初中学生厌学厌写有密切关系。

《关于 25000 名初中学生自信心调查报告》在全国中文核心刊物《教育理论与实践》发表后，获内江市教委教育科研成果一等奖、内江市政府哲学社会科学优秀成果三等奖，《农村初中学生厌学心理浅析》也在《内江教育学院学报》发表。第一次教育科研让我尝到了一线教师做教育研究的苦与甜，也让我感到来自调查所发现问题的压力。如何激发农村中学生的学习兴趣？如何培养农村中学生的自信心？怎样才能让农村中学生学会学习、学会写作？针对这些问题，结合本班学生的实际，我开展了语文目标激励教学法实验研究。

语文目标激励教学法的实验假设：以建构学生完整的语文素质结构为目标，以激发学生语文学习兴趣和情感教育为手段，以培养学生自学能力和进行能力训练为途径，寻求智能因素与非智能因素的优化组合，全面提高语文教学质量，促进学生语文个性和谐发展。经过三轮实验，形成了语文目标激励教学

---

[1]　徐鸿，李德树，卿平海. 农村初中学生厌学心理浅析［J］. 内江教育学院学报，1991（1）：63—66.

[2]　张广辉，李德树，卿平海. 关于 25000 名初中学生自信心的调查报告［J］. 教育理论与实践，1993（1）：43—47.

法体系①，即语文学习素质发展的四要素立体结构，以知识为纬、能力为经、思维为轴心、兴趣为动力的单元教学模式，能力点（50 个）互补整合的训练序列，兴趣激发、远景激励、智力激励、评价激励、自我激励、目标激励、制度激励、相互激励、实践激励等激励教育艺术等。

课内开展形式多样的听说读写活动，课外建立了班级手抄报社、创作社、诗社、演讲团、小记者站、农村小科技编辑部等 10 多个课外兴趣小组。学生集资、老师捐资订阅了数十种全国各地的中学生报刊，每周开设一节读课外书报课，写读书随笔，举办读书汇报会和学法交流会。开展关于学习理想的讨论、作文、演讲活动，用自我激励量表引导学生持续练笔。

语文目标激励教学法实验研究取得了显著的实验效果②，1991 年获内江市教委第三届教育科研和教改实验优秀成果一等奖，资阳县教研室发文全面推广。

随后组织把我调入内江教育学院，主持开展了两个语文教改实验研究。针对语文教学普遍存在重教轻学和学习指导不科学等突出问题，进行语文成功学习法实验研究，在总结教改经验的基础上，主编并出版了实验指导用书《成功阅读法》③《成功作文法》④。《成功阅读法》探索了读写结合方法。《成功作文法》分结构篇、过程篇、表达方式篇、文体篇、创作篇、应试篇，在刘国正、于漪、魏书生、朱绍禹、董味甘等语文教育家的热心指导下，系统总结了用设问拟题、形象化拟题、绘景开头、立论开头、总分组段法、并列组段法、句子过渡、段落过渡、时间线索、情感线索、照应标题、前后照应、篇末点题法、意外结尾法、多向观察、读书笔记、调查采访、发掘材料法、逆向思维法、典型选材、时空结构、事理结构、听读修改、咨询修改、倒叙、插叙、数字说明、图表说明、归纳论证、比喻论证、语言描写、心理描写、即景抒情、直抒胸臆、用多事写一人、边叙边议、实物说明、事理说明、一事一议、申请书、建议书、扩写、改写、勤思顿悟、原型启发、相似联想、幻化想象、议论深化、抒情升华、抑扬法、巧合法、审准题意、快速构思等 200 多种成功作文方法。该书成为畅销书，并获内江市教委一等奖⑤。

---

① 卿平海，刘绪国. 目标激励教学法实验研究报告 [J]. 沱江教科通讯，1992（1）：57—63.

② 卿平海，刘绪国. 目标激励教学法实验研究报告 [J]. 沱江教科通讯，1992（1）：57—63.

③ 卿平海. 成功阅读法 [M]. 成都：成都科技大学出版社，1993.

④ 李德树，卿平海. 成功作文法 [M]. 成都：四川辞书出版社，1992.

⑤ 李德树、卿平海主编的《成功作文法》，获内江市教育委员会第一届中青年教师教育科研成果一等奖，1993 年 6 月 5 日。

从 1994 年开始，我开展中小学语文读启导学实验研究，主编并出版了实验指导用书《小学语文读启导学》[①]《初中语文读启导学》[②]，尝试读中学写、学后练笔。作为主研，我提炼教改经验形成的《读启教学论》[③]，通过"扶读—引读—放读"指导学生练笔实践，获内江市人民政府哲学社会科学优秀成果一等奖、教育部优秀教改实验成果三等奖。

与此相似，张速老师开始尝试基于幸福语文的乐美作文教改实验探索[④]。

1988 年 7 月，张速老师分配到了四川内江市市中区交通乡莲台寺小学教语文，当班主任。这是一所村小，与当时全国各地村小一样，校舍破烂，家长不重视教育，学生普遍不想学习，有的甚至厌学辍学。张老师的教育梦想，就在这贫瘠荒凉的田野播种了：学习是快乐的，语文是美好的，班级是温暖的。从学生学习感受出发，设计丰富多彩的学习活动：细细听一听，听出奇妙的心声；主动说一说，说出自己的想法；美美读一读，读出自己的理解；尽情写一写，写出感动自己的心里话；自觉做一做，我为班级增光添彩。两年的辛勤耕耘，四期的教改尝试，教室成了学生的乐土，语文成了学生的乐园，这是张老师教育人生的幸福底色，源自希望的田野，源于纯美的童真，源于教育的青春之歌。

1990 年 9 月，张老师调入四川省内江市艺体师范附属小学教语文、当班主任，后来还当了教研组长。学生、家长的整体素质比以前的高了，但差异大了，厌学与乐学同在，死学与会学并存，轻教与重教都有……给城市学校教育带来了新的挑战和新的机遇，张老师开启了新的追梦旅程，不断改进教学方法，探索会学之道。

张老师参与《成功作文法》[⑤]《成功阅读法》[⑥]《小学语文读启导学》[⑦] 的研究、编写和实验，大胆尝试新的教法。采用画简笔画或剪贴动植物，抓住关键词语，用彩色线条图示课文主要内容和教学思路，形象直观，《雪地里的小画家》获内江市教委教学设计一等奖。通过听话、说话、阅读、写作、想象等途

[①] 卿平海. 小学语文读启导学［M］. 成都：成都科技大学出版社，1994.
[②] 卿平海. 初中语文读启导学［M］. 成都：成都科技大学出版社，1994.
[③] 董国福主编. 读启教学论［M］. 北京：教育科学出版社，1997.
[④] 张速. 幸福语文［M］. 成都：四川大学出版社，2018：7–9.
[⑤] 李德树，卿平海. 成功作文法［M］. 成都：四川辞书出版社，1992.
[⑥] 卿平海. 成功阅读法［M］. 成都：成都科技大学出版社，1993.
[⑦] 张速. 小学语文读启导学（第一分册）［M］. 成都：成都科技大学出版社，1994.

径，对小学生进行语感培养训练①，获中央教育科学研究所一等奖。在教学某些寓言、童话、记人叙事的课文时，指导学生自编自演课本剧，妙趣横生。从学生实际出发，开展"找春天""观察秋天特征""读《小学生优秀作文》""读童话故事""讲故事比赛""查字典比赛"等丰富多彩、形式多样的课外活动。在转化后进生方面，作了大量工作，减少甚至消灭了不及格现象。曾教过的有智障的胡某某，开始每次考试成绩很差，均不及格。在张老师的细心辅导下，期末统考，她的语文竟出乎意料地考了 84 分②。会作文、会学习、会做人，成为张老师所教班的鲜明特点。

（二）探寻会写变创写的练笔智慧策略

1997 年，我（卿平海，下同）成为巴蜀名校成都市盐道街中学的一员，担任初二（6）班的语文老师。作为第三任语文教师，我面临诸多挑战：随波逐流还是继续教改，加班加点还是减负增效……初来乍到，就搞什么改革，不管成功与否都对自己立足安身不利。聪明人不干傻事，这回我却犯了傻，竟又义无反顾地搞起语文课堂教学改革来，而且是轰轰烈烈的。

面对吕叔湘先生指出的语文教学"少慢差费"现象仍较严重存在的现实问题，针对如何提高语文课堂教学效益，我侧重从"学"的角度，提出指导自己语文课堂教学的"得""快""法""趣"四字教学观，提倡快写，快速地做课堂笔记，快速地写作文或写阅读提要、写演讲提纲。

坚持每周从语文正课中拿两课时出来，到阅览室图书馆自主阅读、写读书随感，进行口语交际专题活动、写活动感悟。必学课、选学课、活动课的课型优化，激发了学生语文学习的浓厚兴趣，转变了学生课堂学习的观念和行为。一位学生感慨地说："老师把进阅览室选学作为学得好的奖赏，很特别。为了得到这种奖赏，我上课更讲究效率，课余复习、预习更自觉了。"有位学生在选学笔记里写道："一进阅览室，就像进入了知识海洋，任我们去遨游。"活动课更让学生欢呼雀跃，一位成绩很优秀的学生说："是活动课让我发现自己与同学之间的能力差距。每次活动课，我都特别兴奋，特别认真地准备，特别投入地体验。"

不同的课型，要求不同教学方法与之相适应。必学课以教会学生学习、提高课堂效率为中心，要探索课堂教学策略。活动课侧重探索怎样实现活动内容

---

① 张速. 小学语感培养简论［A］. 获中央教育科学研究所全国首届中小学教师、教研员教学论文"教研杯"评选活动一等奖，1996.

② 张速. 用爱心消除后进生的心理障碍［J］. 内江教育学院学报，1997（12）：7.

序列化和参与学生全体化。如初二下学期听说读写活动系列：精选议论短文朗读，说明选文理由，听者心记；学写议论语段并朗读，说明写法，听者笔记感受；学写议论短文演讲，自评得失，听者笔记论点、论据和感受；自查资料全班都写同题议论文演讲，听者写短评；先小组内辩论，再小组之间辩论，然后写小驳论。进阅览室的选学课，则以培养学生自学习惯和自读能力为主，要求边读书边作摘录、写感想。这样的选学课效果超乎寻常，多数学生一节课可细读上千字，摘录、写感想各 300 字以上，有的写感想甚至达 800 字以上。有位平时动作迟缓的学生竟在选学笔记中写道："快速的读、思、写，使我产生了一种从未有过的飞翔的感觉。"

必学课考试采用百分制，强化"双基"；选学课采用等级制，模糊竞争；活动课则采用评语制，当堂反馈。不管是哪种课型里的评价，都注意因人而异，对优等生找薄弱点，进行挑战性评价；对学困生找闪光点，进行激励性评价。语文中考及格率为 100%，优生率由接班时的第六名上升到第二名。

《中国教育报》、中国国际广播电台对这些做法做了专题报道，《人民教育》在"实施素质教育，优化课堂教学过程经验集萃"专集刊发了我的经验总结《整体优化语文课堂教学初探》[①]，该文获成都市教育局教育科研优秀成果一等奖、成都市哲学社会科学优秀成果三等奖。省内外 10 多个地方的同行来校考察交流。

此后，以语文教学培养学生创新学习素养为主题，承担四川省教育厅普教科研资助金课题"创新作文教学研究与实践"，上创新作文研究课，编写实验教材《创新作文》丛书。该教材由四川省教育科学研究所主编，通过四川省中小学教材审查委员会审定，在全省实验使用，发行数百万册。《创新作文》七年级上册[②]、初中第 4 册[③]、初中第 5 册[④]、初中第 6 册[⑤]由我个人编写，其他册我都参与了编写。

《创新作文》体例做了两次更新改进。

2001 年版《创新作文》与语文教材同步，是对教材作文要求的进一步细化，设立了导航台、能源仓、他山石、金钥匙、五彩笔、一字师、新大陆、彩云飞、大世界等板块，引导学生按目标指引、学习辅导、借鉴启发、尝试作

---

① 卿平海. 整体优化语文课堂教学初探 [J]. 人民教育，1998（7-8）：63-65.
② 卿平海. 创新作文·七年级上册 [M]. 成都：四川人民出版社，2004.
③ 卿平海. 创新作文——初中第 4 册 [M]. 成都：四川人民出版社，2001.
④ 卿平海. 创新作文——初中第 5 册 [M]. 成都：四川人民出版社，2001.
⑤ 卿平海. 创新作文——初中第 6 册 [M]. 成都：四川人民出版社，2001.

文、对照评价、提高写作、广义发表等步骤进行作文学习。多数栏目是所有学生在作文学习中都必须参与的过程，"新大陆"栏目则是有兴趣进一步发展的同学的天地。为了在作文学习中进行创新，我们特别注意了学生作文的个性培养。如精选了许多立意新颖、内容丰富、文笔优美的文章作为范例，加以精当的点评，以启发学生的作文思路、激活学生的创新欲望。

结合考试需要，初三分创新作文训练和中考作文之路，包括立意出新的训练、选材出新的训练、结构出新的训练、写法出新的训练、语言出新的训练和命题作文的强化训练、半命题作文强化训练、材料作文强化训练、话题作文强化训练、应用文小作文训练、考场作文应变技巧、全国中考作文题荟萃①。

2004 年版《创新作文》是根据语文新课标精神，为配合人教版课标教材的作文教学而编写的，由解题与目标、阅读与借鉴、仿写与创新、作文评价四大板块构成，部分单元增加了扩充知识的板块"相关链接"，有计划分阶段地对写作能力进行综合训练。"仿写与创新"是四大板块的核心和重点，"仿写"是通过模仿来掌握基本写作技能。第一阶段的"片段仿写"是针对基本表达方式的训练，选用有关本单元话题的典型片段例文，学生可根据其不同的立意、角度和表达方式，进行仿写。第二阶段为"全文仿写"，是针对作文的全面训练，选用例文多是有关本单元话题的中学生优秀作文，篇后附有"评点"，帮助学生阅读和借鉴。"仿写"之后"创新表达"阶段的训练，使作文能在选材、立意、构思和表达等方面具有个性特色和创造性。本阶段选作例文的中学生作文不仅紧密结合该话题写作，而且具有较强的创意和个性特色，学生通过研读有所体悟后再次就该话题写作，有助于克服中学生作文中普遍存在的模式化倾向和缺乏个性与创新的弊病，把写作提升到新的、更高的层次。

以上四大板块大体构成理性认识、感性体悟、实践训练、归纳反省的几个阶段，但它们更是一个有机整体，应注意其内在联系和综合运用。实践训练的安排可以根据教学实际灵活掌握，如"片段仿写"可以布置多次训练，"片段仿写"与"全文仿写"可以合并，"全文仿写"与"创新表达"可以结合，"创新表达"可以只安排立意和构思方面的练习等等。

《创新作文》教材围绕写作话题设计了多种活动，并将这一主题贯穿写作训练的全过程，目的在于克服片面强调"技巧训练"的倾向，使作文能从学生的生活实际和思想实际出发，具有真情实感。旨在通过这些活动，增进学生的认识能力，促进学生思想、观点、人格、情操、个性的成长，提高人文素养。

---

① 卿平海. 创新作文——初中第 6 册 [M]. 成都：四川人民出版社，2001.

尝试为初中作文训练确定明晰的总体思路，提供较完备的参考资料和借鉴蓝本，建立实际有效的流程设计和操作方式，但这些都需要在教学实践中灵活地、创造性地运用。希望在编写者和广大师生的共同努力下，能为中学生作文训练探索出一条科学合理、行之有效的道路。

《创新作文》实验教材惠及数百万学生，《创新作文研究与实践》① 专著和《星空——"创新作文教学研究与实践"作文选》② 等研究成果运用到四川省教育科学研究所主编、四川省中小学教材审查委员会审定通过的《初中毕业复习指导丛书·语文》③ 和《新课程初中毕业复习指导丛书·语文》④ 中，运用到成都市教育科学研究所主编的实验教材《自主写作》⑤ 中，运用到专著《高考作文·"一"招夺高分策略——创新篇》⑥ 中。该实验成果获四川省人民政府优秀教学成果三等奖。

怎样让小学生由会写变创写？张速老师进行了同步探索⑦。

1998 年 8 月，张速老师通过公招考试调进成都高新区第三小学校，从事小学语文、思想品德教学，担任班主任、语文教研组长。针对大都市学生的新问题，侧重探索由会学变乐学的智慧教学之道。

根据汉字特点，采用猜字谜、编儿歌、念顺口溜、动作表演、做游戏等方法进行趣味识字，将趣味识字法教改经验运用到基础素质教育丛书《小学同步学习指导与训练》语文第一册⑧的编写中，《小学生释词法新探》获全国优秀论文一等奖。引导学生把对课文某些词的理解，用动作表演出来，学生兴趣浓厚，便于理解，易于记忆，教案《小猴子下山》⑨ 就用了动作表演释词法。这样，在识字释词中将游戏、表演、说话、写话结合起来，学生学得有趣、写得

---

① 课题组长向伟，副组长卿平海，何立新，王秉蓉，等. 创新作文研究与实践［M］. 成都：四川人民出版社，2005.

② 课题组长向伟，副组长卿平海，何立新，王秉蓉，等. 星空——"创新作文教学研究与实践"作文选［M］. 成都：四川人民出版社，2005.

③ 四川省教育科学研究所，主编，卿平海，刘绪国，向伟，等，编写. 初中毕业复习指导丛书 语文［M］. 成都：天地出版社，2001.

④ 四川省教育科学研究所，主编，何立新，卿平海，向伟，等，编写. 新课程初中毕业复习指导丛书 语文［M］. 北京：人民教育出版社，2004.

⑤ 成都市教育科学研究所，主编，卿平海，樊增敏，易永伦，等，编写. 自主写作［M］. 成都：四川教育出版社，2002.

⑥ 卿平海. 高考作文·"一"招夺高分策略——创新篇［M］. 成都：四川人民出版社，2003.

⑦ 张速. 幸福语文［M］. 成都：四川大学出版社，2018：9-14.

⑧ 张速，张笔春，刘素华，等. 小学同步学习指导与训练［M］. 重庆：西南师范大学出版社，2000.

⑨ 张速. 小猴子下山教案［J］. 四川教育，1999（4）.

快乐。

循循善诱，在课文内容与学习兴趣的相关点上探究；创设问题情境，在阅读已知与未知的联结点上探究；鼓励学生大胆求异，在阅读争论的焦点上探究；把时代活水引入课堂，在课文与生活的结合点上探究；引导学生角色表演，在表演与评价的分歧点上探讨……这样，将课堂探究性阅读与写读书随感结合，促使读与写互促共进。这一教改经验成果在全国核心刊物发表后[1]，《四川教育》也给予了宣传推广[2]。

尝试"二线四步"的古诗教学新模式。"二线"，即课内和课外；"四步"，即课内背诗——情景性记忆，课内画诗——审美化理解，课外学诗——趣味性活动，课外写诗——苦并快乐着。这大大激发了学生学诗写诗的兴趣，如2000年10月至2001年4月的课内外背诵唐诗比赛活动，在短短的七个月里，学生平均能背40首，最多的能背200多首，还写了不少诗。该方法的总结论文发表在全国核心刊物上[3]，并获四川省教育厅一等奖。

在教学寓言、童话、记人叙事的课文时，指导学生自编自演课本剧。如教《坐井观天》，让一个学生扮演青蛙，另一个学生扮演小鸟，一问一答，妙趣横生。在《达尔文和小松鼠》教学中，学生表演的课本剧惟妙惟肖，妙趣横生，非常精彩[4]。这不仅促进了课文内容理解，还培养了学生的口头表达[5]、团队协作、创意表演、创意练笔等综合素质。

潜心研究创意练笔，促使学生乐于写出心里话[6]。诱发学生练笔兴趣，学生由怕写练笔到乐于写练笔，不少学生练笔有创意。2004年6月29日，张老师为全校教师上练笔活动课"令人着迷的纸"[7]，受到专家好评。指导学生编《写话集萃》[8]，有些学生经反复修改，写出了高质量的作文。仅2001—2013年，指导学生在多种报刊上发表了30篇文章。于佳琪的《我的同学》、张若愚的《小石榴树》、江心怡的《秋雨》《桂林游记》《两只可爱的小鹦鹉》、康静文的《水仙花》《命运永远掌握在自己手中》、赵雨恒的《我爱你九龙沟》、张崇

① 张速. 课堂探究性阅读教学策略 [J]. 教学与管理，2003 (11).

② 张速. 课堂探究性阅读模式 [J]. 四川教育，2004 (7—8).

③ 张速. 古诗主体性教学初探 [J]. 教学与管理，2002 (10).

④ 张速. 达尔文和小松鼠课例 [J]. 四川教育，2001 (5).

⑤ 张速. 浅谈小学生口语表达能力的培养 [M] //二十一世纪教育大论坛. 学苑出版社，2000.

⑥ 张速. 让学生乐于写出心里话 [J]. 四川教育，2000 (12).

⑦ 张速. 课例《令人着迷的纸》[J]. 四川教育，2005 (9).

⑧ 张速. 编《写话集萃》：让学生乐于写出心里话 [A]. 中国教育学会语文教学法专业委员会语文创新教育研究中心一等奖，2006.

洋的《酷爱运动的我》、王冕的《可爱的大头熊》、先思颖的《马虎的我》在《今日少年》发表，江心怡同学的《贪吃的下场》《爱说话的大嘴巴女孩》《找春天》《游苏州》、于佳琪的《小狗"雪雪"》、苏超的《观航空科技展》在《成都教育周刊》发表，班里学生争先恐后，看谁发表得多。

（三）探索创写变乐写的练笔育人之道

写作教学多轮实验启示我们：问题多因的练笔教学需要整体改革，由练笔应试转向练笔育人，由任务性练笔观转向生长性练笔观，由共性练笔训练转向个性练笔训练。改革的关键是建设文心课堂，引导有创意的表达，营造学生语言个性发展的精神家园，练笔育心是总开关。写作是学生认识世界、认识自我、进行创造性表述的过程①，练笔是学生情感态度价值观的熔炼、自我发现自我教育、有创意表达的复杂实践活动，是做事风格、做人品格、作文升格的整合修炼。以文育心，以心炼文，人情练达即文章。

2003 年 9 月以来，我（卿平海，下同）激情投入语文新课程教学。坚持天天练笔，促使学生享受诗意生活；完善创新作文，让学生语言个性享受快乐阳光；实践创意阅读，营造平等对话的精神家园；尝试综合性学习，促进学生语文素养和谐发展……数百个创意点及其生动的故事，有成功的经验，有失败的教训，也有深刻的反思，酸甜苦辣尽尝，30 多万字的《语文新课程创意教学》② 就是我的系统总结，教育部语文课程标准研制专家组组长、华东师范大学中文系主任、博士生导师巢宗祺教授写序嘉许。该专著获四川省教育厅教育科研成果一等奖。以此为基础研发的网络课程《初中语文新课程创意教学》，获教育部全国教师教育优秀课程资源一等奖。

《语文新课程创意教学》用 18 万字总结由创写变乐写的练笔育人之道。第一章"天天练笔　促使学生每天享受诗意生活"，分体验性练笔、技法性练笔、创意性练笔三节，总结了情景写真、活动写意、生活感悟、成长日记、观察练笔、仿写练笔、想象性练笔、反思性练笔、思考性练笔等诸多方法。第二章"创新作文 让学生语言个性享受快乐阳光"，总结了作文起始课、作文专题课、作文评改课的课堂创新作文，立意创新、选材创新、构思创新、写法创新、语言创新、拟题创新的自主创新作文。在第三章"创意阅读　营造平等对话的精神家园"里，用第三节"阅读性练笔，对话心灵世界"，介绍了游戏性练笔、

---

① 中华人民共和国教育部. 义务教育语文课程标准（2011 年版）[S]. 北京：北京师范大学出版社，2012：23.

② 卿平海. 语文新课程创意教学 [M]. 北京：开明出版社，2005.

写读书随感、总结阅读方法等练笔策略。

针对被动的、统一任务的、苦练技法的练笔教学问题，我们提出了主动的、自由选择的、张扬个性的、享受写作快乐的练笔生长观。语文新课标"每年练笔不低于1万字""课外练笔不少于2万字"的全新要求，这可以达到吗？三轮教改实验的"天天练笔"，让学生不亦乐乎。根据典型练笔学例，总结了学生练笔过程问题解决的12个策略，提炼了新课程视野的练笔教学理念：练笔教学要伴随学生成长历程，练笔教学要悦纳全新学习方式，练笔教学要融入学生生活过程。还用"练笔是咱自家事，我的练笔我做主""我的生活我来写""我用我手写我心""你是我的知己"等教学主张引领学生练笔实践过程，促使学生享受诗意生活[①]。

承担四川省教育厅普教科研资助金项目"中学自主选择性课程研究"，从1999年开始，在学校连续开设"大语文与创意学习"选修课。语文校本课程开发与实施，凸显培育语文核心素养新要求：突出语文的生活化，以拓宽语文学习和运用的领域；突出语文的综合化，以综合性学习活动促进听说读写能力整体提高和学科交叉整合；突出语文的信息化，注重现代信息技术在教学中的运用，以"互联网＋语文"促进语文的现代化；突出语文的个性化，以创意学习活动培养学生语文学习的兴趣、爱好、特长。怎样由共性化课程转向个性化课程，由传承式语文课程转向创新式语文课程？我总结自己教学经验写成的校本教材《大语文与创意学习》，被四川省教育厅选为首批普通高级中学选修课试用教材，着重探讨怎样培养学生的语文创意学习能力问题。

我与学生一起做过很多选修课活动专题，如立体观察、异想天开、新体验作文、与名人聊天、"西部论坛"调研、即兴广告创意与营销、1＋1＝？、创绘新形象、我评"韩寒现象"、感悟生活、咬文嚼字、品读茶文化、校园幽默、社区文化建设策略、成都小吃研究、从三星堆到天府广场、李冰治水与府南河工程。近年，尝试微课程开发，开设"微辩论""微话剧""微电影""微新闻""微故事"，学期轮换，我和学生欲罢不能，不亦乐乎。

根据语文创意教学生态观，尝试构建生态性的选学环境。集体选学时，每一个专题教学的基本程序是"芝麻开门→思维广场→创意天地→学习评价→活动感悟"[②]。专题研究小组是选修课教学的一种常用方式，也是一种重要的生态性的选学环境。专题研究小组有两种形成方法：一是自报研究问题时，研究

---

① 卿平海. 新课程练笔的问题解决策略［D］. 成都：四川师范大学，2007.

② 卿平海. 大语文与创意学习［M］. 成都：四川少年儿童出版社，2002.

相似问题的学生组成一组；二是先学生自愿组合，在讨论中协商，提出研究问题。学生最初提出的问题往往很大，比如研究文学、语言、西部开发等，这时我便引导学生聚焦有价值的问题点，寻找研究切入角度，最后确定一个比较有把握的微小课题。课题选定后，民主选举产生课题组长，由组长组织学生围绕《课题开题讨论细则》进行课题论证、研究方案设计和人员分工。学生根据老师提的意见反复修改方案，方案经家长、班主任和我签字后，小组开始自主研究性学习活动。每次活动后组长要负责填报课题研究记录表，便于教师跟踪和监控。课题计划完成后，小组反复讨论每个学生写的研究收获，由组长执笔写研究报告或参与课题汇报会。这样写出的研究报告，是以前作文无法比拟的。

《我们走上校本课程之路》[①] 在《人民教育》上发表；《在选修课教学中培养学生语文创意学习能力的实践》[②] 在中央教育科学研究所主办的"全国创新教育研究与实验研讨会"（苏州）上交流后，成为封面推荐要文，发表在《创新教育》上。《语文教学培养学生创新素质初探》[③] 在中国教育学会第十二次全国学术讨论会上交流，并收入论文选集。我在世界银行贷款/英国政府赠款"西部地区基础教育发展项目"中，探索识字教学策略的提炼和公平教育的实施[④]；在教育部"国培计划"、全国性学术会议[⑤]、省市教师培训中，探索教师专业发展的自主策略，分享创意练笔的典型案例。

随着教改研究的深入，有一个意识越来越强烈：语文教师自我更新是学生语文创意学习的前提和保障。于是，我满腔热情地投入探寻语文教师自我更新和团队共生发展的新路子中。承担成都市教育局"中小学教师创新素质教育研究"的主研工作，2002 年研究成果获成都市人民政府科技进步二等奖。2003年，承担成都市教育局安排的特级教师、教育专家带徒弟任务，所带三位徒弟都成长为语文名师，我被评为优秀导师。

2012 年成都市教育局首批名师工作室卿平海工作室成立，我们以"共建共享，创意语文，诗意生活"为工作室核心理念，以语文课堂创意教学为工作

---

① 卿平海. 我们走上了校本课程之路 [J]. 人民教育，2003（23）：29－31.

② 卿平海. 在选修课教学中培养学生语文创意学习能力的实践 [J]. 创新教育，2002（1）：18－23.

③ 卿平海. 语文教学培养学生创新素质初探 [M] //中国教育学会秘书处. 创新精神与实践能力培养. 北京：中国档案出版社，2005：270－281.

④ 卿平海. 识字教学策略研究，课堂里的教育公平 [M] //杨东. 世界银行贷款/英国政府赠款"西部地区基础教育发展项目"核心成果：培训的变革——中小学校长与教师参与式培训活动设计. 北京：北京师范大学出版社，2010：111－118，213－219.

⑤ 卿平海专题报告：天天练笔使学生享受诗意生活，中国教育学会中育教育发展研究中心主办的中小学教学创新暨中小学语文数学课堂教学改革研讨交流会，2005 年 7 月 27 日。

室研修主题，以任务驱动开展磨课沙龙、课例研究、送教下乡、专业阅读、专业写作、专题讲座、访学问道等研修活动。三年里，工作室成员在核心刊物上发表文章 10 多篇，在省内外上公开课、做讲座数百次，《语文课堂创意教学》① 专著收录了 5 个作文专题的创意问道、创意寻道、创意论道、创意悟道的课例研修成果，获成都市人民政府哲学社会科学优秀成果二等奖。

令人欣慰的是，语文创意教学促使我们工作室每个成员自我超越，在原有基础上取得了显著进步：刘勇成为我省最年轻的中学语文特级教师，被评为全国模范教师；张速被评为中小学正高级教师，成都市特级教师；岳国忠在全国赛课获特等奖，被评为成都市学科教学带头人；特别值得庆贺的是金堂县清江镇可口可乐希望学校的胡春霞由县级骨干教师发展为成都市特级教师，被评为全国优秀教师。

我也再次焕发学术青春，兼任四川师范大学、西华师范大学硕士研究生导师，参与国家精品课程《语文课程与教学新论》②《中学语文教学设计》的教材编写、示范课教学、作文微课录制。与成都师范学院合作，组织四川省语文教学名师就学生怕写作文问题怎样解决、作文第一课如何激趣、作文教学怎样更有趣等 62 个作文微问题进行了探讨③。被教育部聘为"国培计划"专家、基础教育课程语文教材审查专家，应邀在省内外参加名师论坛，分享我们工作室的经验④，为全国性学术会议上公开课做学术报告⑤。

与此同时，张速老师也在探索创写变乐写的练笔育人之道⑥。

2005 年 7 月，张速老师调入成都市实验小学。这十多年，在语文教学中探索幸福语文，在班主任工作中探索幸福德育，潜心探寻乐学变幸福的教育之道，逐渐形成了"快乐读文养性、快乐作文育心"的幸福语文教学特色。

创造实施快乐识字写字。综合运用趣味识字法、字理识字法、字族文识字

---

① 卿平海名师工作室. 语文课堂创意教学 [M]. 成都：四川大学出版社，2017.

② 刘永康. 语文课程与教学新论 [M]. 北京：高等教育出版社，2011.

③ 李德树，丁瑞根，卿平海. 初中语文微问题解决 100 例 [M]. 成都：西南交通大学出版社，2017：88—149.

④ 卿平海、刘勇代表四川在贵州省教育厅中小学教师继续教育工程办公室主办的"名师论坛"上与北京、上海、浙江、贵州初中语文名师团队同课异构，2015 年 10 月 15 日。卿平海、刘勇、王保兵在兰州市教育局主办的名师大讲堂上同课异构和做学术报告，2017 年 5 月 20 日。成都市卿平海名师工作室与深圳赵查名师工作室同课异构《虽有佳肴》和专题交流，2019 年 10 月 24 日。

⑤ 卿平海上练笔活动课"纸随心飞"和做讲座《言语生命活力的激发策略》，第二届全国中学写作教学论坛暨南京市中学作文教学现场观摩研讨会，2015 年 4 月 12 日。在中国教育学会中学语文教学专业委员会"名师汇"智慧课堂教学观摩研讨活动中执教《文从字顺》练笔课，2017 年 4 月 16 日。为中国青少年发展基金会希望工程全国教师培训会提供练笔示范课，2016 年 11 月 24 日。

⑥ 张速. 幸福语文 [M]. 成都：四川大学出版社，2018：14—18.

法、动作表演释词法等，每月组织一次识字写字比赛。

创造实施快乐阅读教学。用课文预习单、语感培养法[1]、思路图示法、探究性阅读、表演课本剧等方法改进课内阅读；一二年级用《日有所诵》、三四年级用《古诗75首》《论语》、五六年级学生用讲解国学经典的方式引导同读共享，三四五年级暑假必读《西游记》《三国演义》《水浒传》，平时和节假日自选自读交流，以此形成三个课外阅读系列，形成书香生活氛围。语文阅读课书声琅琅、情意浓浓、议论纷纷、写写练练，情趣盎然。课堂探究性阅读与课外趣味阅读互动互促，阅读理解因探究克服肤浅，走向深度阅读；阅读因体悟克服枯燥，深刻领悟人文意蕴[2]；阅读理解因分享克服偏见，而快乐增值[3]。近年，又尝试群文阅读，实验生态阅读，并用微课深研来不断改进[4]。还优化课堂阅读练习[5]，改进课外阅读作业[6]，减负增效提质。

创造实施快乐作文教学。小学一年级看图说话，用认认真真看、清清楚楚说、工工整整写"三阶递进"，将观察、说话、写话协调发展[7]。巧用教材，尝试通过语句仿写进行低段习作起步[8]；尝试通过想象性微习作，让低段仿写走向有创意的表达[9]。三年级侧重语段仿写教学创意探索[10]，突破由句到句群的难点。四年级侧重探索语段内容具体化教学创意探索，解决空话变实话的顽症[11]。中低段习作动力的激发是需要持之以恒解决的大问题，游戏性练笔是习作变苦为乐的有效办法[12]。高段不仅侧重篇章仿创，更重视生活写意，通过练

[1] 张速. 小学语感培养简论［A］. 全国首届中小学教师、教研员教学论文"教研杯"评选活动，获中央教科所一等奖，1996.
[2] 张速. 体悟式阅读中人文教育初探［A］. 中国教育学会小学语文教学研究会优秀论文一等奖，2005.
[3] 张速. 分享使教学快乐增值——课例"大家都快乐"［A］. 小学语文教师编辑部一等奖，2006.
[4] 张速. 微课深研改进群文阅读［J］. 教育科学论坛，2017，(11).
[5] 张速，曹小娟，孙婷，等. 天府名校优课练·语文五年级·上［M］. 成都：电子科技大学出版社，2017.
[6] 张速，蔡雨，朱立，等. 天府名校成都市实验小学语文作业本·三年级·上［M］. 成都：四川教育出版社，2008.
[7] 张速. 小学一年级看图说话"三阶递进"课例研究［A］. 四川省教育厅教师优秀论文一等奖，2014.
[8] 张速. 巧用教材培养一年级小学生仿创表达能力［A］. 四川省教育厅教师优秀论文一等奖，2006.
[9] 张速. 例谈小学二年级想象性习作的教学创意［J］. 四川教育，2008（2-3）. 四川省教育厅教师优秀论文一等奖，2007.
[10] 张速. 三年级语段仿写教学创意例谈［A］. 四川省教育厅教师优秀论文一等奖，2008.
[11] 张速. 语段内容具体的习作教学创意［A］. 四川省教育厅教师优秀论文一等奖，2009.
[12] 张速. 游戏性习作：学生为乐趣而写［A］. 四川省教育厅教师优秀论文一等奖，2010.

笔珍藏成长的多味香①，促使练笔在真情实感基础上有创意的表达②。这样，便构建起了"入格→升格→破格"循序渐进的习作创意教学新体系：低段微练笔，绽放童心童语，学生为雅言而写③；游戏性练笔，积淀生命言说的快乐，学生为乐趣而写④；想象性练笔，享受诗意生活，学生为自由而写⑤；语段仿创，让练笔在仿写中潜滋暗长，学生为雅意而写⑥；具体化练笔，看清楚想明白后写具体，学生为交流而写⑦；生活写意，搭建真情抒写的平台，学生为真情而写……这些练笔教学创意，使母语养成顺应儿童天性，将作文化难为易，学生愿写会写乐写，甚至欲罢不能。近年，学生在报纸杂志发表或获奖作文60多篇。

这样有语言温度的创意练笔，更有思维深度、审美高度、文化厚度。

积极投入名师工作室语文课堂创意教学研究，专著《语文课堂创意教学》⑧被成都市教育局评选入"成都教育丛书"，获成都市第13次哲学社会科学优秀成果二等奖，由成都市人民政府颁奖。主研四川省教育科研资助金项目重点课题"县域生态教育建设研究"结题，侧重探索生态语文的教学实践，获四川省人民政府第六届普教教学成果一等奖。参与了四川省教育科研资助金项目重点课题"四川省义务教育新课标背景下群文阅读推广与深化研究"⑨，教研论文《群文阅读尚需微课深研》收入四川省教科所该课题成果集⑩。张老师将这些研究与自己的幸福语文、创意练笔理念结合起来，互促共进，相得益彰。

每阶段的练笔教改理想，远未实现，但我们追求语文素质教育的理念由弱

---

① 张速. 生活写意：珍藏成长的多味香［A］. 四川省教育厅教师优秀论文一等奖，2012.

② 张速. 生活写意：促作作文更有真情实感［A］. 四川省教育厅教师优秀论文一等奖，2011.

③ 张速. 小学低段课堂如何进行习作仿创［M］∥卿平海名师工作室. 语文课堂创意教学. 成都：四川大学出版社，2017.

④ 张速. 例谈游戏的习作动力作用［A］. 成都市教育科学研究院、成都市教改实验专委会论文一等奖，2011.

⑤ 张速. 想象性习作的生本教学创意［A］. 成都市教育科学研究院、市小学语文专委会论文一等奖，2009. 中国教育学会优秀论文二等奖，2009.

⑥ 张速. 仿写教学创意设计初探［A］. 成都市教育科学研究院、市基础教育改革领导小组论文一等奖，2009.

⑦ 张速. 新课程习作"内容具体化"的教学创意［A］. 成都市教科院、市教改实验专委会论文一等奖，2010.

⑧ 卿平海，刘勇，张速，岳国忠，等. 语文课堂创意教学［M］. 成都：四川大学出版社，2017.

⑨ 四川省义务教育新课标背景下群文阅读推广与深化研究，获四川省人民政府优秀教学成果一等奖，2018.

⑩ 张速. 群文阅读尚需微课深研［M］∥刘涛，王雁玲. 群文阅读花开天府. 成都：四川教育出版社，2017.

到强。在不断求学、不断教改、不断科研的三个"创意"动点中，贯穿着一条红线——创意练笔教学。这"三点一线"的教学生活方程式，36 年求得的解是：创意练笔教学就是通过教师的会教、灵活教、有创意教引导学生会写、灵活写、有创意写，在全面提升语文核心素养的过程中，力求教师作文教学个性与学生作文学习个性和谐发展①。其发展轨迹如图 1-2 所示。

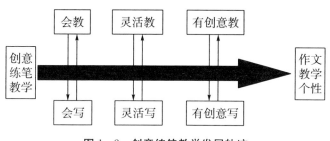

图 1-2　创意练笔教学发展轨迹

▶▶▶▶ 创意练笔论道

　　练笔是语文新课程标准第一次提出的新要求，练笔效益低、练笔教学有具体要求而无相应的练笔教学理论是困扰写作教学的一个突出问题。应建构创意练笔教学理论来指导，以提高练笔效益。其思路是：国内外视野的写作教学成果的扬弃是创意练笔教学理论研究的坚实基础，新课程视野的写作教学理论是创意练笔教学理念建构的核心内容。

三、创意练笔的学理基础

　　语文创意教学源于我国古代孔子的乐学思想，它吸收了国外的发现学习理念和我国陶行知的创造教育、生活教育理念，以及我国教育改革中产生的情境教育、主体教育、活动教学等的合理因素，是创新教育在语文教学中的实践。

　　创意练笔是语文创意教学的重要组成部分，创意练笔的学理基础不仅坚持语文创意教学的共创共享，还特别吸收运用语文新课程创意写作观、言语生命动力学说、学习论视野的问题解决理论②。

（一）新课程创意写作观

　　国内外视野的写作教学成果，是新课程写作教学理论研究的坚实基础。练笔是新课程教学的新要求，创意练笔教学理论的学理研究，应以新课程创意写

---

① 卿平海. 我的语文创意教学观 [J]. 四川教育，2001（9）：20.
② 卿平海. 中学练笔有效教学理论刍议 [A]. 四川省教育厅教师优秀论文一等奖，2011.

作观为基础，在继承中创新，在扬弃中发展。

1. 新课程创意写作观是对我国写作教改成果的扬弃

语文新课程改革以前，产生过重视"过程"的作文教学流派，有三种代表模式：一是以北京景山学校周蕴玉和上海于漪为代表的"文体为维，过程为经"训练模式，二是 20 世纪 80 年代中期中央教科所实验教材《作文》所设计的"文体、过程双轨训练"体系，三是扬州师范学院 20 世纪 80 年代编写《中学作文教学设计》所创设的写作内容、写作手法、写作过程"三线并行"训练体系。

这些模式的共同点是作文过程尤其重视文体，比较忽视学生主体；注重继承发扬我国读写结合的传统优势，通过"文章赏析""揣摩谋篇"① 的教学把思维训练融入语言训练过程中，立意为读写互相促进。对于范文加作文训练框架，现实中往往读重于写甚至以读代写，读写难免掣肘，弄得两败俱伤。单纯模仿范文也容易使文章写作形式化以致僵化②。而李吉林的情境作文、倪谷音的愉快作文，使作文过程因情感体验而灵动起来。刘胐胐、高原的"观察—分析—表达"三级作文教学体系，使作文过程因生活而焕发活力、因思维而走向深刻。

在这个阶段，关于作文心理过程的研究成果最具有突破性。写作过程是外部操作活动与内部认知活动的有机统一。仅就写作活动的外部形态而言，包括深入生活、编拟提纲、文字表达和修改润色几个重要步骤。同时，写作活动又体现为作者独特的心理活动，即写作的心理储备（写作积累）、写作的心理萌动（感受）、写作的心理孕育（写作构思）、写作的心理物化（写作传达）、写作的心理完善（修改美饰）③。这启示我们写作教学要重视过程的完整性。而表达的顺利实现依赖于作文心理的三级转换，其理论框架可以表示为：思维—（转换）→内部言语—（转换）→外部口头言语表达—（转换）→外部书面言语表达④。它揭示了"思维—表达"之间转换的规律性和复杂性。

语文新课程标准合理吸收了写作过程的研究成果和教改经验，特别重视写作或练笔兴趣的培养、观察习惯的养成，注重写作过程中搜集素材、构思立意、列纲起草、修改加工等环节，把写作定义为认识世界、认识自我、进行创

---

① 章熊. 中国当代写作与阅读测试 [M]. 成都：四川教育出版社，2000：46.
② 王荣生. 语文科课程论基础 [M]. 上海：上海教育出版社，2001：184.
③ 张雷. 写作心理学 [M]. 北京：明天出版社，1989：266.
④ 刘森. 作文心理学 [M]. 北京：高等教育出版社，2001：45.

造性表述的过程，重视引导学生在自我修改和相互修改的过程中提高写作能力，并强调对写作材料准备过程、作文修改过程的形成性评价。特别强调为学生的自主写作提供有利条件和广阔空间，减少对学生写作的束缚，鼓励自由表达和有创意表达，鼓励写想象中的事物；加强平时练笔指导，改进作文命题方式，提倡学生自主拟题①。还把鼓励有创意表达的要求落实在不同学段：1~2年级写自己想说的话，写想象中的事物；3~4年级观察周围世界，能不拘形式地写下自己的见闻、感受和想象，注意把自己觉得新奇有趣或印象最深、最受感动的内容写清楚；5~6年级习作要珍视个人的独特感受，能写简单的想象作文；7~9年级要多角度观察生活，发现生活的丰富多彩，能抓住事物特征，有自己的感受和认识，表达力求有创意②。在写作评价时，要重视学生的写作兴趣和习惯，鼓励表达真情实感，鼓励有创意的表达，引导学生热爱生活、亲近自然、关注社会③。这形成了新课程创意写作的教学目标、教学过程、教学评价的完整体系。

经历十多年实践后，作文过程整体上看比以前有生机有活力，值得充分肯定。但存在"忽略学生作文过程的体验问题"④，还出现了一些普遍的突出问题：一是学生没有意识到作文或练笔是交流，只感到是沉重痛苦的作业，只是希望有个好分数，这种应试恶果产生了一批取悦作文；"相当多的学生仍旧畏惧写作，缺乏主动写作的意识"⑤。二是新课标教材写作部分采取口语交际、写作、综合性学习"三位一体式"设计，其最大特点是强调写作以生活体验为基础，重视写作准备，以解决学生写作无话可说的难题，这点难能可贵。但三大模块被捏在一起放在每个单元的最后，一学期所用不过十几个课时，一节课内的"综合""交际"都只能是皇帝的新装，写作教学能完成文题布置就算不错了，"写作全程训练变成学生回家写作文与教师草草讲评两个简约的环节"⑥。三是教师如何指导学生写，要么强化应试模仿训练，导致"现在作文

---

① 中华人民共和国教育部. 义务教育语文课程标准（2011年版）[S]. 北京：北京师范大学出版社，2012：23.

② 中华人民共和国教育部. 义务教育语文课程标准（2011年版）[S]. 北京：北京师范大学出版社，2012：9，11，13，16.

③ 中华人民共和国教育部. 义务教育语文课程标准（2011年版）[S]. 北京：北京师范大学出版社，2012：30.

④ 陶本一. 谈谈作文教学中的两个问题 [J]. 课程·教材·教法，2005（1）：41.

⑤ 王栋生. 培养想象力，点燃创造的激情——中学生作文教学改革的任务 [J]. 中学语文教与学，2008（2）：17.

⑥ 冯熹双. 对语文新课程目标的哲学思考 [J]. 中学语文教与学，2008（2）：31.

教育的一个最大问题就是套路作文"①；要么指导"怎样写"这一环节较弱，"我国中小学写作教学普遍存在教师指导不到位的弊病"②。四是学生作文"读者缺失"③，即作文没有读者，或者说不论写什么都只有一个读者——教师。

2. 新课程创意写作观是对国外写作研究成果的扬弃

综观主要发达国家语文课程标准的修订和改革实践研究，我们可以发现，国外近二十年有关写作过程研究中出现了一些新的写作观念、指导模式和训练方式。写作过程是什么？格雷夫斯从写作主体描述写作过程特征，认为写作过程是导向解决问题的一系列操作，是教师和学生的互动过程。加拿大主张学生以学习者和思想家的双重身份参加写作活动④；美国强调的写作还是一种享受⑤和日本倡导的写感想文和生活文⑥，都是为自己写作的观念，澳大利亚和韩国却提倡为不同读者的写作观；英、美、法、加拿大等国均提出了有关电脑写作的规定⑦。不同写作理念指导下的写作过程指导模式和训练方式不尽一致，外国著名的有观察指导模式、认知指导模式、文学指导模式、日常指导模式，有规范性、塑造性、创造性三种主要写作训练形式⑧。

我们的作文教学为了追求高分而特别重视技能训练，特别是作文应试技能的训练，这可以从现实的作文课和泛滥的作文书中得到印证。而西方早已出现由作文技能向作文策略教学的转变。作文策略教学以现代语言学及建构主义为指导，在整个作文过程中强调以学生丰富多彩的言语实践体验为中心，使学生在生动的情景、互动协作、积极对话中运用写作知识和经验主动地建构文章意义，教师对作文教学不是主宰而主要发挥组织促进、指导辅导的作用。值得我们注意的是，西方写作课程和教材设计了多种多样的言语实践活动⑨，这体现了作文教学理论向重视学生经验建构的深刻转变。富有启迪意义的是加拿大有对于任何写作任务都适用的万能写作过程指导：写前准备—起草—修改—校对—发表。该指导把写作过程形象地比喻成一只小鸡的孵化、出壳、成长⑩。

① 温儒敏，祈培. 关于中学教学改革的几个问题——温儒敏访谈录［J］. 语文教学与研究，2010（1）：6-9.

② 倪文锦. 关于写作教学有效性的思考［J］. 课程·教材·教法，2009（3）：24-27.

③ 汪昌友. 关于学生习作"读者缺失"的调查及矫正尝试［J］. 语文学习，2008（6）：64-66.

④ 柳士镇，洪宗礼. 外语文教材评介［M］. 南京：江苏教育出版社，2000：350.

⑤ 阎立钦. 美国中学的语文课程和大纲［J］. 中学语文教学，1994（11）：23.

⑥ 方明生. 日本教育中的"生活作文"教学思想［J］. 外国教育资料，1996（2）：36.

⑦ 柳士镇，洪宗礼. 外语文教材评介［M］. 南京：江苏教育出版社，2000：310.

⑧ 倪文锦，欧阳汝颖. 语文教育展望［M］. 上海：华东师范大学出版社，2002：318-346.

⑨ 李军. 中学作文课程与教材的反思与重建［J］. 中学语文教与学，2008（11）：23.

⑩ 杜红梅. 介绍一个加拿大的写作指导模式［J］. 语文建设，2008（1）：44-27.

其突出特点是：以活动为中心，注重过程牵引；以技能为目标，渗透写作策略；加强指导建议，辅以写后反思；重视找米下锅，不忘锦上添花。

美国斯蒂芬·D. 克拉申（Stephen D. Krashen）在 1991 年出版的《写作研究的理论和应用》一书中，披露了一些非常有趣的作文研究成果和结论：多写多练并不一定能提升学生的作文成绩；反馈鼓励和评价修改稿更有效；语法指导对于学生写作没有效果；很少有学生运用正式的提纲，好的写作在写的过程中停顿更多，重读自己的文本次数也更多；所有的作者都有"丢失思路"的问题，更多的成功作者并不总是严格地运用线性构思，一些有经验的作者实际上先构思再修改，写作是一个思想由凌乱到清晰的过程；新手作者在把"基于作者的作文"转换到"基于读者的作文"的过程面临着困难①。这些依据最新科学实验得出的成果，不仅启迪我们改变写作过程的研究方法，更冲击着我们传统的写作过程的观念和做法。

综上所述，国外有关写作过程研究的新趋势：特别重视写作过程中学生主体的言语实践性、写作内容的生活性、写作技巧的自主性、写作评改的读者意识、写作教学的互动性，写作过程由教师掌控为主转向由学生成长为主，由教师以完成写作任务为本转向教师以促进学生写作实践更新为本；特别注重基于学生写作过程的问题解决策略研究，由文本循环转向写作策略的能级递进。对此，新课程标准的写作或练笔都给予了应有的关注和适当的借鉴。

（二）语文创意教学理念

共创共享、读文养气、作文育心、语用立言是语文课堂创意教学理念②，教学是师生双边活动，语文创意教学追求教师与学生的共创共享③。

"创意"词源于我国古代，与语文密切相关。汉朝王充《论衡·超奇》："孔子得史记以作《春秋》，及其立义创意，褒贬赏诛，不复因《史记》者，眇思自出于胸中也。"王国维《人间词话》："但恨创调之才多，创意之才少耳。"今天，"创意"具有多层含义，不仅指创造性的主意，也指从无到有的动态过程。英文 Creative Ida，如果直译，是具有创造性的意念（观念），简称为创意也算贴切。创意的关键是创造，创造既是结果又是过程，可分为发现、发明和发展。从创意思维角度来把握，创意还具有独立性、敏捷性、灵活性、伸展

① 荣维东，朱建军. 国外作文教学实验结果综述［J］. 语文建设，2009（5）：71－73.
② 卿平海名师工作室. 语文课堂创意教学［M］. 成都：四川大学出版社，2017：10－17.
③ 卿平海名师工作室. 语文课堂创意教学［M］. 成都：四川大学出版社，2017：11－13.

性、深刻性①。

如果从人的发展这个角度看，创意人就是能提出富有创见性设想的人。这要求现代教师要越来越少地传递知识，而越来越多地激励思考。教师必须集中更多的时间和精力去从事那些有效果的创造性活动：互相影响、讨论、激励、了解、鼓舞②。立德树人是我们教育的根本任务，培养具有创新意识和实践能力的现代学生和未来创新型人才，迫切需要创意教学。相对于一般教学或传统教学，创意教学至少具有五个特点：①创新性。在教学目标、教学内容、教学过程、教学原则、教学方法、教学形式、教学评价等某一方面有新意，有改进，有突破。②共创性。教师有创意的教促使学生有创意的学，学生有创意的学启发教师更有创意的教，学生之间学习创意的交流共享产生更新的创意。这不仅教学相长，而且生生相长。③有效性。创意教学不止追求新形式、新方法、新技术，更追求低成本、高质量、高效益。④人文性。尊重学生差异，因材施教；尊重教师个性，激发创新激情和创造潜能，创设自我实现的机会，使教学成为不断自我更新的审美活动。⑤生成性。课程内容的开发和师生教学创意的结合，使教学不断改革求新，创新意识不断增强，创新精神不断增长，创新能力不断发展，教学不断焕发出生命的活力。

在我们的语文创意教学中，"创意"有三种最基本的含义③：一是语文创新意念。包括语文教与学创新的意向、意愿、意趣、意识、理念，主要是指尝试有新意的、创造性语文教学的动机和动力。二是语文创新意境。由富含创新价值的教学材料、意蕴生动的思维场景、优美和谐的学习情调等组成的语文教学生态，不仅指语文教学创新的氛围、环境，而且指师生创新潜能的自我开发活动，特别是语文学习创新能力生长、创新学习意志发展的过程。三是语文创新意味。指师生对语文专题创新活动的反省、感悟、体味，发展语文学习个性和语文教学特色，提升语文学习品位和语文教学素养。

因此，语文创意教学是师生的创新意念、创新意境、创新意味的互动生成过程，用有创意的教引导学生有创意的学，教学相长，共生共荣。"就创造力本身而言，其实没有城乡的差距，老师本身的创意有多少，决定了孩子的创意有多少"，龙应台这一观点是有道理的。我们认为课堂是师生的学习共同体，教学即生长，期待一节课不仅学生变了，通过与学生的互动、对话、交流、分

① 赵明华. 创意学教程［M］. 西安：西北工业大学出版社，2004：3.

② 联合国教科文组织国际教育委员会. 学会生存——教育世界的今天和明天［M］. 北京：教育科学出版社，1996：108.

③ 卿平海. 我的语文创意教学观［J］. 四川教育，2001（9）：20.

享，教师的生命也成长了。"共创共享"，这是语文课堂创意教学的本质所在。

语文创意教学是遵循语文教学规律的守常融新，不是随心所欲的刻意求异；是师生的吐故纳新、自我更新，不是故弄玄虚的自我标榜；是语文教学创新驱动的发展理念、基本策略，而不仅仅是些灵光一闪的新点子。于是，我们对学生倡导语文创意学习的十大理念：学习即生活，学习即创新，学习即发展，学习即生命，学习即生存，学习即快乐，学习即合作，学习即交流，学习即文化，学习即财富①。学为了创造，教为了创新。在语文创意教学观②中，我们强调"教学即创新"。其主要体现在有效解决语文教学问题的自我更新，也体现在弘扬我国语文教育优秀传统的继承创新，体现在借鉴他人他国语文教育成果的运用创新，体现在海纳百川、兼收并蓄的融合创新。党的十八大五中全会提出"创新、协调、绿色、开放、共享"的发展理念，新修订的《教育法》第六条规定"增强受教育者的社会责任感、创新精神和实践能力"，教育要为大众创业万众创新提供人力支持，从这些来看，"教学即创新"还体现语文教育的与时俱进。

语文创意教学要实事求是，重在探寻规律。它强调语文真问题倒逼教改的创意问道，着力语文核心问题创造性解决的创意寻道，重视语文活动经验反思成智慧的创意悟道。此道非彼道，它是学生正确理解运用祖国语言文字、全面提高语文素养的有创意的学习之道，也是教师正确把握语文教育特点、充分发挥师生双方主动性创造性的教学之道，更是教师焕发言语生命活力、自我更新自我超越的发展之道。这是语文创意教学的核心价值追求。

（三）言语生命动力学说

新课程写作的"四新"，给练笔教学提出新挑战：一是新概念。写作是运用语言文字进行表达和交流的重要方式，是认识世界、认识自我、进行创造性表述的过程。需要将作文与做人统一，强调学生练笔自我更新、自我超越。二是新要求。写作教学应贴近学生实际，让学生易于动笔，乐于表达，应引导学生关注现实，热爱生活，表达真情实感。练笔教学怎样化难为易、变苦为乐？三是新导向。鼓励自由表达和有创意的表达，提倡学生自主拟题，少写命题作文，怎样进行创意练笔？四是新动力。重视写作兴趣和习惯的培养。练笔教学怎样变以前威逼利诱的外驱力为自觉自主的内驱力？这些新课程写作的新要求，对教师来说，又增加了练笔教学的新难度。

---

① 卿平海. 大语文与创意学习［M］. 成都：四川少年儿童出版社，2002：3－48.
② 卿平海. 我的语文创意教学观［J］. 四川教育，2001（9）：20－21.

诊断新课程背景下学生练笔难的病症，可以从三方面归因：第一类是生源性问题，学生缺动力不乐写、缺生活写假话、缺自主写套话、缺分享写空话，缺动力不乐写是首要的、关键性问题；第二类是师源性问题，有的教师对练笔教学重视不够，更多的教师缺少学生练笔过程真问题有效解决的指导策略，致使练笔量少质低效益差；第三类根源性问题，就是学生练笔生命活力的丧失，这是最要命的[①]。

丧失生命活力的练笔最可怕。练笔课堂缺乏生命活力是一个全域性普遍存在的问题，其表现为"四大生命缺失"：

一是练笔课堂缺生命在场。根源在传统教学理论假设，面对练笔学生是"无"，需要教师"催生"。这种理念下的课堂成了演出"教案剧"的"舞台"，教师是"主角"，学习好的是主要"配角"，大多数是不起眼的"群众演员"，很多情况下只是"观众"和"听众"[②]，有时甚至仅为教师"独角戏"，学生成了"旁观者"。练笔依靠教师传授，"目中无人"，练笔课堂常常使学生生命不在场；久而久之，教师也难保生命时时都在场。

二是练笔课堂缺生命活力。把丰富复杂、变动不居的课堂教学过程简括为特殊的认识活动，把它从整体的生命活动中抽象、隔离出来，是传统课堂教学观的根本缺陷[③]，练笔课堂上所学往往与学生需求无关系、与生活无联系，沉闷乏味，缺乏对智慧的挑战和对好奇心的刺激，使师生的生命力在练笔课堂中得不到充分发挥，进而使练笔教学本身也成为导致学生厌学、教师厌教的因素。而社会又把应试作文分数看得很重，加重了对学生和教师生命的束缚。

三是练笔课堂缺生命意义。当前教育过于功利化、实证化、技术化和模式化，为考而学，以成绩来证明自己，成为一种"有用的机器"但是不能成为一个"和谐发展的人"[④]。这样背景下的练笔课堂，学生越学越没趣，教师也越教越没劲。生命的诗意存在、生命的质量提升、培养自由而整体发展的充满个性的人，这些教育发展生命的内在价值，便在练笔课堂消失殆尽。

四是练笔课堂缺生命品质。其主要表现在两个方面：一是练笔课堂教学效率低，练笔课堂教学质量低，外显可见。二是练笔课堂教学境界低，教育变成

---

① 卿平海名师工作室. 语文课堂创意教学［M］. 成都：四川大学出版社，2017：41.

② 叶澜. 让课堂焕发出生命活力——论中小学教学改革的深化［J］. 教育研究，1997（9）：3—6.

③ 叶澜. 让课堂焕发出生命活力——论中小学教学改革的深化［J］. 教育研究，1997（9）：3—6.

④ 〔美〕爱因斯坦. 爱因斯坦文集（第三卷）［M］. 许良英，赵中立，张宜三，编译. 北京：商务印书馆，1979：155.

了一种存储行为①。练笔课堂缺失教学的生命意义，缺失根本的目标和方向，缺失内在动力和精神支柱，就无法领悟爱因斯坦所说的"包括专业知识在内的一切文化生活所依存的那种精神"，也无法体验怀海特所说的那种"深奥高远之境"，更无法深切感受到用生命去写作的崇高感、使命感和幸福感。

以人为本的时代，课堂期待回归生命本源，尊重人性，体现人本，实现人道②。创意练笔教学主张：练笔课堂要基于生命、依靠生命、为了生命、彰显生命，要促使师生的生命在场、生命润泽、生命成长、生命成全；生命的特性决定了练笔课堂教学的规律和方法，练笔课堂要遵循生长性原则、生命性原则、生成性原则、生态性原则；教学即导学，导学即优学，激发学生的言语生命活力，引导学生充分地动口、动情、动脑、动手；营造和畅之气、和悦之色、和美之境的练笔课堂氛围，彰显真实、朴实、扎实、厚实的练笔课堂品格，憧憬中和位育、和而不同、和谐共生的练笔课堂文化愿景。

从言语生命动力学来看，创意练笔不应成为瞎折腾学生的事情，而应成为学生欢欣向往、跃跃欲试、以求一逞的事情。我国长期以来练笔教学低效甚至反效，目中无人的教育主要靠的是应付生活、应付考试的外部动力学，这种过度社会化、功利化的练笔已成为学生不可承受之重，苦不堪言，被学生厌弃。而人是教育的出发点，学生是教育的主体③，学生自主发展是素质教育的必然追求，新课程练笔应该回归到顺应学生自我、表现学生自我的内部动力学。练笔教学将会因动力观的改变而彻底改变，其第一要务，就是把言说欲、言说权归还给作为言语生命主体的每个学生。

练笔教学再也不要做与言语生命天性、言语生命欲求拧着来甚至对着干的蠢事。创意练笔教学要更加关怀学生的生存处境、精神状态，关切学生的言语冲动、潜能发挥，养护学生的个性发展和自我实现。当下最重要最急迫的是使学生喜欢练笔，这就要依从于他们的生命指令、顺应他们内心潜伏着的言说欲求，而不是强求他们听命于社会、教育、成人（教师）的指令，使他们不得不屈从于他人的意志写他们不愿意写的东西④。

---

①　［巴西］保罗·弗莱雷. 被压迫者教育学［M］. 顾建新，赵友华，何曙荣，译. 上海：华东师范大学出版社，2001：24.

②　卿平海. "课堂革命"需"三革"［J］. 四川教育，2018（1）：23.

③　郑金洲. 中国教育学 60 年（1949—2009）［M］. 上海：华东师范大学出版社，2009：54，56，58.

④　潘新和. 把言说欲、言说权归还给学生——言语生命动力学写作教学论之一［J］. 中学语文教与学，2008（6 上）：44—47.

（四）学习问题解决理论

学习论视野的问题解决理论，是创意练笔教学策略选择的可靠借鉴。

"学习，是一个像诗一样迷人的字眼"，这是德国哲学家康德的学习情诗；"学而时习之，不亦说乎"，这是我国教育至圣孔子的学习情愫；"学之不已，如鸟数飞也"，这是宋代理学大师朱熹的学习情思……曾几何时，学习像填鸭，身体肥得"学富五车"，智商高得"才高八斗"，可翅膀却越来越失去了飞翔能力。今天的莘莘学子，身处青春心中却多无诗意生活，虽有优越的学习条件却少有乐学心境，工业化学习模式将学生异化为应试学习的机器怪兽！

学习论是心理学中最发达的领域之一，它系统阐述学习规律，主要研究人类和动物的行为特征和认知心理过程，为课程与教学论奠基。从某种意义看，教学最终目的是要使学生能自主解决各种问题。这里所说的"问题"并非一般性问题，而是指不能直接用已有的知识来处理的难题，是初始状态和目标状态的冲突或差异[①]；问题常含目标、已知条件、转换状态的手段、障碍四个要素[②]。这里所谓的问题解决，现代认知心理学专指人在没有明显的解决方法的情况下，将给定情境转化为目标情境的认知加工过程[③]，具有目的的指向性和操作的顺序性。问题解决的过程如何展开？怎样培养学生问题解决能力？这历来是教育学家和心理学家探讨的重点。

我们之所以需要在这里梳理和阐释学习论视野的问题解决理论，是为学生练笔过程中的问题解决寻求理论支持，也为创意练笔问题解决策略中的经验与理论结合的研究奠定理论基础。实践告诉我们，创意练笔是否有效取决于能否解决练笔的真问题，创意练笔是否高效取决于单位时间里解决练笔问题的多少与质量。

1. 问题解决学说

从学习心理角度看，问题解决学说的代表是试误说、顿悟说。

心理学史上最早对问题解决进行实验研究的是桑代克，他基于动物尝试与错误以及偶然成功逐渐学会如何逃出箱子的实验，认为问题解决是由刺激情境与适当反应之间形成的联结构成的，这种联结是通过试误逐渐形成的[④]。驱力和动机是问题解决的前提条件，以往经验是指导行为的根据。这种问题解决是

---

① 李维. 学习心理学 [M]. 成都：四川人民出版社，2000：256.
② 陈英和. 认知发展心理学 [M]. 杭州：浙江人民出版社，1996：234.
③ 张大均. 教育心理学 [M]. 北京：人民教育出版社，2008：185.
④ 施良方. 学习论 [M]. 北京：人民教育出版社，2008：448.

一种多少带有盲目色彩的探索活动，是一种迷茫无望且杂乱无章的行为。如要再次解决同一问题，一切还需从头开始，但所花时间可能会少些。

格式塔心理学却强调"顿悟"在问题解决中的作用，柯勒通过经典实验认为在问题解决过程中，人们不是通过长时间尝试与错误才获得解决办法的，相反，解决问题的办法是突然闯进脑子里的①。就像有时对某问题百思不得其解，突然一下子全明白。顿悟是一种敏感地臆测真理的能力，它不需概念的表达，仅凭感官的体验而有所省悟，但顿悟的产生是以已经获得的知识和生活经验为依据的。

其实，从学生解决问题的实际情况来看，试误和顿悟都存在，在练笔活动中，试误和顿悟常常是交织在一起的，在练笔的构思与提纲修改、行文的停改与成文的修订中，试误和顿悟尤为常见。

2. 问题解决阶段

问题解决是一个复杂的过程，需要经历不同的阶段。

斯滕伯格认为，如果要创造性解决问题，被试者不仅需要在问题解决过程中产生顿悟，而且还要经历选择性编码、选择性组合、选择性比较这三个不同而又相关的心理过程②。沃拉斯在1926年提出了问题解决要经历准备、沉思、灵感或启迪、验证四阶段的观点③，奥苏贝尔和鲁滨孙通过研究学生对几何问题解决的过程，也提出问题解决要经历呈现问题情境命题、明确问题的目标与已知条件、填补空隙、解答之后的检验这四个阶段的观点④。

最有影响的是杜威1910年出版的《我们怎样思维》一书，书中首次对问题解决的心理过程进行了探讨，提出了问题解决的五个步骤，并将它应用于教学过程中，形成了教学的五个步骤⑤：儿童要有真实的经验的情境和对活动感兴趣的连续活动；在这个情境内部产生一个真实的问题作为思考的刺激物；儿童要占有知识资料，从事必要的观察，以对付这个问题；儿童必须负责一步一步地想出解决问题的方法；儿童要有机会通过应用来检验其想法。

罗斯曼在考察了许多科学家发明创造的过程后，于1931年提出了问题解决六阶段论⑥：感到有某种需要，或观察到存在问题；系统地陈述问题；对现

---

① 施良方. 学习论［M］. 北京：人民教育出版社，2008：449.
② 张大均. 教育心理学［M］. 北京：人民教育出版社，2008：188-189.
③ 施良方. 学习论［M］. 北京：人民教育出版社，2008：453.
④ 邵瑞珍. 教育心理学［M］. 上海：上海教育出版社，1988：146.
⑤ 张大均. 教育心理学［M］. 北京：人民教育出版社，2008：187.
⑥ 施良方. 学习论［M］. 北京：人民教育出版社，2008：453.

有的信息进行普查；批判性地考察各种问题解决办法；系统地形成各种新观念；检验这些新观念，并接受其中经得起检验的新观念。

可见，这些问题解决阶段的某些相似性正说明问题解决有规律可循，如解决问题一般的历程是[①]：认清问题，确定目的；形成假设，提出策略；采取行动，验证假设；解题成果评价。但也不能把这些阶段绝对化，由于主客观原因，会出现某些阶段的重叠或跳跃、回复现象。这对我们进行练笔过程的问题分析，提供了有力的理论帮助。

3. 问题解决策略

"策略"词源的希腊意为计谋或欺骗，汉语意侧重于行动方针和方法方式的艺术性。

问题解决策略的形成和发展，受很多主客观因素的影响。研究者们分别从对信息的编码、智力结构、口述分析、规则发现、假设检验以及元认知等不同角度，研究了问题解决策略发展的趋势及年龄特点。随着计算机技术的迅速发展，许多心理学家醉心于用信息加工模式来分析人类问题解决的过程，计算机通过编好的程序可以下棋、看病、解答复杂的数学问题、为宇宙飞船导航等。纽厄尔与西蒙 1972 年设计了一般问题解决者系统，由接受系统、中心加工器、记忆系统、反应系统组成，它不但能证明逻辑定理，还能下棋、谱曲等。

美国心理学家吉尔福特以对智力结构分析而著名，他在 1986 年出版的《创造性才能》一书中，在智力结构模式基础上，提出了智力结构问题解决（SOIPS）模式[②]。在该模式中，记忆贮存是其他一切心理运演活动的基础，来自环境和身体内部的信息输入，经过过滤而被注意，通过认知而认识到问题存在和对问题性质的认识，最后经过求异思维、求同思维发现问题解决办法。认知和求异思维、求同思维都可能经评价而被贮存，否则难免会一次次犯同样错误。在获得理想的问题解决办法之前，可能会有一系列这样的循环往复。

我国学者吴鸿业、张泽金等（1988）用口述分析法研究了大、中、小学生问题解决的基本思维过程，结果发现，被试者在解决问题的过程中主要采用三种策略：第一种是整体策略，其模式是：明确目的→整体假设→子假设→有目的的尝试→结果。第二种是单一策略，其模式是：明确目的→逐个假设→逐个验证→结果。第三种是混乱策略，其模式是：盲目尝试→验证→结果。该研究还发现，大学生采用单一策略多于整体策略，重点中学的中学生主要采用整体

---

① 李维. 学习心理学 ［M］. 成都：四川人民出版社，2000：265－266.
② 施良方. 学习论 ［M］. 北京：人民教育出版社，2008：451－452.

策略，而重点小学的学生主要采用单一策略①。这些问题解决策略，能给新课程练笔过程的问题解决策略探讨带来有益的启示。

有研究表明，适当的学习目标、问题难度与学习者的准备、形成认知图式的策略②是问题解决型教学法的要诀。从实际看问题解决型教学法又包括学科型问题法、设计法、案例法③三种类型。创意练笔的问题解决研究强调基于课标要求和学生练笔过程出现的真问题，鼓励师生进行练笔教学创意尝试，侧重从学生典型练笔案例中提炼问题解决策略，倡导师生互动共进的问题解决研究。

四、创意练笔的教学理念

不同时期的学生，在聚会时会说到我们曾有的语文口号："快乐阅读有品位，成功作文有个性！""语文让师生的生命精彩起来！""创意语文，有言有味！""创意语文，诗意生活！""创意语文，创意生活，创意人生！"几年前，参加语文名师论坛，主持人李德树教授让我用一句话概括自己的教改探索，我提笔在黑板上写了："简简单单大语文，创意无限；快快乐乐小日子，幸福有缘。"《四川教育》"中国当代名师课堂教学品赏"专栏有《卿平海：简率洒脱》的报道④；四川省教育厅科研重点项目"四川中小学名师教育智慧研究"成果中，有"卿平海创意语文教学智慧"的专题研究，认为卿平海创立了语文创意教学发展体系，在有创意的阅读和有创意的写作中，精心设计板块，课堂顺意生成，形成了"读文养气，作文育心，实践立德"的语文教育特色⑤。如果从教学价值角度来看，语文课堂创意教学的发展理念可概括为"共创共享、读文养气、作文育心、语用立言"⑥。

针对被动的、统一任务的、苦练技法的作文教学问题，我们提出了主动的、自由选择的、张扬个性的、享受写作快乐的作文生长观。用"练笔是咱自家事，我的练笔我做主""我的生活我来写""我用我手写我心""你是我的知己"等教学主张引领学生练笔实践过程，促使学生享受诗意生活⑦，创意练笔

---

① 陈英和. 认知发展心理学［M］. 杭州：浙江人民出版社，1996：255－256.

② 钟启泉. 学科教学论基础［M］. 上海：华东师范大学出版社，2008：423－425.

③ 钟启泉. 学科教学论基础［M］. 上海：华东师范大学出版社，2008：426－429.

④ 中国当代名师课堂教学艺术品赏之卿平海：简率洒脱［J］. 四川教育，2008（7－8）：38－45.

⑤ 许书明. 四川中小学名师教育智慧研究［M］. 成都：四川师范大学电子出版社，2015：160－172.

⑥ 卿平海名师工作室. 语文课堂创意教学［M］. 成都：四川大学出版社，2017：10－17.

⑦ 卿平海. 新课程练笔的问题解决策略［D］. 成都：四川师范大学，2007.

促使学生思想精神的健康成长。

语文新课程写作吸收了当代认知心理学、现代语言学和写作学、社会建构理论、人本主义教育等成果，写作教学总体价值取向发生了重大变化。创意练笔是一种特殊的写作学习活动，新课程视野的练笔教学理念①是创意练笔理念建构的重要基础。要滋养学生的思想成长，成长思想立人；要着力学生的言语发展，发展思维立言；要融入学生的诗意生活，诗意生活立意；要悦纳全新的学习方式，学会做事立新。这四个基本理念②，将做人、作文、做事与生活整合起来，形成创意练笔立人、立言、立新与立意的"四立"教学观，如图1－3所示。

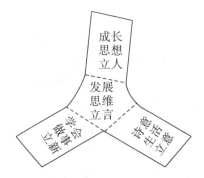

图1－3　创意练笔"四立"教学观

（一）成长思想立人

创意练笔要以思想为魂，滋养学生思想成长。创意练笔要育心育德，指导学生树立正确的世界观、价值观、人生观，培养学生的独立思想、健全人格、高尚情操、美好心灵，激励学生堂堂正正做好人，千学万学学做真人。作文与做人相得益彰，立言与立人相辅相成。

我们教了学生很多知识，教会他们各种技能，却忘记了在他们心中种下一颗快乐的种子，忘记了教给他们快乐的能力，不能不说是一种令人遗憾的本末倒置。培养快乐而幸福的人，更接近教育的本质。语文本应幸福，通过语文创意教学培养幸福人，更能体现语文教育的特质。

写作是运用语言文字进行表达和交流的重要方式，是认识世界、认识自我、进行创造性表述的过程③。新课程这一关于写作的定义，有两点突破：一

①　卿平海. 新课程视野的练笔教学理念［A］. 四川省教育厅教师优秀论文一等奖，2012.

②　卿平海. 新课程练笔的问题解决策略［D］. 成都：四川师范大学，2007.

③　中华人民共和国教育部. 义务教育语文课程标准（2011年版）［S］. 北京：北京师范大学出版社，2012：23.

是明确指出新课程写作具有过程性的特质，写作不仅是一种语言交流过程，也是一种多向认识过程，更是一种创新表达过程；二是新课程十分强调写作的育人功能，将写作学与写作教学区别开来，突出了写作对学生认识自我的教育功能，强调作文与做人的结合、利人与利己的结合，凸显以文立人，彰显以生为本。这两点突破结合起来，实现新课程对写作本质认识的跃迁：写作是提高学生生命质量的成长过程，学生认识的自我提高、表达的自我更新是写作教学的核心要义。在教师的引导延伸中孕育成审美的意境，在与自我对话中培育心灵世界，在写作体验中创生高尚的情操，在自省、自育、自生中自我孵化，实现情感态度价值观的提升①。而练笔最有可能实现写作的生命成长价值，练笔是学生成长的最佳伴侣之一。

创意练笔要引领学生思想精神成长的理念，在语文新课标里有多种诉求②。要让学生懂得写作是为了自我表达和与人交流，写作要感情真挚，力求表达自己对自然、社会、人生的感受、体验和思考，这些是写作重要的情意发展目标。要达到这一目标，写作教学应贴近学生实际，让学生易于动笔，乐于表达，应引导学生关注现实，热爱生活，积极向上，表达真情实感；要求学生说真话、实话、心里话，不说假话、空话、套话，并且抵制抄袭行为。在对学生写作进行评价时，教师要充分发挥评价对学生精神成长的引领作用，对学生浓厚的写作兴趣和良好的写作习惯给予持续的表扬，对学生表达的真情实感给予正面的引导，对有创意的表达应予以鼓励，以此促使学生不断增强练笔的自信心，与他人分享练笔的快乐，形成积极、健康、向上的阳光心态，养成自觉写作、快乐写作和认真负责的写作态度，通过坚持不懈的作文实践活动发展学生的观察能力、思考能力、鉴赏和表达能力。这有助于我们进一步理解叶圣陶先生1923年把"使学生有自由发展思想的能力"作为《初级中学国语课程纲要》第一项目的深意。

创意练笔要为学生形成正确的世界观、人生观、价值观，形成良好的个性和健全人格打下基础；为学生的全面发展和终身发展打下基础。创意练笔对继承和弘扬中华民族优秀文化传统和革命传统，增强民族文化认同感，增强民族凝聚力和创造力，具有不可替代的优势。创意练笔不仅是学生表达真情实感的心理需要，也是学生思想发育、心灵充盈、精神健康、个性成长的沃土。让创

---

① 吴永军. 自我孵化：写作教学的引导价值［J］. 中学语文教学参考・初中，2019（6）：46－47.

② 中华人民共和国教育部. 义务教育语文课程标准（2011年版）［S］. 北京：北京师范大学出版社，2012：13，16，23，30.

意练笔成为学生生活的必需，让创意练笔追随学生青春岁月，让创意练笔伴随学生健康成长，这是创意练笔应与学生结的善缘。

创意练笔滋养学生思想成长，是语文创意教学作文育心的具体体现。当下语文问题最集中的可能是作文。部分学生作文假大空套流行，作文教学无为、无趣、无法、无效普遍，作文教材数量偏少、体系不全、教学不便等问题突出。提及作文，学生害怕，教师埋怨，专家叹息。每年中高考时，作文往往成为社会焦点。要解决作文的老大难问题，需要责任担当，需要改革创新，需要科学探讨。

成功作文法、创新作文教学的多轮实验启示我们：问题多因的作文教学需要整体改革，由作文应试转向作文育人，由任务性作文观转向生长性作文观，由共性作文训练转向个性作文训练。改革的关键是建设文心课堂，引导有创意的表达，营造学生语言个性发展的精神家园，作文育心是总开关。写作是学生认识世界、认识自我、进行创造性表述的过程[①]，作文是学生情感态度价值观的熔炼、自我发现自我教育、创意表达的复杂实践活动，是做事风格、做人品格、作文升格的整合修炼，以文育心，以心炼文，人情练达即文章。

针对被动的、统一任务的、苦练技法的作文教学问题，我们提出了主动的、自由选择的、张扬个性的、享受写作快乐的作文生长观。用"练笔是咱自家事，我的练笔我做主""我的生活我来写""我用我手写我心""你是我的知己"等教学主张引领学生练笔实践过程，促使学生享受诗意生活[②]，促使学生思想精神健康成长。

儿童是祖国的花朵，每一朵都会开放，虽然花期不一样，但花开的梦想是一致的。语文是我们民族灵魂的家园，创意练笔能让学生体验写作快乐，使学生思想精神有个幸福的家。快乐与幸福是相通的。短暂的幸福是快乐，长久的快乐是幸福；快乐是感受，幸福是境界。幸福是一种能力，学生快乐练笔需要解决问题的方法和技能，需要老师必备的语文核心素养和幸福教育的能力。幸福更是一种修炼，孔子云："知之者不如好之者，好之者不如乐之者。"知之、好之、乐之，是一种持之以恒的超越，是先苦后乐的情感升华，是精益求精的品质体现，也是创意练笔的三种境界。

为什么很多成年人不快乐？在全世界最富有、最和平的国家里，不开心也

---

① 中华人民共和国教育部. 义务教育语文课程标准（2011 年版）[S]. 北京：北京师范大学出版社，2012：23.

② 卿平海. 新课程练笔的问题解决策略 [D]. 成都：四川师范大学，2007.

像流行病一样蔓延。有五分之一的成年人时常看心理医生，三分之一的婚姻最终破裂，四分之一的成年人需要靠药物才能够放松。这个问题是金钱不能解决的。[①] 另一方面，为什么有的人即使面对困难也能够开朗乐观，拥有强大的精神力量？答案很简单，因为他们内心的思维模式就是快乐的，他们从小就培养了快乐的思维模式，现在只不过按照这种思维模式生活着，而创意练笔可以强化这种快乐思维模式。

绝大多数人在生活中都会经历成功与挫折、顺境与逆境、巅峰与低谷的相似生活境遇，为什么有的人始终开朗乐观，有的人总是郁郁寡欢？因为他们拥有不同的快乐能力。培养学生能够快乐起来的能力，在成功时尽情享受胜利的喜悦，在失败时保持自信和积极心态。让快乐成为学生人生的底色，在油盐柴米的真实生活中体味到生活的甜蜜，热爱生活，享受人生。通过创意练笔培养孩子快乐能力，让快乐幸福成为儿童的人生底色也许是我们可以赠送给儿童的最佳礼物。

（二）发展思维立言

语言是思维的外壳，思维决定语言品质。创意练笔要以思维为本，着力学生言语发展。创意练笔要启思育智，以言语思维能力发展为核心，在言语表达中训练学生思维的敏捷性、灵活性、系统性、深刻性、批判性、独创性，在思维训练中训练学生言语表达的准确与形象、简明与生动、连贯与得体。创意思维有助于创意表达，创意练笔发展创新思维。

言语发展是人性发展的基础，言语交际是言语发展的标识和动力。发展学生言语，是学生幸福成长的钙和维生素。

语言文字是人类最重要的交际工具和信息载体，是人类文化的重要组成部分。语言文字的运用包括生活、工作和学习中的听说读写活动以及文学活动，存在于人类社会的各个领域。语文课程应激发和培养学生热爱语文的思想感情，致力于培养学生的语言文字运用能力，提升学生的综合素养，为学好其他课程打下基础；为学生形成正确的世界观、人生观、价值观，形成良好的个性和健全人格打下基础；为学生的全面发展和终身发展打下基础。语文课程对继承和弘扬中华民族优秀文化传统和革命传统，增强民族文化认同感，增强民族凝聚力和创造力，具有不可替代的优势。

实践性是语文的学科特点，学习运用祖国的语言文字是语文的根本任务。

---

① 〔澳〕史蒂夫·比达尔夫，〔澳〕莎罗·比达尔夫. 快乐童年的秘密：让孩子和父母更幸福的15堂课［M］. 马颖，马亚婷，译. 北京：机械工业出版社，2016：前言.

语用立言在创意练笔活动中的表现形式，是多种多样的：准确使用语言，生母语之爱；得体使用语言，立德之雅言；简明使用语言，立智之哲言；创造使用语言，立人之新语……通过创意练笔语言运用实践，培养真言善言美言，促进学生语言个性与语文综合素养和谐发展。

语用立言要求我们的创意练笔要激发学生言语生命活力，创意练笔基础知识要在言语理解中掌握，创意练笔基本技能要在言语活动中练习，创意练笔方法要在言语情境中运用，创意练笔评价要在传情达意中体现。不管是课内还是课外，没有真正语言文字运用练习的就算不上创意练笔，没有立言育人的纯语言文字机械训练也不是好练笔。

小学习作一般从三年级起步，能从一年级开始吗？巧用一年级教材，尝试课堂微仿创，为雅言而写。其体系是：巧用教材短文，由读句到仿说仿写句；巧用教材诗歌，由读诗到仿说仿写诗；巧用教材练习，由读词句到仿说写词句①。儿童视野的微习作，母语养成的微仿创，绽放童心童语，效果很好。

爱玩是儿童天性，学生练笔能将游戏拒之门外吗？当然不能。不仅不能，我们还要充分利用。我尝试了游戏性习作②，比如课堂先组织吹气球比赛，学生又惊又喜，接着让学生说比赛、写比赛，游戏需求激发了学生习作的生命言说欲望。在探寻自我的宝藏游戏中，学生兴趣盎然，接着引导学生说寻宝、写寻宝，游戏兴趣诱发了学生习作的生命言说趣味。在有趣的数数传气球背诵游戏中，学生紧张传球、沉着背诵、热烈鼓掌，然后说游戏写游戏，游戏快乐积淀学生习作的生命言说快乐……这种遵从儿童天性的玩作文，学生为乐趣而写，常常会欲罢不能。

雪仅能融化成春天吗？想象，让一切皆有可能。想象性习作，让文字随想象载歌载舞③："关键词句"开花，积淀有意想象的习作语感；"游戏儿歌"仿写，诱发生动想象的习作意趣；"儿童故事"新编，滋养合理想象的习作意念；"快乐体验"分享，提升情感想象的习作境界。想象性习作，学生为自由而写，在想象习作中享受诗意生活。

仿生让科技日新月异，仿写能使作文事半功倍。语段仿创是语句仿写的提

---

① 张速. 巧用教材：培养小学一年学生仿创表达能力［A］. 四川省教育厅教师优秀论文一等奖，2012.

② 张速. 游戏性习作：学生为乐趣而写［A］. 四川省教育厅教师优秀论文一等奖，2010.

③ 张速. 例谈小学二年级想象性习作的教学创意［J］. 四川教育，2008（2-3）.

升、篇章仿写的基础，更是作文由仿到创的关键。语段仿创起步是有道的[①]：仿扩中心词句，化抽象为具体，形散神聚；催生情化观察，化景语为情语，物我相通；引导创造想象，化物象为意境，创意表达；组织趣味活动，化意愿为意味，自由表达。语段仿创，为雅意而写，让创作在仿写中潜滋暗长。

写得少往往空泛，写得多就具体了吗？具体化习作的奥秘在，体验细腻才能写得具体。通过"哪两个小组全对"的情趣活动，促使叙事有血有肉；通过"谁的眼睛在说话"的情理想象，促使记人有声有色；通过"寻找冬日银杏美"的情境体验，促使写景有条有理。具体化习作，为交流而写；只有看清楚想明白后，才能写具体写细腻。

生活写意是有效应对策略之一，我通过搭建真情抒写的平台，促使学生为真情而写。用成长日记，珍藏学生日常生活的美好记忆；用青春诗语，积淀学生日常生活的真挚情感；用活动感悟，促使学生将体验提炼为真知灼见[②]。一方面努力为学生创造诗意生活，一方面引导学生跟进生活写意，两者互促共进，让学生写真情实感，坚持成自然。

文言文被戏称为第二外语。有调查表明，许多中学生对文言文学习是不喜欢的。不喜欢的主要原因之一是讲得乏味，背得凄苦，学而无趣。怎样才能使学生乐于学文言文？我们尝试了诵读、猜译、表演、练笔的活动教学方法，其活动要点是：一要重朗读体验；二要猜读贯始终（先猜后对注释，先猜后查词典，先猜后看资料，边猜边联已知）；三要靠语境来选择；四要想象文境，尝试表演；五要鼓励创新，随课练笔。猜译是苦并快乐的跨时空对话，在反复猜译中神交古人，既有趣味，又促进文言知识综合运用、文言阅读能力生长。而古诗文表演则能促进阅读理解的深入，古为今用，推陈出新。如《狼》《木兰诗》等的表演中，学生把"大窘""眈眈相向""叹息""相互将""惊忙"等神态、动作、声音表演得惟妙惟肖，情境对话有板有眼，特别是学生在查阅资料基础上增补历史背景的"古戏"今演，常常让我和其他学生忍俊不禁，有时还笑出泪来。练笔既可课堂即兴写微话剧、编微电影、续新结尾、补新情节，又可课外改编文言故事、鉴赏文言诗文、评析文言名句。这样的创意练笔，不仅促进学生深刻理解文言课文，而且积淀文字文学文化素养，切实提高学生语言表达能力。

---

① 张速. 语段内容具体的习作教学创意［A］. 四川省教育厅教师优秀论文一等奖，2009.
② 张速. 生活写意：促使作文更有真情实感［A］. 四川省教育厅教师优秀论文一等奖，2011.

（三）诗意生活立意

创意练笔要以生活为源，融入学生诗意生活。创意练笔要养性育美，引导学生向往、发现生活的真善美，追求、创造生活的真善美，享受、抒写求真求美求善求新的诗意生活。练笔源于学生生活，创意练笔成于诗意生活。生活的诗意影响练笔的创意，创意练笔的品位取决于诗意生活的品位。

生活本有酸甜苦辣，学习本是艰辛复杂的，让快乐成为学生的人生底色，并不是说要让学生时时刻刻都快乐，一直快乐，甚至永远快乐，这是不切合实际的。而是要让学生有一个积极的心态，充满生活激情，在心理上有能力去应对生活的种种遭遇，过一个真实的、丰富的、完整的、有诗意的幸福生活。让快乐成为学生的人生底色，这底色来自诗意生活。什么是学生的诗意生活？就是学生成长中求真、求善、求美、求新的生活。

汉语是我们的母语，母语具有习得性。生活本身就是大语文，语文的外延等于生活的外延。语文教学只有融入真实的生活中，才会充满不朽的生命力。一个人只有通过自己的思考，选择适合自己的道路，才能走向成功。教育应该唤醒个体去积极探索，意识到有一个"我"生活在世界上，并作为一个真实的生命体在这个"生活的世界"中去积极地交往、感觉、理解，用整个身体去感受①。正确认识自己，过知足快乐的生活，才会收获温暖，才会获得人生的感受。教育的本意莫不由此展开。

生活是练笔的源泉，有源头才有流淌不息的真实活水。"写文章不是生活上的一种点缀，一种装饰，而就是生活的本身。"② 为此，新课程写作对学生提出了两方面要求：一要积极投入生活，留心周围事物。小学生养成留心观察周围事物的习惯，有意识地丰富自己的见闻，珍视个人的独特感受，积累习作素材；初中生多角度地观察生活，发现生活的丰富多彩，能抓住事物特征，表达力求有创意③。二要进行生活作文，写作时考虑不同的目的和对象。小学生观察周围世界，能不拘形式地写下自己的见闻、感受和想象，注意把自己觉得新奇有趣的或印象最深、最受感动的内容写清楚④；初中生根据表达的需要，围绕表达中心，选择恰当的表达方式，合理安排内容的先后和详略，条理清楚

---

① 马成湘. 请正确认识自我［J］. 中学语文教与学，2008（5 下）：1.
② 叶圣陶语文教育论集［M］. 北京：教育科学出版社，1980：225.
③ 中华人民共和国教育部. 义务教育语文课程标准（2011 年版）［S］. 北京：北京师范大学出版社，2012：12，16.
④ 中华人民共和国教育部. 义务教育语文课程标准（2011 年版）［S］. 北京：北京师范大学出版社，2012：11.

地表达自己的意思①。创意练笔要与学生生活紧密结合，促使练笔教学从写作知识中心向写作实践中心转变，这是哲学及其思维方式的转变，即"为事实的课程"向"为实践的课程"的大转变②。

创意练笔源于生活，成于诗意生活。创意练笔是认识世界的生活发现，要引导学生关注现实，热爱生活，积极向上；要养成留心观察周围事物的习惯，能不拘形式地写下自己的见闻、感受和想象，表达真情实感；多角度观察生活，发现生活的丰富多彩，乐于书面表达，与人分享练笔的快乐，增强练笔的自信心。创意练笔也是认识自我的做人修炼，懂得写作是为了自我表达和与人交流，力求表达自己对自然、社会、人生的感受、体验和思考，说真话、实话、心里话，不说假话、套话，自觉抵制抄袭行为。创意练笔还是创造性表述的提升过程，不仅要有意识地丰富自己的见闻，珍视个人的独特感受，把自己觉得新奇有趣或印象最深、最受感动的内容写清楚，注重培养学生观察、思考、表达和创造的能力，在内容具体、感情真实基础上，力求有创意的表达，以乐美提升文品，文如其人。

创意练笔要真正融入学生生活过程，特别重要的是学生个体生活体验的丰富与深刻。如果说在创意练笔与生活之间观察是桥梁，那么感受与体验则是这桥梁的基石。仅仅满足于表层的看得见摸得着的观察肯定是不够的，如果观察外物特征时又能观察自己内心感受的特征，在挖掘生活的同时又能挖掘自我，那么这种观察才是充满灵性的。因此，体验"是人的生存方式，也是人追求生命意义的方式"③，它具有主客相容性、主体自由性、情感丰富性、意义生成性。丰富而深刻的体验力，既是人生的人文关怀，又是生命的生存质量，充盈着生命的色彩。体验具有丰富的教育价值，在创意练笔教学中体验有着独特的作用。

最重要的创意练笔资源是什么？毫无疑问，是学生"个人的生活，是他所熟悉的事物"④。苏联作家冈察洛夫也曾说：我只能写我体验过的东西，我思考过和感受过的东西，我爱过的东西。总而言之，我写我自己的生活和与之常在一起的东西。酸甜苦辣都有营养，成功失败都是收获，因为"生活即教

---

① 中华人民共和国教育部. 义务教育语文课程标准（2011 年版）[S]. 北京：北京师范大学出版社，2012：16.

② 郭元祥. 课程理解的转向：从"作为事实"到"作为实践"[J]. 课程·教材·教法，2008（1）：3-6.

③ 朱小蔓. 情感教育论纲 [M]. 南京：南京出版社，1993：225.

④ 王栋生. 走出写作教学的困境 [J]. 人民教育，2008（5）：23-24.

育"①。

创意练笔要尊重学生属于自己的体验，引领学生走进自己的生活，体验生活、体验社会、发现自我，即使是失败，也可能成为学生终身受益无穷的财富。当然，我们也要吸取 1958 年的"教育革命"和后来"文化大革命"的经验教训，避免重蹈粗陋的生活实用主义的覆辙②。

语文课外学习令人担忧，习题和试卷像一堵无法逾越的又高又厚的墙，隔绝了学生的语文创造性学习与生活的联系。怎样改进语文课外学习指导呢？我们把语文课本上的作业分为必做、选做，学生可笔答也可口答。必做题在课内完成，当堂评讲，及时反馈；选做题，鼓励学生当堂完成，也可以课外完成，第二节课评讲。这样，对多数学生来说，课外不布置语文书、练习册上的作业，尝试了课外"八个一"③：及时复习一遍；提前预习一次；自己选读一篇短文或一首诗；写一段你想说的话，也可以自由地抄写或听写、默写一段优美的话；与父母或家人、同学、老师自由交谈，说一段话；想一个问题，可以是语文学习问题，也可以是其他自己感兴趣的问题，还可以是异想天开、奇思妙想的问题，特别鼓励学生对同一问题进行多角度思考或连续思考；做一件小事，既可以是学习上的小事，也可以是生活中的小事，既可以是发生在学校的小事，也可以是发生在家里或社会的小事；词语、诗句、名言仿写或记写一个典型事例。这"八个一"并不全是学生回家后才做，我要求学生充分利用一天的空闲时间，分散完成，养成习惯。这样，把课外作业改变成富有诗意的学习生活，也更有利于学生的创意练笔。

（四）学会做事立新

创意练笔要以学会做事为基，悦纳全新学习方式。创意练笔要做事育人，引导学生勤于做事，善于合作，勇于探究。学会做事是学会做人、学会作文的基础，做好事才有利于做好人、做好文。做什么写什么，怎么做怎么写，做事创新不仅促使学生练笔立新，也能展现学生做人的精气神韵。做事品相，充盈文品，关涉人品。

语言是思维的外壳，思维决定语言品质。创意练笔，要以思维为本，着力学生言语发展。练笔育智，以言语思维能力发展为核心，在言语表达中训练学生思维的敏捷性、灵活性、系统性、深刻性、批判性、独创性，在思维训练中

---

① 陶行知. 陶行知全集（第二卷）［M］. 成都：四川教育出版社，1991：7.
② 裴娣娜. 论我国基础教育课程研究的新视域［J］. 课程・教材・教法，2005（1）：3.
③ 卿平海. 把时代活水引入语文教学［J］. 四川教育，1999（11）：37-38.

训练学生言语表达的准确与形象、简明与生动、连贯与得体。创意思维有助于创意表达，创意练笔发展创新思维。

积极倡导自主、合作、探究的学习方式是语文新课程的四大基本理念之一，也是这次语文课程改革的突破口之一，而且至今也是新课程实施的难点。从人性发展和培养目标角度看，自主学习解决人与自我的关系问题，合作学习解决人与他人的关系问题，探究学习解决人与自然的关系问题[1]。我国古代对写作的研究就关注到了写作主体的内部认知过程，语文新课程在继承优秀写作传统理论基础上，进一步强调了写作过程的前阶段、动笔写作阶段、修改阶段的具体策略和方法、要求，突出了学生如何运用多种学习方式综合地开展练笔活动。

学生写前若要达到"多角度观察生活，发现生活的丰富多彩，能抓住事物特征，有自己的感受和认识，表达力求有创意"[2] 这一新课标要求，教师就必须引导学生积极投入自主、合作、探究的实践活动中去。在丰富多彩的综合实践活动中，学生还得用自己带着鲜明个性特征的眼睛去观察生活，使观察的结果染上个性的色彩。教师应充分利用已有资源，创造性地进行教学，尽量减少对学生练笔的束缚，为学生自主练笔提供有利条件，为学生自由表达和有创意的表达提供广阔空间，着力抓好取材、构思、起草、加工等重要环节，适时尝试自主、合作、探究的新型学习方式，指导学生在写作实践中学会写作[3]。

口语交际是听话说话的升级，口语交际活动有利于创意练笔。口语交际是听与说双方的互动过程，应在具体生动的交际情境中进行。一要在惬意心境中学会认真倾听，日常生活中听别人说话，能洗耳恭听、目不转睛、一心一意耐心聆听，能抓住要点，简要转述，就不理解的地方向人请教，就不同的意见与人商讨；听故事、看音像作品，能复述大意和自己感兴趣的情节。二要在互动交流中学会得体表达，能用普通话交谈，表达自信有礼貌，态度自然大方；与人交流能尊重和理解对方，能清楚明白地讲述自己感兴趣的见闻，说出自己的感受和想法；讲故事力求具体生动，注意语言美，抵制不文明的语言；能根据对象和场合，作简要发言，表达有条理，语气、语调适当等。三要在交际反思

---

① 余文森，吴刚平，刘良华. 解读教与学的意义［M］. 上海：华东师范大学出版社，2005：121.

② 中华人民共和国教育部. 义务教育语文课程标准（2011 年版）［S］. 北京：北京师范大学出版社，2012：16.

③ 中华人民共和国教育部. 义务教育语文课程标准（2011 年版）［S］. 北京：北京师范大学出版社，2012：18.

中学会机智应对，乐于参与讨论，敢于发表自己的意见，自信、负责任地表达自己的观点，注意表情和语气，提高应对能力，增强感染力和说服力。这样的口语交际与练笔结合，将有力地促进学生创意练笔水平提高。

最能体现新课程全新学习方式的是语文综合性学习，主要体现在语文知识的综合运用、听说读写能力的整体发展、语文课程与其他课程的沟通、书本学习与生活实践的紧密结合。语文综合性学习应贴近生活，追求积极、健康、和谐的生活方式，增强抵御风险和侵害的意识，增强在与自然、社会和他人互动中的应对能力。例如，结合语文学习，观察大自然，观察社会，用口头或图文等方式表达自己的观察所得；对周围事物有好奇心，能就感兴趣的内容提出问题，结合课内外阅读共同讨论；热心家庭生活，积极参加校园、社区活动，用口头或图文等方式表达自己的见闻和想法，尝试运用语文知识和能力解决问题；策划简单的校园和社会活动，对所策划的主题进行讨论和分析，学写活动计划和活动总结；能提出学习和生活中感兴趣的问题，利用图书馆、网络等信息渠道获取资料，共同讨论，尝试写简单的研究报告；关心学校、本地区和国内外大事，就共同关注的热点问题，搜集资料，调查访问，相互讨论，能用文字、图表、图画、照片等展示学习成果；对自己身边的、大家共同关注的问题，或电视、电影中的故事和形象，组织讨论、专题演讲，学习辨别是非、善恶、美丑；自主组织文学活动，在办刊、演出、讨论等活动中，体验合作与成功的喜悦……语文综合实践活动，能改变学生的学习方式，能改善学生的生活方式，能提高学生的生活品位，有益于学生创意练笔。

教师要重视对学生创意练笔材料准备过程的评价，对学生收集练笔材料的内容和方法进行具体考评，对学生通过观察、调查、访谈、阅读、思考等多种途径广泛收集练笔素材行为给予积极评价[①]。教师不仅要对学生创意练笔的成品进行评价，还要注重对学生创意练笔修改情况的评价，努力探索创意练笔全程或比较全面的修改评价机制。如及时肯定学生创意练笔中列提纲时、过程中、写完后的多次修改进步，及时赞扬学生修改练笔的态度变化和方法更新，精心组织或相机引导学生自改和互改、取长补短以及互相评改作文[②]，这些评改活动不仅能培养学生独立完成写作的意识，而且能促使学生养成修改自己作文的习惯，以评改促创意练笔发展。

---

① 中华人民共和国教育部. 义务教育语文课程标准（2011 年版）[S]. 北京：北京师范大学出版社，2012：30.

② 中华人民共和国教育部. 义务教育语文课程标准（2011 年版）[S]. 北京：北京师范大学出版社，2012：31.

将"自主、合作、探究"这些全新的学习方式具化为创意练笔教学新的策略、方法，是语文新课程练笔教学了不起的进步。不少语文新课标教材将写作与综合性学习、口语交际、课外阅读等有机结合，促使了创意练笔悦纳多种学习方式。教师引导学生在自主活动中创意练笔，在合作活动中创意练笔，在探究活动中创意练笔，以期学生学习方式的多种多样与创意练笔的多姿多彩相互促进、相得益彰。

▶▶▶▶ 创意练笔悟道

五、创意练笔的教学策略

创意练笔的教学策略是语文创意教学的重要组成部分。创意捕捉、课堂优化、目标激励、课程开发是语文课堂创意教学四大教学策略①。专著《语文新课程创意教学》围绕语文新课标提出的练笔、创新作文、创意阅读和语文综合性学习等新问题，比较系统地总结了 100 多个创意学习活动和创意教学策略②。专著《大语文与创意学习》总结了学生语文创意学习的多种方法，如多向观察、放飞联想、驰骋想象、攫住直觉、发散思维、求异思维、逆向思维、组合思维、捕捉灵感、光明思维、个性化学习等；总结了语文创意学习的专题活动系列，如立体观察、异想天开、创绘新形象、咬文嚼字、新体验作文、校园幽默、感悟生活、广告创意等，还有我们创制的语文创意学习倾向自测表、语文创意学习能力自测题等③。创意练笔教学策略，需要有创意地解决练笔真问题，形成高效练笔方法体系。

语文问题最集中的可能是写作：学生作文假大空套流行，作文教学无为、无趣、无法、无效普遍，作文教材数量偏少、体系不全、教学不便等问题突出；提及作文，学生害怕，教师埋怨，专家叹息；每年中高考时，作文往往成为社会焦点。

作文的老大难问题解决，需要责任担当，需要改革创新，需要科学探讨，创意练笔是破解作文问题的金钥匙。我们在三十多年的写作教改实验中，基于典型课例学例总结了游戏性练笔、想象性练笔、思考性札记、生活写真、生活写意、生活感悟、低段微练笔、看图写新话、写读书随感、语段巧仿创、共生

① 卿平海名师工作室. 语文课堂创意教学 [M]. 成都：四川大学出版社，2017.
② 卿平海. 语文新课程创意教学 [M]. 北京：开明出版社，2005.
③ 卿平海. 大语文与创意学习 [M]. 成都：四川少年儿童出版社，2002.

评改、自改互改、自评他评、师评生改等创意练笔系列方法，还形成了随课微写、天天练笔、教材导写、创意练笔坊、广义发表等创意练笔教学策略体系，所教学生取得了显著的练笔效果。

（一）随课微写

学生用了很多时间阅读而作文进步小，怎样将读的成果转化为写的成果？读写结合，无疑是有效之法。正如叶圣陶先生所指出的那样：读与写关系密切。善读必易于达到善写，善写亦有裨于善读。二者皆运用思考之事，皆有关学科知识与生活经验之事，故而相同。怎样用最少时间取得读写互促的最大成效？这是随课微写的教改立意。

怎样设计微写训练点？是随课微写的难点所在。

2020年3月20日，张老师进行语文一年级下册《小青蛙》网课教学后，引导学生创编有趣形声字，开展了"我也来当小诗人"活动：生活中有好多这样的形声字，看图4，请找出一组这样的形声字，如把"皮"字作为声旁，请自己加部首，猜读音和字义，仿照课文《小青蛙》或图5的格式当小诗人，看谁更有创意。

```
      小青蛙
河水清清天气晴，
小小青蛙大眼睛。
保护禾苗吃害虫，
做了不少好事情。
请你爱护小青蛙，
好让禾苗不生病。
```

第6页课文  图4  图5

学生创编的形声字小诗，互不相同，各有情趣：

有日是拂晓，有水能浇花，有火烧得旺，有丝来缠绕，有手挠挠头。（刁晓阳）

有言说出请，有水小河清。有虫是蜻蜓，有心才有情。有目是眼睛，有日天气晴。（邝语桐）

我爱运动到处跳，病毒见我快快逃。脸色红润桃花开，挑选我为好宝宝。（何知予）

玻璃透明能见底，用石破开来取物，水见风来起波浪，衣服披上来保暖。

（杨雨瑄）

有钟计时间，有土能种菜。努力往前冲，做人要忠厚。（李怡妍）

钕针能治病，霞帔如彩虹，悠悠隔山坡，疲劳休息无，披上衣服全身暖。
（刘昕蕊）

日出天气晴，有个好心情。路上蜻蜓飞，河水清又清。眼睛明又亮，发言
要说请。（汤子圻）

妈妈帮我盖被子，我和妈妈做比萨。我们一家爬山坡，回到家里很疲惫。
（李宜熹）

风吹起波浪，雨落披衣裳。雷来树被袭，电光如玻璃。（谢炘妤）

苍松清，沧海大。左边提手就是抢，换上木旁就是枪，仓字加舟念作舱。
（刘格非）

有言在先是诏书，有水在旁是沼泽，挥挥小手打招呼，太阳出来是昭明。
（陈雨辰）

上课不发怔，运动少病症。政治觉悟高，做事要公正。（范析典）

春分色暖雨纷飞，南燕切切盼归分。百花争芬扮春浓，绿意粉妆吟诗宠。
（耿钦垣）

春天桃花开，小秋爱逃课，小兔跳着走，妈妈去挑水。（侯俊彤）

今天下了一场雨，我被淋成落汤鸡，饥肠辘辘肚子饿，饱餐一顿真欢畅。
（康皓钧）

老师叮嘱要记住，房梁柱子要牢固，拼音标注要记牢，驻守边关好儿郎，
少吃糖果防蛀牙。（李桐颉）

珍珠发光又发亮，蜘蛛房前结网忙。守株待兔不可取，遍插茱萸少一人。
（刘迁乔）

有口一声哇，有水是水洼，有虫小青蛙，有女布娃娃。有手高高挂，有木
桂花香。（刘思妙）

轮船来往码头靠，蚂蚁搬家运食粮。双口在上就是骂，妈妈爱我不会骂。
（卢籽燊）

用火烧，用水浇。东边日出是拂晓，左边绞丝弯弯绕。（马语泽）

用手来抄写，用火来炒菜，闭上嘴巴不要吵，秋收时要争分秒。（牟泓睿）

用言来评语，用土筑坪坝，怦怦心直跳，有石忽砰响，过秤来计量。（漆
汐汇）

用水浇，用火烧。手儿挠，尾巴翘。日出东方天刚晓，丰衣足食才富饶。
（阙赫成）

小河流水哗啦啦，大树参天白桦林，争奇斗艳百花开，华丽乐章好声音。（沈子涵）

湖水清又清，米糊香喷喷，珊瑚水里长，蝴蝶花丛飞。（孙若曦）

小泥坑，浅水洼；有昆虫，青蛙跳；张开口，哇哇叫；伸出手，向上挂；娃娃哭，叫妈妈。（王舒瑶）

我是小诗人，用手来拄杖，有人须住宿，见水来灌注，靠木是柱子，遇虫就蛀坏，有马必驻扎。（肖思远）

有食能吃饱，有草是花苞。有水是泡泡，有雨下冰雹。（徐菡遥）

双腿能逃跑，双脚蹦蹦跳，双手挑水吃，有树能摘桃。（鄢子喧）

有虫是蜻蜓，有日是天晴，有目是眼睛，有心是情谊。（杨甫君）

君子赶着一群羊，一旁显示呈吉祥，有木在旁做榜样，有气在上不缺氧。（杨睿可）

用心做事情，出日天气晴，有目好眼睛，好言来请教。（于宸欢）

田间长小苗，犬来戏花猫，张口叫喵喵，睁眼四处瞄，小手把它描。（余佳泽）

门里有个人——闪，门里有个口——问，门里有个心——闷，门里有个日——间。（刘子潇）

风吹来飘动，用水来漂白；瓢葫芦舀水，眼睛瞟一瞟。（余子壹）

高高土堆是山坡，蓝蓝大海有水波，干净易碎是玻璃，陶瓷物品容易破，天气寒冷披大衣。（袁与橙）

我和姐姐分蛋糕，她一份我一份，粉色的给姐姐，芬香的给自己。（张益铭）

雨来沙沙响，手来抄生字，有火来炒菜，有口不要吵，争分又夺秒。（郑翔天）

用手披大衣，大衣当被子，水面起波浪，生病体疲劳。（郑彦承）

昨天抄小字，今天炒鸡蛋。明天吵吵闹，原来一秒醒。（周懿宸）

用火点炮仗，点上快快跑，血肉相连是同胞，伸手来拥抱，吃饭才会饱。（刘钦正）

手会挑，足会跳。走之逃，眼睛眺。有木是棵树，树上结满桃。（邹子森）

过江要坐船，口红涂嘴上，彩虹真漂亮，水缸装水多。（任谭佳懿）

2020 年 3 月 4 日，笔者在网课教学中，进行续写对联的随课微写，要求学生给上联"岁月如歌，如歌岁月如歌趣"续写下联，学生跃跃欲试，对了不少下联，戴世斌同学的"才气溢胸，溢胸才气溢胸胆"与众不同，受到点赞。

语文新课标教材在练笔设计上做了大量探索，部编教材微写作教学有系统性安排①，课后有精心设计的练笔习题，从九年级下册可见一斑。

仿照课文，在下面的横线处添加一句，使它们尽可能与原诗句承接紧密，和谐一致。1. 我是干瘪的稻穗，_____；是失修的路基，_____。2. 我是你雪被下古莲的胚芽，_____。3. 我是你挂着眼泪的笑涡，_____。4. 我是新刷出的雪白的起跑线，_____。（《祖国啊，我亲爱的祖国》）

孟子善于运用日常生活中的事例进行类比说理，使抽象的道理变得浅显易懂。学习这种方法，写一段话，说明一个道理。（《鱼我所欲也》）

除了海燕这个主要形象，文中还有海鸥、海鸭、企鹅和狂风、乌云、雷鸣这两组形象。选择一组形象，想象一下：如果海燕要向它们表明心志，它会说些什么？试以《海燕的宣言》为题写一段话。（《海燕》）

看客是鲁迅笔下常见的形象。课外阅读鲁迅的《示众》《药》等小说，看看其中描写了怎样的看客形象，他们共同的特征是什么，并进一步思考，鲁迅写形形色色的看客，主要想表达什么。有兴趣的同学，不妨以《鲁迅笔下的看客形象》为题，写一篇小论文。（《孔乙己》）②

这些练笔设计既有从阅读中学到的写作方法的微写作，又有课外阅读感悟的微写作；既有仿写、扩写、原创等不同训练形式，又有诗歌、议论文等不同文体。

在不同课型里，我们尝试了多样的随课微写。阅读课里，探索词语游戏、词句仿写、语段仿创、修辞模拟、描写刻画、直抒胸臆、即兴作诗、微续写、微插叙等方法，本书一至五章里都有大量的例子。在口语交际课上，探索情景再现，开展写微故事、微新闻、微演讲稿、微话剧本、微电影剧本等活动。我近年在学校开设《大语文与创意学习》选修课，有丰富的案例。作文课里，尝试活动体悟的小作文、写作技法运用的小片段、作文评讲后的微修改等，本书练笔课《聆听心声》《纸随心飞》《神奇的词语游戏》《寻找作文的新亮点》教学实录里，都有这样的随课微写。语文综合性学习活动课里，尝试活动创意微说明、活动流程的微方案、精彩活动的微故事、研究活动的微报告等。这些不同的随课微写，因主题小、形式新、用时少、见效快，深受欢迎。

---

① 陈乃云，李军. 部编教材微写作教学与习题设计［J］. 中学语文教学参考·初中，2019（5）：38－39.

② 教育部组织编写. 义务教育教科书语文九年级下册［M］. 北京：人民教育出版社，2018：50，13，22.

如义务教育课程标准实验教科书语文七年级上册的第21课《风筝》后的"读一读，写一写"有22个字词："筝、秃、蟹、蕾、堕、丫杈、寂寞、憔悴、肃杀、诀别、嫌恶、笑柄、可鄙、什物、惊惶、瑟缩、傲然、虐杀、宽恕、恍然大悟、苦心孤诣。"这些本身毫无联系的词语，如果让学生死记硬背、反复抄写，不仅苦不堪言，而且效果往往事倍功半。对此，我引导学生随课微写，在理解词义的基础上，选用词语写一段话或写一首诗，内容要是自己感兴趣的，文体要是自己擅长的，要尽量写出新意来，凡练笔超过10个词的，超一个加一分。这样，学生不仅乐意写，而且质量高[①]。

梦　境

梦中虚幻的景色，既有优美的，也有苍凉的。

天色依然那么阴霾，却有一只断线的风筝飘在天空。有的树光秃秃的，有的叶子正依依不舍地向树枝诀别。水波荡漾着，肃杀的深秋包围了我。丫杈上不再有那令我心情舒畅的绿叶，我一个人站在巷尾寂寞无比。尽管还有梅花的花蕾，但我仍然孤寂难耐，憔悴不已。

我再也受不了只有一个人的深秋，便发疯似的边跑边叫，大家都把头探出来看我，于是我成了大家的笑柄。他们嫌恶我，在他们眼中我是可鄙的。在他们放纵的嘲笑声里，我更加无助，更加惊惶了，瑟缩成一团。周围的冷空气如利剑一般，像要虐杀我，我吓坏了，转身跑向什物堆……

梦醒了。我心想，为什么会做这样一个奇怪的梦呢？于是我搜寻着记忆……忽然，我恍然大悟：原来，是我前些天不肯宽恕一个人。长辈们多次苦心孤诣地教导我，要学会宽恕别人，可我……也许这是上天对我的惩罚？哦，不！是教导，它教会了我很多，很多……

（肖梦伊）

寂寞的风筝

秃的丫杈像憔悴的心
堕落的蟹像寂寞的风筝
肃杀的严冬里
可鄙的猎人虐杀着风筝上的生物

---

①　卿平海. 语文新课程创意教学［M］. 北京：开明出版社，2005：157－159.

嫌恶他的人把这笑柄

荡漾在诀别的时刻

惊惶的孩子

把瑟缩的风筝收回

宽恕让他不与才恍然大悟的猎人较劲

在什物堆中傲然的风筝

正苦心孤诣酝酿着新的寂寞

（杨屹）

从上面的微课微写，可以看到同学们对词语的理解，看到他们从课文中得到的启示，看到他们对自己生活的回味。两位同学虽然同时学习《风筝》，但对课文有不同的体验，课文激起了他们对自己生活的反省。学生的情思和智慧让"读一读，写一写"那些枯燥的文字跳起了欢乐的舞蹈，真是一种美的享受。

"西部论坛"调研选修课后期，我利用辩论会这种形式，对学生已经获得的调研资料进行了二次开发，要求小组记录辩论要点。最后练笔，要求每个学生把"西部论坛"调研活动的独特感受写下来。

生1：我和其他同学一样，是第一次做专题调研，既陌生又新奇。我是在极度兴奋中度过这一个多月的，每天课外关注最多的是"西部论坛"的消息，天天看报纸、看电视的"西部论坛"报道，天天与同学、父母讨论"西部论坛"问题，每天上学、放学的路上都观察"西部论坛"给成都带来的变化，每周都盼望星期三下午的选修课。老实说，我还是第一次这么倾其全力做一件事，我也获得了从未有过的一些体验：第一次骑自行车去成都国际会展中心，第一次搞社会采访，第一次做专题信息搜集，第一次写调研报告，第一次与陌生的同学合作完成一件事，第一次在众目睽睽之下进行辩论……

生2：这次调研活动，我的感受可用酸甜苦辣来概括。别人拒绝我采访的尴尬；与同学合作中的不快；沉浸在收集"西部论坛"信息而把作业置之脑后，面对老师的质问我无言以对的无奈……现在想来还酸溜溜的。在局部戒严的情况下，"诡计多端"地"骗"进会址的快感；在如潮似海的信息中，找到一条"西部论坛"新消息时，那种"众里寻他千百度，蓦然回首，那人却在灯火阑珊处"的喜悦；面对老师由衷的赞许，同学们热烈的掌声，父母欣慰的微笑……现在心里还美滋滋的。采访时的长途跋涉，写报告时的挑灯夜战，可谓苦不堪言。讨论时的唇枪舌剑，辩论时的针锋相对，真似七星椒，辣得可爱。

不管别人怎样看待这次研究尝试，我都毫不犹豫地给自己打了一个大大的100分。

生3：通过这次调研，使我感到了大语文的魅力，读报刊，看电视，听广播，做采访，搞辩论，写报告……实际上，我在读社会这本无字的活书，读同学、老师、父母、市民特别是自己这本无价的心书；与其说是写调研报告，不如说是在写社会进步、写心灵世界、写自己的成长；与其说是探究"西部论坛"，探究西部大开发，倒不如说是探究怎样进行有效学习，探究自我学习潜能的大开发。

作为这次"西部论坛"调研活动的指导教师，我的感受也和我的学生一样，十分激动，感慨颇多。为了培养学生自主的社会实践能力，我战胜自我，冒着风险，放飞了几十个学生，让他们独自去陌生的地方采访，自己却焦躁不安地守着电话，盯着传呼，或在办公室里踱来踱去，或在校门口翘首以盼，或者与学生联系……当看到飞回来的兴奋不已的学生，我的高兴不亚于当年我国原子弹实验成功爆炸、人造地球卫星顺利上天。与学生一起讨论问题、交流感想，一起搜集信息、分析不同观点，一起辩论、说长道短……我常常为学生的独特感受而心动神摇，我一次次为学生的新颖观点而拍案叫绝，我一次次被学生的探索精神、研究潜力折服……徜徉在教学相长、其乐融融的王国里，我也不亦乐乎。

（二）天天练笔

"每学年练笔不少于1万字"，这是教育部制定的《义务教育语文课程标准》7～9年级的写作教学目标之一。虽然只有这么一句话，却让不少师生叫苦不迭。因为这是一个全新的教学要求，多数教师没有相应的经验；小学没有写练笔，一进初中就必须写练笔，学生不习惯；绝大多数学生怕写作文、讨厌作文，"不少于1万字"好像天文数字。而且，初中学生写作差异很大，"不少于1万字"不是只对爱好写作学生的选择性要求，而是对所有学生的硬性要求；不是全班学生练笔字数的平均数，而是班上写作最差的学生的最少字数都必须在1万字以上。这确实是语文新课程教学中的一个全新的问题，一个不小的挑战，一个必须解决的新课题。

怎样才能科学有效地解决这个崭新的问题？我陷入了沉思："不少于1万字"粗看上去不少，但如果分学期完成，每期练笔至少不少于5000字；如果分月完成，每月应不少于900字；如果分天完成，每天就不到30字了……好！

天天练笔！我为这个教学创意高兴得跳了起来①。

天天练笔，创意妙在"天天"，可落实起来也难在"天天"。对每期六次作文，不少学生一听作文就叫唤，一提笔就咬笔杆，一交作文就耍赖；而今天天写练笔，学生有那么多内容来写吗？学生能天天坚持吗？学生如果只是应付怎么办？怎样才能使学生在天天练笔中天天有进步？

学生练笔容易写写停停，甚至一曝十寒，难以持之以恒，也难以实现通过练笔量的积累产生质的变化，这是一个普遍问题。天天练笔，就是解决这一问题的有效办法。

到 2003 年 11 月 20 日，我的学生很不容易地坚持天天练笔 81 天了，虽然班里有拖欠、补做练笔的事发生。这天，我惊喜地读到了肖梦伊同学的练笔《诗歌》，这是她的第 60 首诗，抒发诗歌和坚持写诗对她生活的影响：

诗　歌

在幼年时
诗歌
它只是一个词语
对我没有任何意义

在少年时
诗歌
我懂得去鉴赏
但要谈写作
还差十万八千里

上初中了
我懂得去仔细品味诗歌
诗歌离我
也越来越近了

而到如今
写诗已成为我每天的必修课

---

① 卿平海. 天天练笔：诗意生活的创意表达［J］. 语文教学通讯，2015（12B）：4.

它对我来说

是一种乐趣

更是一种享受

我反复读了几遍，第一次读语文课标时产生的"练笔是什么、为了什么、有快乐吗"疑问似乎找到了答案，于是我挥笔写下了批语："天天练笔，让我们不断享受诗意生活，享受语文学习的乐趣！"当天，我在班上朗诵了《诗歌》这篇练笔，也读了我的批语，还引导学生讨论。既鼓励肖梦伊同学坚持写诗，又鼓励全班同学坚持练笔，还给了我一个坚持教改的理由。后来，天天练笔成了我班学生的习惯，我、学生及家长对练笔的好处感同身受，天天练笔已无需理由。诗意的生活令我们追求，而天天练笔就是学生在教师引导下创造和享受诗意生活。

教学实践让我坚信：树立新的写作教学理念，采用天天练笔的新办法，不仅可以使学生练笔的字数超过 1 万字，而且还能较快地提高学生写作素养，享受诗意生活。2004 年 6 月统计学生一年来的练笔，最多的有近 20 万字，最少的也有 3 万多字，全班平均 9 万多字。而且，不少学生还对练笔上了"瘾"，如果哪一天不练笔，心里就觉得缺点什么，甚至憋得慌；有时，一些学生一天写一篇练笔不过瘾，竟会一口气写几篇；我常常陶醉于学生的练笔世界里，情不自禁地感动着，不能自抑地快乐着，一往情深地体味着，小心翼翼地呵护着，望眼欲穿地期待着，默默无闻地耕耘着……

我每一学期末都要求学生把自己的练笔从头到尾地看一遍，回味自己的心路历程，精选自己的优秀练笔。我也把学生的练笔打捆，搬回家，利用寒暑假，慢慢品读。在我记忆中，肖梦伊同学的练笔犹如她的个性，青春灿烂；而李芊杉同学的练笔，犹如他的生活，充满情趣。

无 题

不管是否曾有被克扣的经历

不管是否看见被接济的希望散去

不管是否唏嘘，是否被稀罕

不管是否听到过噩耗

你都不应该倒下

不应低下高贵的头

不管你是否呵斥别人

不管你是否诘问别人

你都应该以善为本

有些事令人焦灼

有些伎俩令人憎恨

有些文绉绉的人可能可耻

有些说能看透生死祸福的人

其实连下一秒是什么都不知道

经过长途跋涉，风尘苦旅

终于懂得什么叫颠沛流离

连声诺诺地对待

那些穷愁潦倒的人

那种低眉顺眼的乞讨

我读着这些鸡零狗碎的故事

慢慢进入了梦乡

　　义务教育课程标准实验教科书语文八年级上册第 10 课《信客》的"读一读，写一写"，有 19 个词语："克扣、接济、唏嘘、稀罕、噩耗、呵斥、诘问、焦灼、伎俩、颠沛、吊唁、文绉绉、长途跋涉、穷愁潦倒、风尘苦旅、鸡零狗碎、低眉顺眼、连声诺诺、生死祸福。"读上面的练笔，细心的人会发现"焦灼"和"连声诺诺"等词语用得欠妥，我当时也批注在他的练笔本上了；热爱生活的人还可以看到两个镜头：李芊杉同学尽兴地做着文字游戏作业，愉快地进入梦乡，比起那些梦中惊叫被罚做作业的生活来说，这无疑是一种美妙的享受、诗意的生活。我为学生写了练笔后愉快地进入梦乡而欣慰，也为学生在练笔中快乐生活和健康成长而高兴。我在诗末给他写了一句祝语："愿您做个好梦！"如果我们再回想一下上面所选的练笔，我们可以看见李芊杉同学对练笔的投入，也可以看到练笔对他生活的积极引导，还可以看到他积累词语和从读中学写的收获。

　　天天练笔，记录学生日常生活，酿造学生生活美酒，谱写学生青春旋律，追随学生生命成长，历练学生思想情操。天天练笔内容自选，真情实感即可；天天练笔方法自由，提倡创意表达；天天练笔字数不限，重在养成习惯；天天练笔率性为文，旨在享受诗意生活。

（三）教材导写

语文课本的写作教材，不断改进，但与实际不吻合、教学不方便等问题突出，其他作文教材又数量少、体系不全，难以见效。

怎样引导学生科学高效的练笔？我们在1992年出版了《成功作文法》①，开展成功作文乐学实验，取得了显著效果，《成功作文法》成为畅销书。怎样引导学生有创意的练笔？2001年又出版了经四川省中小学教材审查委员会审定的《创新作文》教材②，在全省开展四川省教育厅普教科研资助项目"创新作文教学研究与实验"③，几年里，数百万学生参与实验，成效显著，该项目获四川省人民政府教学优秀成果三等奖。

1.《成功作文法》导写体例

1992年出版的乐学实验指导用书《成功作文法》由结构篇、过程篇、表达方式篇、文体篇、创作篇、应试篇组成，有设问拟题、绘景开头、总分组段法、段落过渡、情感线索、前后照应、意外结尾法、情化观察、调查采访、逆向思维法、新趣选材、事理结构、听读修改、插叙、图表说明、比喻论证、心理描写、直抒胸臆、边叙边议、事理说明、一事一议、改写、勤思顿悟、原型启发、幻化想象、巧合法、快速构思等200多种方法④。每种作文方法都由定义与诠释、例子与解说、仿写练笔构成，如下例所示。

引用开头⑤

引用名言、警句或其他材料开头，作为引子，为作者阐发新的见解作铺垫，富有启发性。各种文体都可采用引用开头。

［例1］"风声、雨声、读书声，声声入耳；

家事、国事、天下事，事事关心。"

这是明代东林党人首领顾宪成撰写的一副对联。时间已经过去了三百多年，到现在，当人们走进江苏无锡"东林书院"旧址的时候，还可以寻见这副对联的遗迹。

（马南邨《事事关心》，见初中语文第五册）

---

① 李德树，卿平海. 成功作文法［M］. 成都：四川辞书出版社，1992.

② 卿平海. 创新作文［M］. 成都：四川人民出版社，2001.

③ 向伟，卿平海，何立新，等. 创新作文教学与实践［M］. 成都：四川人民出版社，2005.

④ 李德树，卿平海. 成功作文法［M］. 成都：四川辞书出版社，1992：目录1-5.

⑤ 李德树，卿平海. 成功作文法［M］. 成都：四川辞书出版社，1992：13-14.

［例2］"有位好朋友，天天来碰头，事事告诉你，从来不开口。"你一听到这个谜语，便会猜到这是报纸。是的，这个报纸是"不开口"的朋友，只要你能与它"天天来碰头"，它便会告诉你许多消息，帮助你增长知识。

（曹浩波《报纸——我们的精神食粮》）

［例3］杜甫有诗：

会当凌绝顶，

一览众山小。

李白也有诗：

飞步凌绝顶，

极目无纤烟。

他们的诗句一直都激发了我登临峰顶的热情。

（徐迟《直薄峨眉金顶记》）

【解说】例1引用对联，介绍它的出处，点明题目的含义，引起下文论述。例2引用谜语，揭示谜底，引出写作对象。例3引用李白和杜甫诗句交代作者登山的原因。

【练笔】选引下列名言写一段开头：

1. 天下兴亡，匹夫有责。（顾炎武）

2. 三人行，必有我师焉。（孔子）

3. 青春是有限的，智慧是无限的，趁短短的青春，去学无穷的智慧。（高尔基）

4. 生活里没有书籍，就好像没有阳光；智慧里没有书籍，就好像鸟儿没有翅膀。（莎士比亚）

《成功作文法》导学体例，意在学用成功作文方法，助力作文成功，享受练笔快乐。

2.《创新作文》导写体例

2001年版《创新作文》与语文教材同步，是对教材作文要求的进一步细化，初中设立了《导航台》《能源仓》《他山石》《金钥匙》《五彩笔》《一字师》《新大陆》《彩云飞》《大世界》等栏目，不同栏目有不同立意和追求①。

《导航台》提出写作专项训练单元目标，为作文生长导向，隐喻作文教学生态圈中的"阳光"。

---

① 卿平海. 创新作文——初中第4册［M］. 成都：四川人民出版社，2001：1—2.

《能源仓》用写作趣事、艺文故事等激发学生写作兴趣，暗喻作文教学生态圈中的"光合作用"，为学生作文个性生长提供能源。

《五彩笔》按专题写作要求，引导学生进行写作尝试，寻找自己该专题写作的生长点。

《他山石》用专题写作的例文点评及其"揣摩提示"，来启发学生写作思维，打开写作视野，在对比鉴赏中找出自己写作尝试中存在的问题，找到写作修改的方法。借用"生存竞争"原理以激发学生作文创新意识和创新精神。

《步步高》学生对照本次专题写作要求，进行自改自评和学生之间的互改互评，建构作文评改机制。该步骤和下面的《新大陆》《彩云飞》是借用"生态效应"机理，为学生作文个性生长提供环境。

《新大陆》鼓励学生尝试创作，挑战自我，写出新意。

《彩云飞》将反复修改后的作文誊写清楚，在班级习作栏、手抄报或寄送校报、校刊、校电视台、校广播站、校外媒体发表，有条件的可网上发表。通过"广义发表"，帮助学生体验、积累写作成功感。

高中设立了《导航台》《试金石》《他山石》《金手指》《演练场》《明镜台》《精品屋》《探索者》等栏目。这些栏目按目标指引、学习辅导、借鉴启发、尝试作文、对照评价、提高写作、广义发表等步骤进行作文学习。多数栏目是所有学生在作文学习中都必须参与的，初中的《新大陆》栏目、高中的《探索者》栏目，则是有兴趣进一步发展同学的天地。为了在作文学习中进行创新，我们特别注意了学生作文的个性培养。如精选了许多立意新颖、内容丰富、文笔优美的文章作为范例，加以精当的点评，以启发学生的作文思路、激活学生的创新欲望。

而初三，结合考试需要，编成综合复习。初三分创新作文训练和中考作文之路。复习内容包括立意出新的训练、选材出新的训练、结构出新的训练、写法出新的训练、语言出新的训练和命题作文的强化训练、半命题作文强化训练、材料作文强化训练、话题作文强化训练、应用文小作文训练、考场作文应变技巧、全国中考作文题荟萃[①]。

以"入格—升格—破格"为教学逻辑的训练体系体现了作文生长观，有模仿，但不强行模仿；有方法指导，但不是模式化、千篇一律；有写作目标，但不强求一律而是强调写作个性的多样化发展；有训练，但不是机械照搬，而是学生自主练习，自主修改，自我更新。

---

① 卿平海. 创新作文——初中第6册 [M]. 成都：四川人民出版社，2001.

3.《创新作文》导写体例改进

吸收实验反馈意见，2004 年版《创新作文》是根据"新课标"精神，为配合人教版课标教材的作文教学而新编写的。由"解题与目标""阅读与借鉴""仿写与创新""作文评价"四大板块构成，部分单元增加了扩充知识的板块"相关链接"，有计划分阶段地对写作能力进行综合训练。

"解题与目标"对该单元写作话题作说明与引导，并提供相关基本知识，帮助学生拓展思路、深化认识，为该话题的作文打下基础。最后明确该单元话题作文的目的与要求，提出注意要点和应达到的目标。

"阅读与借鉴"精选多篇中外作家的经典范文，篇末附有"揣摩要点"进行分析。所选范文均紧密结合该单元话题和写作训练要求，可供教师讲解和学生揣摩、学习。所选范文内容相似但观点与角度不尽相同，表达方式和文体风格也各有特色，不仅对该话题写作有直接的借鉴作用，而且有助于提高学生认识与鉴赏水平，提高语文能力。

"仿写与创新"是四大板块的核心和重点，紧密围绕该单元话题进行写作实践的训练。"仿写"的目的是通过模仿来掌握基本写作技能。第一阶段的"片段仿写"是针对基本表达方式的训练，选用有关本单元话题的典型片段例文，学生可根据其不同的立意、角度和表达方式，进行仿写。第二阶段为"全文仿写"，是针对作文的全面训练，选用例文多是有关本单元话题的中学生优秀作文，篇后附有"评点"，帮助学生阅读和借鉴。通过这两个阶段的"仿写"训练，学生一般能够掌握基本写作技能，并就话题写出符合要求的作文。"仿写"之后"创新表达"阶段的训练，则力求对"仿写"阶段有所提高和突破，使作文能在选材、立意、构思和表达等方面具有个性特色和创造性。本阶段选作例文的中学生作文不仅紧密结合该话题写作，而且具有较强的创意和个性特色，学生通过研读有所体悟后再次就该话题写作，有助于克服中学生作文中普遍存在的模式化倾向和缺乏个性与创新的弊病，把写作提升到新的、更高的层次。

"作文评价"是各单元作文完成后的最末一个环节。是通过《作文成长档案》中的"自评""互评""师评"等项目，让学生了解自己达到的目标和尚需努力的方向。

以上四大板块大体构成理性认识、感性体悟、实践训练、归纳反省的几个阶段，但它们更是一个有机整体，应注意其内在联系和综合运用。实践训练的安排可以根据教学实际灵活掌握，如"片段仿写"可以布置多次训练，"片段仿写"与"全文仿写"可以合并，"全文仿写"与"创新表达"可以结合，"创新表达"可以只安排立意和构思方面的练习等等。

本书围绕写作话题设计了多种活动，并贯穿写作训练的全过程，目的在于克服片面强调"技巧训练"的倾向，使学生作文能从生活实际和思想实际出发，具有真情实感，更旨在通过这些活动，增进学生的认识能力，促进学生思想、观点、人格、情操、个性的成长，提高人文素养。

编写者尝试为初中作文训练确定明晰的总体思路，提供较完备的参考资料和借鉴蓝本，并建立实际有效的流程设计和操作方式，但这些都需要在教学实践中灵活地、创造性地运用。希望在编写者和广大师生的共同努力下，能为中学生作文训练探索出一条科学合理的、行之有效的道路。

教材导写练笔是作文教学"面"的突破，其独特成效主要表现在三方面：一是以作文方法体系建构练笔系列，增强了创意练笔的技术性；二是以入格升格破格训练逻辑探索创新作文，使创意练笔循序渐进；三是将教材规范与学生差异结合，让创意练笔展现学生个性。

（四）创意练笔坊

学生独立练笔是孤独的，久而久之难免因循守旧。创意练笔坊是以有创意表达为目标，通过智力激励促进不断更新的小组学习活动。

2020 年 3 月 11 日，网课《姓氏歌》："你姓什么？我姓李。什么李？木子李。他姓什么？他姓张。古月胡，口天吴，双人徐，言午许。"学习《姓氏歌》后，张速老师要求学生与家人合作完成儿歌：家里有哪些姓？仿照第一小节，采用一问一答的游戏方法，创编有趣的《姓氏歌》。下面是学生与家人合作的姓氏儿歌：

我姓什么，我姓汤。

什么汤？汤圆的汤。

你姓什么？我姓贺

什么贺？加贝贺。

她姓什么？她姓李。

什么李？木子李。

（汤子圻）

你姓什么？我姓安。什么安？安全的安。你的朋友姓什么？他姓林，什么林？双木林。（安嘉谦）

他姓什么？他姓孙。什么孙？子小孙。你姓什么？你姓章。什么章？立早章。我姓什么？我姓屈。什么屈？尸出屈。（屈文焊）

你姓什么，我姓冯，什么冯？两点水加一匹马的冯；她姓什么，她姓付，

什么付？单人旁加一个寸的付。（冯馨燚）

你姓什么？我姓范。什么范？草头范。（范析典）

你姓什么，我姓耿。什么耿？耳火耿。他姓什么，他姓杜。什么杜？木土杜。（耿钦垣）

你姓什么？我姓杨。什么杨？木易杨。你姓什么？我姓刁。什么刁？刁蛮的刁，可是我并不刁蛮。（刁晓阳）

你姓什么？我姓杨。什么杨？木易杨。你姓什么？我姓陈。什么陈？耳东陈。（杨雨瑄）

你姓什么？我姓邓。什么邓？邓小平的邓。我姓什么？我姓王。什么王？三横一竖的王。家里还有什么姓？木子李，木易杨。（邓诗雷）

你姓什么？我姓康。什么康？健康的康。外公姓什么？外公姓刘。什么刘？文刀刘。外婆姓什么？外婆姓曹。什么曹？功曹的曹。（康皓钧）

你姓什么？我姓刘。什么刘？文刀刘。她姓什么？她姓罗。什么罗？四夕罗。他姓什么？他姓陈。什么陈？耳东陈。你姓什么？你姓柳。什么柳？木卯柳。（刘思妙）

你姓什么？我姓李。什么李？木子李。妈妈姓什么？妈妈姓罗。什么罗？四夕罗。她姓什么？她姓王。什么王？大王的王。（李桐颉）

你姓什么？我姓卢。什么卢？卢浮宫的卢。你妈妈姓什么？我妈妈姓范。什么范？规范的范。婆婆姓什么？婆婆姓朱。什么朱？朱砂的朱。（卢晓范）

你姓什么？我姓肖。什么肖？小月肖。妈妈姓什么？妈妈姓徐。什么徐？双人徐。外婆姓什么？外婆姓刘。什么刘？文刀刘。（肖思远）

你姓什么？我姓余。什么余？年年有余的余。我姓什么？你姓黄。什么黄？蛋黄的黄。他姓什么？他姓杨。什么杨？木易杨。（余佳泽）

你姓什么？我姓张。什么张？弓长张。她姓什么？她姓向。什么向？方向的向。你姓什么？我姓谭。什么谭？言西早的谭。（张益铭）

一家人仿创姓氏歌，一起表演仿创的姓氏歌，学生很投入，手舞足蹈，其乐融融。这样练笔，不仅学生生字记得快记得牢，而且说得有趣、写得有味。在抗击新冠疫情的日子里，这样宅家乐学，也会让学生终生难忘。

卿平海曾在大语文与创意学习选修课里，尝试了以"创绘新形象"为主题的创意练笔坊活动①。

---

① 卿平海. 大语文与创意学习［M］. 成都：四川少年儿童出版社，2001：138—145.

（一）活动目的。

1. 用几个构件画出不同的图形，训练创意思维，领悟形象的丰富性与构件的简单性的关系。

2. 用简明的语言说明图意，尽量生动感人、幽默风趣，使简单的图形活化为意蕴丰富的新形象。

3. 通过交流、评论，激励求异思维，激发自己新的创意，发展自己的语文求异表达能力。

（二）活动内容和要求。

请用"○　=　△"三个构件，画出新形象。要求是：

1. 不多不少。在你的每幅画里，三个构件都得用上，且每一个构件只能用一次。

2. 写上题词。题词应尽量简练、生动、幽默、诙谐、有个性，并与画面相映成趣。

3. 越多越好。在规定的时间里，快速构思，完成的画面尽可能地多。

4. 新颖独特。这一点最重要。你画的别人想不到或没有画出来，那就具有这种特点了。

（三）活动准备：绘画纸和笔；绳子和别针。

（四）活动时间、地点：用2节选修课，在选修课教室进行。

（五）活动过程。

1. 按上面的要求，自由创绘新形象20分钟，画得越多越奇越好。

2. 把自己的作品别在长绳上，与同学们一起自由观看，自由评论。

3. 争取上讲台解说自己创绘的形象及其创意形成的过程。

（六）下面是作者在2000年11月22日下午第3、4节上同题选修课时，创意练笔工作坊作品交流的节选。

1. 游晓颖：我把自己的构图，编成了一幕话剧：

圆滑世故　　　　　正直

①画外音：圆滑世故的人与正直的人永远不在一条人生轨迹上。

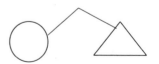

②圆滑世故：我与你虽然走了两条不同的路，但最终我们还是走到一起，聚在一点上。到头来，你会发现，绕了一个圈，我们还是一样的。因为人都是贪婪的。

③正直：不，你错了。我们就好比是在两条平行线上运行的不同个体，永远不可能相交。因为我们的人性有本质区别。

④圆滑世故：或许你在众人面前是一个正人君子，光耀万千。但你无法否认，月光之下，也会有你黑暗、丑陋的一面，一切的一切，不过是你故作的清高，那是一种虚伪。

 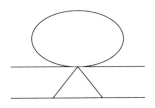

⑤正直：你的话或许有道理，但不管怎样，正直的我总会把你老兄踩扁在脚下，这是历史发展的规律。

⑥圆滑世故：不要告诉我什么正义总会战胜邪恶，那是理想社会。在现实社会中，你会因为正直、呆板而被我压倒在社会最底层，永远不可能翻身。

最后，我研究的结论是：

（1）顶天立地 → 棱角分明 → 圆滑世故 → 最终倒下

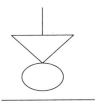

（2）经不起诱惑，就只能不断地坠入深渊。

2. 朱世陶：

夕阳无限好，只是近黄昏。

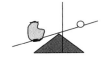

利欲熏心：我的字典里没有公平。

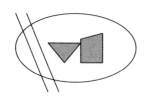

盘中餐：人生几何，几何人生。

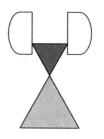

第三者：我是美满家庭的检验员。

3. 钟苏：

只要有恒心，三角也能变成圆。

　　该课创意练笔坊激发了学生运用所学知识进行创意表达的欲望，学生的作品中，不乏构图有新意、语言表达有创意的，我也为之动容动情，为学生喝彩。但仔细分析课堂情景、学生作品，发现学生用了不少时间去构思符合学习要求的图，图虽然千姿百态，甚至让人忍俊不禁，但没有题词的较多，像上面那样新颖而有个性的题词很少。多次反思之后发现，这次是创意练笔坊的要求出了问题，四个要求仅有一条强调语言运用，而用另三个要求把学习活动引向偏离创意练笔的轨道，使创意练笔坊创意不足。

　　创意练笔坊怎样捕捉创意？创意练笔坊要注意联系，讲求实用，捕捉作文知识的整合点。在知识激增的今天和知识经济时代的明天，学会选择知识比学会记忆知识更有意义。作文知识结构化有助于练笔的创造运用，一要注重作文知识的序化，寻找作文知识的联结点，借用魏书生老师"语文知识树"方法，建构作文知识的思维导图。二要促进作文知识的活化，诱导学生进行作文知识的迁移性学习。新课练笔引导学生举一反三、触类旁通，复习课练笔引导学生温故知新、学以致用。注意作文知识与其他学科知识的交叉点，把作文知识与鲜活生活联系起来[①]。

　　创意练笔坊要重视实践，注重习得，捕捉作文能力的生长点。寻找读写听说中能用在作文中的某一能力的再生点。注意不同练笔能级层次：听记、听析、听悟（言外之意，话外之音）的练笔，交谈、演讲、辩论的练笔，认知性阅读、理解性阅读、创新性阅读后的练笔，仿写、习作、创作的练笔。建构学

---

　　① 卿平海. 让语文课堂充满活力——怎样捕捉教学的创新点 [J]. 四川教育，2000（2－3）：68－69.

生作文能力发展的共生点。写与听的结合点，写与说的结合点，写与读的结合点，特别是读写听说与思考、想象、观察、感悟等有机结合，更具有广阔的练笔创新空间。借用刘胐胐老师的作文"观察—分析—表达"训练体系设计、欧阳黛娜老师的初中语文能力过关实验设计、张孝纯老师的"大语文教育"教学设计，以探寻学生作文综合能力发展的共生点。建构学生练笔创新能力的训练点。训练题设计力求有创意，口语、书面语与内部言语训练有机结合，一题多用，做到"一箭三雕""一石三鸟"。还注意开展别致多样的语文游艺活动，如微话剧，微电影，微辩论，演课本剧、哑剧、口技，手抄报展评，猜灯谜，对对子，吟诗诵词，一字开花，诗词接龙，念绕口令，说笑话，填成语，说歇后语，等等，寓学于玩，寓创于乐，多渠道地发掘学生的练笔创新潜力。

创意练笔坊要创设语境，鼓励质疑，捕捉练笔想象的触发点和练笔思维的求异点。想象比知识更重要，它是创新的催化剂。在创意练笔坊《○的遐想》专题训练时，引导学生由具体实物的联想逐渐进入创造性想象：○像标点的句号，又像数轴的原点、音乐的休止；○既充盈，又空洞；○像斗士的战鼓，又像懦夫的陷阱；○像圆满的成功，又像遗憾的失败；○像荣耀的奖牌，又像耻辱的绞索；○像紧密团结，又像内外分裂……正如英国诗人雪莱所赞美的那样，"想象是创造力"。想象是思维的翅膀，思维是创新的支柱。创意练笔坊还要鼓励学生进行发散性思维和聚合性思维，指导学生设疑多思、善辩多识、概括多方、比较多向、逆向多路；注意激励学生大胆提问，培养学生不迷信课本、不迷信专家、不迷信老师、不迷信优生的"四不精神"。教师尽力做到既善于多向提问，又善于曲问和反问，角度新颖，比较质疑，相机点拨，帮助学生形成独立思考能力。不仅引导学生认识真理，还努力教会学生去发现真理。

创意练笔坊要以美塑美，以情激情，捕捉练笔情感的共鸣点。在创新性人才素质中，越来越多的事实和研究表明，情商比智商更重要。苏霍姆林斯基认为：在每个孩子心中最隐秘的一角，都有一根独特的琴弦，拨动它就会发出特有音响，要使孩子的心同我们讲的话发生共鸣，我们就需要同孩子的心弦对准音调。在教学杜甫的《石壕吏》时，先用幻灯、录像营造战争的情境，再让学生反复朗读理解形成意境，接着以"如闻泣幽咽"的"泣"者是谁为触发点，激活了学生的想象，学生随堂微写丰富多彩：有的写的是"乳下孙"、"出入无完裙"的媳妇、"老翁"、"老妇"；有的写的是石壕镇的村民；有人写的是作者，他因同情老翁一家而悲泣；有位同学急切地写道："我现在就很想哭。"这样，学生感情与文情交融升腾，情注入练笔，情深入课堂，情融入创见，"战争给人民带来的痛苦"的主题，学生便自我领悟，而无需老师空洞乏力的强调、灌输了。

创意练笔坊是作文方法训练场，反复磨炼，熟能生巧；创意练笔坊是作文创意孵化器，激发灵感，孕育创意；创意练笔坊是学生仿真创作室，发现生活，创意表达；创意练笔坊是创新作文分享会，互鉴互赏，不断更新。

（五）广义发表

传统的作文、通常的练笔，学生辛辛苦苦写了，有几个读者？多数情况仅有语文老师。缺广泛的交流，学生练笔的酸甜苦辣无处倾诉，学生练笔的成功喜悦难以分享，久而久之，学生练笔的动力就消失殆尽，甚至厌恶练笔。

发表一般指文章在报纸杂志登载或著作在出版社出版。广义发表是指学生在同学之间、亲朋好友之间、网络媒体里分享交流，是很适合自媒体时代的练笔分享方式。

广义发表是社会交流，文责自负，对他人对社会有责任义务，发表练笔前需要对练笔反复自评自改。学生可以根据作文要求或练笔评改建议，不断修改完善。如《多一份感悟，多一份思索——思维与表达》的自评自改①：

对照本单元要求，思考下列问题：是否认真观察、感悟生活，是否将观察所得认真思考后真实地反映在作文中？作文的表达是否有真情实感？语言及写作技巧还有什么问题？思考后按下面的等级给自己评分。

一、活动（40 分）

1. 投入体悟生活的活动是否积极、主动。（0～10 分）

2. 活动中是否认真、仔细地观察。（0～20 分）

3. 活动中有无新的体验、新的认识。（0～10 分）

二、表达（50 分）

1. 体验过程是否写得具体、清楚。（0～20 分）

2. 有无真情实感，有无自己独特的感受。（0～10 分）

3. 有无自己独到的见解。（0～10 分）

4. 语言有自己的"色彩"。（0～10 分）

三、书写（10 分）

1. 格式是否正确。标题是否居中，是否分段，每段开头有没有空两字。

---

① 卿平海. 创新作文·七年级上册［M］. 成都：四川人民出版社，2004：49.

（0～3 分）

   2. 书写是否工整。（0～4 分）

   3. 卷面是否干净。（0～3 分）

下面这篇练笔，学生自评自改、互评互改后，我给予点评意见，学生再反复修改，最后在《现代中学生》杂志上发表了。

应考滋味

应考的滋味，只可意会，不能言传。或许，只有我们这群准毕业生才能感受到。

应考的滋味，有点像学语文。语文书读起来是优美而生动的，语文活动搞起来是活泼而有意义的，但语文考卷做来却是练我们的锁眉功。大家在一起轰轰烈烈地学，倒是学得有滋有味的，但临近考场，恐怕就只剩下醋和胡椒面了。

应考的滋味，有点像做数学压轴题，钻啊钻，总是像走迷宫似的，打转转，恨不得就直接把已知写上，再把结论添上，然后自己给自己打个满分。应考，大家一起钻迷宫，找刀子，好在过独木桥时早早削尖脑袋，一鼓作气，最后给自己的冲刺速度打个大大的 100 分。

应考的滋味，有点像读英语书，读来读去总读不出个所以然，然后老师就会告诉你这儿表强调，那儿表省略。应考，望着一大堆英语参考书不知所措，然后老师会告诉这是为了你将来，为了你走向世界。想想也对，便欣然上阵，大有"壮士一去不复返"的悲壮气概。

应考的滋味，有点像做电学题。常常这儿短路了，那儿断路了，还得拿上笔跟着老师走一遭，碰壁了才知道，老师常叫我们识别电路图要"潇洒走一回"，我却常常陷入局部短路，觉得要是"罢考"了，那时才能真正地潇洒。

应考的滋味，有点像做化学实验。倒点这个进去，倒点那个进去，再晃晃，就有点新东西生成，有的还怪好看的。只可惜自己学艺不精，往往勾兑出的不是"怪好看"的，而是"怪恐怖"的。稍有不慎，还会引起大爆炸，把脑袋里好不容易积累起来的一点本钱炸得精光。

应考的滋味，有些像读历史书。厚厚的一大摞历史资料摆出来，告诉你社会发展是有规律的，从古到今，历史这门课太重要了。应考，厚厚的一大摞复习资料摆出来，告诉你升学考试是有历史必然性的，从古到今，这些资料是非做不可的。

　　总之，应考的滋味就在日历每翻过一页的时候变得浓郁起来；就在每做完一套卷子时变得苦涩起来；就在每考一次试后沉重起来；就在每次想考试以后没有作业的暑假的期盼中快乐起来。

　　应考的滋味，还是说不太明白，就像电路图中串联一本语文书，并联一套数学卷子，放在酸碱盐的溶液里，用历史书和政治书来加热，生成英语的 ABC。

　　应考的滋味，还是你自己来感受吧，但我唯一能准确地告诉你的是："应考的滋味，定会带给你前所未有的震撼！"

（李雅星）

　　考试，对我们学生来说，似乎人人经历，小学毕业应考的滋味也许还留在你心头。本文突出特点是：将应考的滋味与各科学习的生活有机结合起来，使无形的滋味清晰可见，使说不清的滋味明明白白，使摸不着的滋味具体可感。对比的写法，总分的结构，独特的语言，为文章增色不少。读此文，我们似乎听到改革考试的呼声，体会到"减负"的心声。

　　日常较多的是学生练笔初稿经过自评、互评、师评后，反复修改形成定稿，再小组互评、教师评点、学生自我总评，最后在报刊、网络发表。这一过程，可以用作文成长档案记录下来。

<h3 align="center">《感受自然——怎样描写景物特点》作文成长档案[①]</h3>

题目：						
姓名		作文时间		修改时间		定稿时间
初稿	自然环境描写	写景水平	创新表达	评语		
自评	特点突出 描写细腻 语言生动	抓住景物特点 描写具体生动 融情入景	感悟独特 描写新颖 文采飞扬			
互评	特点突出 描写细腻 语言生动	抓住景物特点 描写具体生动 融情入景	感悟独特 描写新颖 文采飞扬			
师评	特点突出 描写细腻 语言生动	抓住景物特点 描写具体生动 融情入景	感悟独特 描写新颖 文采飞扬			

---

　　① 卿平海. 创新作文·七年级上册［M］. 成都：四川人民出版社，2004：49.

题目：				
定稿	自然环境描写	写景水平	创新表达	评语
互评	特点突出 描写细腻 语言生动	抓住景物特点 描写具体生动 融情入景	感悟独特 描写新颖 文采飞扬	
师评	特点突出 描写细腻 语言生动	抓住景物特点 描写具体生动 融情入景	感悟独特 描写新颖 文采飞扬	
自我 总评	特点突出 描写细腻 语言生动	抓住景物特点 描写具体生动 融情入景	感悟独特 描写新颖 文采飞扬	

天天练笔，天天评改，多向发表。不同类型，不同评分要点，如词语游戏练笔，达到用词数量的得 5 分，多用一个词加一分，立意、选材、写法、语言等某一点有出新的加分。先自评分，老师再评分，两者相加为当天练笔得分，每天分数累计，每周每月每学期评比公布，评选班级练笔之星。每天精选练笔，发表在班级练笔张贴栏，每周进行练笔评讲。每学期，学生个人编辑练笔集，班级编辑练笔集萃，相互学习借鉴。采用练笔流动档案，促使学生在多向交流过程中养成练笔修改习惯。练笔流动档案可以是灵活多样的广义发表。可以采用现代信息技术演示自己的文稿，学习用计算机进行文稿编辑、版面设计，用电子邮件、班级练笔 QQ 群进行交流；可以利用写循环日记的形式向别人倾诉；可以通过黑板报、墙报、班级日报、校报校刊、校园广播电视台、社区宣传平台和其他媒体，发表练笔修改成果；还可以建立具有互动功能的练笔教学网站。在练笔修改中，学生找到了练笔中的问题却不主动修改时，教师可以运用出版法来激发学生修改练笔的兴趣。如举行"出版会议"，由学生成立出版小组，商议出版计划；接着学生自改互改练笔，并组织学生审阅、编辑、出版学生的优秀练笔；最后编辑成册成书，在学生、家长乃至社会上传阅。

搭建适用于学生练笔升格的网络平台。建立班级或学习小组练笔的共享 QQ 空间、微信群、微信公众号，定期由专人打理，权限共享，共同督促和维护。每次练笔之后，根据主题、材料、结构、语言等方面出现的主要问题进行分类，有相似问题的同学组成一个练笔升格团队，大家共同讨论练笔升格办法，教师分别加入各组把关指导。天天练笔则传班级 QQ "我文我秀"，同学之间相互点评，教师适时点评，欢迎家长参与点评，个人再根据点评升格自己的练笔①。最后根据点赞，向报纸杂志、社会媒体推荐优秀练笔发表。

2020年新型冠状病毒爆发，我们网上练笔教学就采用了广义发表，效果很好。练笔要求发在班级语文QQ群里，学生把练笔发群里，相互点赞或提意见，反复自改互改；老师通过修改建议、语音连线、视频或腾讯会议，指导学生练笔评改；学生推荐班级优秀练笔到年级备课组群，复学复课后张贴在教室过道墙展示栏；教师推荐优秀练笔给报刊发表；《创意练笔》一书后面各章都选录了学生的抗疫乐学练笔。

广义发表是自我展示，我文我秀，写为知己者容，增强创意练笔的读者意识；广义发表是学习互助，相互激励，取长补短中更新，增加练笔反复修改动力；广义发表是社会交流，文责自负，文章合为时而著，培养精致练笔精神。

经过36年为了创意练笔的写作教改实验研究，我们得出如下结论：

创意练笔实验研究的核心价值是使学生更好地自我表达和与人交流。通过创意练笔为学生能具体明确、文从字顺地表述自己的意思，能根据日常生活需要运用常见表达方式写作打下坚实的基础，能以学生创意练笔的问题解决促进学生写作素质提高，进而全面提高学生的语文核心素养。创意练笔需要以语文新课程创意写作观、言语生命动力学说、语文创意教学理念、学习问题解决理论等为学理基础，以成长思想立人、发展思维立言、诗意生活立意、学会做事立新的"四立"作为创意练笔的教学理念，达到理论与实践融合创新。它与"练笔是咱自家事，我的练笔我做主""我的生活我来写""我用我手写我心""你是我的知己"等练笔主张，形成了新的创意练笔教学观念系统。

创意练笔问题的解决是学生写作行为自我改进的体验深化过程。人的练笔需要人的课程，课程在人中，人在课程中②。学生练笔问题解决需要采用生本性教学，它不是教师冷漠的写作说教，不只是叙说着写作真理，也应让学生闪耀写作智慧；它不只是静态的、物化的文章，也应是动态的、人化的写作过程；它不只是思想流、思维流，而且是情感的流淌、意志的奔驰；它不只是供学生认识思索的利己的自悟活动，而且是供他人欣赏品味的利人的互惠活动；它不只是耳提面命，而是带来学生自由生长。用基于"为什么练笔"的言语生命动力、基于"练笔写什么"的学生生活世界、基于"练笔怎样写"的自主写作策略、基于"练笔写给谁"的分享评改机制等，建立的练笔问题解决的学生自我更新的体验性新流程，不仅使练笔问题解决各阶段重点明确，又形成了学

---

① 崔惠琴. 自媒体：作文升格新路径［J］. 中学语文教学参考·初中，2019（9）：70—71.
② 张楚廷. 人的教育需要人的课程来支持［J］. 课程·教材·教法，2009（3）：3.

生练笔行为整体自我改进的教学新机制和逻辑新体系。

　　创意练笔问题解决的有效性有赖于练笔策略的针对性、创新性。创意练笔实验针对学生"苦于练笔、虚假练笔、模式化练笔、应付练笔"等突出问题，以学生的典型练笔学例为原型，运用创意练笔"四立"教学理念，提炼了随课微写、天天练笔、教材导写、创意练笔坊、广义发表等创意练笔的教学策略，总结了游戏性练笔、想象性练笔、思考性札记、生活写意练笔、生活感悟练笔、个性化随笔、仿创性练笔和练笔的流动档案、激励性评语等数十种创意练笔方法，形成创意练笔新技术新方法体系。这些操作性成果，经过近 20 年教学实践反复检验，被证实是行之有效的。在省内外数百次学术活动中交流，其深受中小学语文教师欢迎。

第二章　基于为什么练笔的言语生命动力

　　学生为什么怕写作文、讨厌练笔？缺动力不乐写，缺生活写假话，缺自主写套话，缺分享写空话……原因是多方面的，缺动力不乐写是首因，言语生命活力丧失是根源。

　　练笔缺生命在场、缺生命活力、缺生命意义、缺生命品质，而练笔缺乏生命活力是一个全域性的普遍存在问题。创意练笔要回归生命本源①，基于生命、依靠生命、为了生命、彰显生命，让练笔焕发出生命活力，促使学生生命在场、生命润泽、生命成长、生命成全。德国诗人荷尔德林曾高声唱道："充满劳绩，然而人诗意地栖居在大地上。"现代人愈来愈被物化、功利，诗意渐行渐远。学生如果没有诗意的生活，练笔就找不到回家的路。

　　练笔怎样才能使学生不吐不快、欲罢不能？我们根据言语生命动力学说，有创意地进行练笔，用游戏性练笔促使学生为乐趣而写，用想象性练笔促使学生为自由而写，用思考性札记促使学生为创造而写，情到深处文自工。创意练笔探寻的是学生言语生命的动力源，追求的是学生诗意栖息在练笔里。

　　图2-1是创意练笔言语生命动力"四轮驱动"的问题解决思维导图。

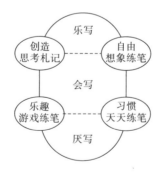

图2-1　创意练笔言语生命动力"四轮驱动"的问题解决思维导图

---

　　① 卿平海. "课堂革命"需"三革"[J]. 四川教育，2018（1）：23.

一、学生为什么讨厌练笔

有些学生为什么怕作文？有的学生为什么讨厌练笔？

有的学生基础很差，提笔就写错别字，练笔写不出来怎么办？怎样让这类学生喜欢练笔，甚至乐此不疲？这让我想起了十几年前的一件事。

新学期伊始，我怀着激动心情期待语文课的到来，因为我将与新一届学生见面，了解他们的情况，谈谈自己的语文教学改革设想。这节起始课自己比较满意，学生对我的改革设想提了不少意见和建议，学生也很振奋。

下课前，我宣布："以后天天坚持写练笔。"学生惊叫了起来，满教室的埋怨。"天啦，小学一两周写一篇作文都是东拼西凑的，现在天天写，哪来写的？逼死我们啰！""哪来那么多时间，其他作业不做了？""练笔是不是写日记？应付一段时间还可以。""做了练笔，不做其他语文作业就好了。"……个个苦大仇深，人人怨声载道，我只是微笑着，静静地听着，快速地思索着。学生见我一言不发，看来改变是不可能的。

一个学生问道："卿老师，除了练笔还有其他作业没有？"全班突然静下来了。

我郑重其事地说："这一周语文作业，只有每天练笔。"一部分学生叫好，一些学生叹气。

"练笔有什么要求？"学生的目光聚焦在我脸上。

"想写什么就写什么，但必须写真人叙真事，必须抒发真情实感……"在一片如释重负声中，传出一个急切的问询："至少写多少字？"不少学生眼睛都睁大了。

我沉思了片刻，坚定地说："这一周内，每天至少写一句……"

"好啊！"不少学生鼓起掌来。

"一句话也写不出来怎么办？"这是我意料之外的。

"丁零零……"下课铃声响起。

"对练笔还有问题的同学留下，其他同学下课。"教室里居然有五个同学留下，我让他们围坐在一起后，亲切地问："练笔的具体困难是什么？"

"不知道写什么。"其他几个同学也附和着。

"今天是你们上初中的第一天，新的学习环境，新的同学，新的老师，你们总会有些新感受吧？把这些东西写下来就行了；你们回到家里，爸爸妈妈有可能与你们交流今天学习、生活方面的情况，把它如实……"

"是不是想说什么就写什么？"一个学生急切地打断了我的开导。

"可以。"这个同学高兴地走了。

"一句话都写不出来怎么办？"江升辉同学满脸不快地嘀咕。

"就写：'今天是初中学习第一天，卿老师要求我们每天写练笔。'把这句话写在你的练笔本上，今天练笔就算完成了。"

"好啊！"又有三个同学走了，只留下江升辉同学一人。

"还有什么困难？"我心里有一股无名火在升起，仍面带微笑地轻声问。

"你说的那句话我写不来。"小学学了六年，怎么会……不是会不会写，而是抵触……我脑里快速分析着。

"没问题，你拿一个本子出来，我写在黑板上，你抄写。"心里的无名火直窜脑门，我还是忍着。

"抄错了怎么办？"他眼珠贼溜溜地转动着。

"尽量抄正确。"我边说边提笔工整地写道："今天是初中学习第一天，卿老师要求我们每天写练笔。"

"卿老师，您写的字真漂亮！"

"谢谢你的夸奖，你只要抄写正确、美观，我就很高兴。"

"我尽量吧。"他看一个字写一个字，第三节课的预备铃声响了，他写完了。我一看，吓我一跳，字张牙舞爪，居然有三个错别字，"初"字少写了一点，"卿"字多写了一撇，"练"字的右边写成了"东"。我指着黑板上的这三个字让他改正，就急忙出教室。没想到，江升辉竟追了出来，让我给他的练笔打等级。我真是哭笑不得，但一个新的念头冒了出来，我给他的练笔打了一个大大的"优+"。在江升辉惊诧万分之际，我迅速离开教室，却听到惊喜的尖叫声："耶！好耶！"

第二天语文下课，江升辉找着我，"卿老师，我今天的练笔还是写昨天那句话，可以吗？"我气不打一处来，但转念又想，他是在主动问作业，于是我说："如果你今天真的没有其他话可写，抄写昨天那句话也行。"他要求我给他当面批改。一会儿，他兴致勃勃地把练笔拿给我看，还补充说："今天绝对没有错别字！今天比昨天写得工整！"我看后给他打的是"良"。他一看，跳起来了："这……没道理！"我微笑着说："昨天，你是通过很大努力才完成练笔的，'优+'是对你艰苦努力的奖励，今天的练笔难度已经大为减小，'良'是对你主动完成练笔的肯定。"他怏怏而去。第三天他还是抄写的那句话，我给他的成绩是"合格"，我在班上宣布的要求是，凡是练笔不合格就必须当天重做。

第四天，我在班上对练笔好的进行了表扬，安排写得最好的同学念给全班同学听，江升辉听得很专注。下课后，他找到我说今天练笔的想法，说今天学的课文有一句话他比较喜欢，他可不可以抄写这句话，算作今天的作业？我说："可以。不过，既然你觉得那句好，就应该写点喜欢的理由吧，可以吗？"一会儿，他写了。我差点笑出声来，他除抄写了课文最短的那句话以外，还有一句话："因为我喜欢，所以我喜欢。"我给他的练笔成绩是"中"，他有点得意地走了。

第五天，他专门找到我，问怎样才能使练笔的等级提高，我说本周要求是至少写一句话，写得多就好。他一下干劲来了，问道："如果我多写一句，你怎么办？""多一句，我就在班上表扬你一句。""说话算数？"我郑重地点了点头，他有点高兴地走了。

第二周星期一，我踏着第一节下课的铃声走向教室。"卿老师，看到我的练笔了吗？"一个急促的声音窜进了我耳里，我本能地反应道："什么练笔？""你……你不是人，说话不算数……"我惊异地抬头一看，江升辉手指着我的鼻子，脸涨得通红，边跳边数落我，我还是第一次遇到学生对我这样无礼。但我心里明白他急什么，"不就是写了一页吗？"我微笑着轻描淡写地回敬道。"卿老师，对不起，你看我练笔了？你上周说的话能兑现嘛？"我故意顿了顿，学着他刚才吵架的姿势，模仿他的声音说："兑现。"我边说边向教室走去，脑后一句话却追了上来："不兑现的话，我会骂你的。"

上课前，江升辉早早地在自己的座位上正襟危坐，做好课前准备，这是上周从未有过的。上课了，我对同学们说："上课前，我要对上周末的练笔进行评讲。"我看了一眼江升辉，他非常得意地注视着我。"请大家先看一个练笔本。"大家静候着，我翻开第一页，学生看着就笑了，我念完，全班都笑起来了，江升辉脸上的笑容消失了；翻开第二第三页，学生们更是忍俊不禁，有的同学拍着桌子大笑，江升辉低下了头；翻倒第四天的练笔，我一念完，全班哄堂大笑，江升辉把头埋得更低了。"怎样看待这样的练笔？我认为应该看进步。"我翻开第五篇练笔，整整一页，也有同学在笑，可能笑字写得太大，而且很短的句子后就有一个像鸡蛋似的句号，可能笑篇末的"一共37句"。"宽容是一个人的美德，你赞赏别人的优点，你就赢得了一种美德。下面，请我们每个同学为这个同学练笔的进步，说一句表扬的话。"沉默了一下后，一句句表扬的话在教室里回荡，随着表扬声，江升辉的头慢慢地抬起来了，脸上的笑容渐渐地堆起来了。60多句话，60多颗心，全班都沉浸在理解和鼓励的和谐气氛里。

"今天这节课最精彩的是——这个写练笔的同学要当面骂卿老师，请大家鼓掌！"大家东张西望，江升辉说："算了吧。"我说："必须骂，还要骂痛快才行。"江升辉沉思了一会儿，断然地说："骂就骂吧。我小学同学经常欺负我，我在中学里怎么就遇到了你们这样的同学？我小学经常站办公室，有时家长一同挨骂，我在中学就怎么会遇到你这样的老师？有这样的老师和同学，如果我再学不好语文，我就不是……人！"我和同学们报以热烈的掌声，他噙着眼泪坐下。

此后的一个月，他每天坚持写一整页的练笔，虽然仍然错别字连篇，但我坚持表扬了他一个月。后来越写越长，竟然写起小说来，虽然病句也不少。后来他的作文考试居然得了班上的高分，虽然他的语文成绩仍不理想。中考时150分的语文，他竟考了103分，虽然数学和外语只考了十几分。后来，他跟我说，他在职高读的是旅游专业，就是想像徐霞客那样周游全国，写一本《江升辉中国游》；想像马可波罗那样环游世界，写一本《江升辉环游记》。当学生为练笔而不亦乐乎，当写作成为一个学生今后职业生活的一种追求时，作为一个普通的语文老师，我还求什么呢？[①]

像江升辉这种基础很差和最初学习态度不好的学生，不少城市学校的初中班级里有，农村初中学生里会多一些。我认为，只要引导得当，他们都有可能不断进步，天天练笔都有可能做好，江升辉同学让我坚定了天天练笔的信心。

2003年9月进入语文新课程教学时，我进行天天练笔的改革。不到两年，学生天天练笔成了习惯，但毫不讳言，其间遇到了很多问题和困难。不仅有比江升辉还恼火的几个学生，也有十多个同学有当天未完成练笔的记录，还有一会儿写几篇练笔一会儿又不做练笔的；不仅有不知道怎样写练笔的，也有抄写歌词、把以前练笔重抄过来凑数的，还有青春困扰、情感纠葛强烈的；不仅有因追求练笔分数，一天写几篇，过度练笔的，也有每天写一两句话应付过关的；最初，不仅有学生反对的，也有家长抵触的；不仅有像本书所举案例那样令我高兴的练笔，也有写得"惨不忍睹"的练笔……但学生每学期、每学年的练笔量已经是新课标规定数量的几倍，学生的作文水平明显提升，仅作文考试成绩已在年级遥遥领先，而语文学习负担是主要学科负担里最轻的。事实告诉我，天天练笔虽困难，但是有效而可行的；天天练笔不仅可以面向全体学生，使每个学生达标，还可以因材施教，促使学生差异发展。

造成学生讨厌练笔的原因是多方面的：一是新课程练笔难度加大。写作要

---

① 卿平海. 他竟对练笔乐此不疲 ［J］. 教育科学论坛，2009（1）：31—32.

进行创造性表述，学生难以企及。二是新课程练笔教学要求高。写作教学要培养学生的写作兴趣和自信心，要鼓励自由表达和有创意的表达①。练笔教学怎样化难为易、变苦为乐？创意练笔对不少教师来说，是极大挑战。三是学生缺动力不乐写、缺生活写假话、缺自主写套话、缺分享写空话，缺动力不乐写是首要的、关键性问题。学生练笔生命活力的丧失，这是最要命的。

丧失生命活力的练笔最可怕。练笔缺乏生命活力是一个全域性的普遍存在的问题，其表现为"四大生命缺失"：练笔缺生命在场，练笔缺生命活力，练笔缺生命意义，练笔缺生命品质。创意练笔要基于生命、依靠生命、为了生命、彰显生命，要促使师生的生命在场、生命润泽、生命成长、生命成全。

《学习权宣言》指出："每个人天生就有阅读、写作的权利。"我们面对的每个学生，不仅仅是课堂学习的主体，还是学习的主权者，这是教育民主的一种体现。以人为本的时代，课堂期待回归生命本源，尊重人性，体现人本，实现人道②。

德国诗人荷尔德林曾高声唱道："充满劳绩，然而人诗意地栖居在大地上。"在享有物质生活的同时，能够在精神家园里"诗意地栖居"，这是一种至上的境界。另外，人们渴望物质生活的富足，更渴望精神的美好，享受诗化的生活，追求诗意的人生。

没有诗意栖居，练笔找不到回家的路。练笔教学怎样激发学生的言语生命动力，让学生不吐不快、欲罢不能，诗意栖息在练笔里？

▶▶▶▶ 创意练笔寻道

二、练笔课《聆听心声》教学实录

学生作文竟然像成人那样像模像样说假话、空话、套话时，有良知的语文教师会追问，是什么原因使学生说真话、实话、心里话那么难？创意练笔的动力源在哪里？练笔教学怎样才能贴近学生实际，让学生易于动笔，乐于表达，写出真情实感？2014 年 10 月 17 日，成都市"名师好课"送教到双流县永安中学，卿平海老师借七年级二班学生上了体验作文课"聆听心声"③，下面是

---

① 中华人民共和国教育部. 义务教育语文课程标准（2011 年版）［S］. 北京：北京师范大学出版社，2012：23.

② 卿平海. "课堂革命"需"三革"［J］. 四川教育，2018（1）：23.

③ 卿平海. 情到深处文自工——《聆听心声》作文指导课实录［J］. 教育科学论坛，2015（3）：40—43.

成都双流棠湖外语实验学校程雪晴老师整理的教学实录。

（一）课前游戏，建立默契

师（微笑，神秘地说）：先做个小测试。（板书大大的"掌"）这个字是什么意思？

生（怯生，随口应道）：手掌。

师（挥手，故意曲解）："首长"，就是领导的意思，是吧？

（生大笑，有些端坐的僵硬的身板开始放松。）

师（手指"掌"，追问）："掌"字上面是高尚的"尚"，下面是"手"，所以我们鼓掌是用高尚的手表达——

生：敬意。

生：鼓励。

师：对！今天不管哪位同学发言，我们都要鼓掌。因为通过掌声能够表现我们高尚的美德。课堂上最重要的是能够把高贵的手举起来，不知大家能不能够自信地举起你高贵的手？能不能够举出你的幸福感？现在大家一起举下手，好吗？

（生整齐快速地举手，自信满满的。）

师：现在我们来宣誓，就像你们入队的时候那样庄严地宣誓。

（全体学生精神为之一振，跟随老师大声宣誓。）我宣誓：今天上课我保证做到——认真听讲，主动思考，积极举手发言。

（学生积极性被调动，课堂氛围友好，师生关系融洽。）

（二）巧解"听"字，引入主题

师（微笑，转向黑板，又神秘地说）：我再写一个字，请你猜一猜，这是一个什么繁体字？看谁先猜出来。

（学生伸长脖子，睁大眼睛。老师写一部分顿一下，"耳""　""十""　""一""心"师问生答，最后组合成"聽"字。）

生（边举手边高声地说）：听。

师（高兴地，边板书"听"边真诚地说）：真厉害，"听"的繁体字都认识。看着这个"聽"字，你能悟出古人造字智慧吗？古人认为真正做好"听"是不容易的，需要做哪些努力？

生（兴奋地说）：洗耳恭听，侧耳聆听。

师（点头称赞）：是的，我国是礼仪之邦，尚礼随处能见。电影电视里有古人"洗耳恭听"的情景，也有"侧耳聆听"的镜头。"听"还需要做到什么？

（师随机在"聽"字前板书"聆"，再指着"聽"字的右上角部分提问。）

生（猜测地说）：应当用眼睛注视着听吧？

师（用笔头指着"聽"字的"十""　"，边做合起来的动作边提问）：对头，"　"实际是"目"。那该怎样注视呢？可用哪些成语来形容？

生（有不同的答案，一些学生应道）：目不转睛，聚精会神……

生（迫不及待地说）：还要用心听，这一点最重要。

师（用粉笔圈出右下角部分，及时追问）：怎样才算用心地听呢？

生（突然发现，激动地说）：一心一意地听，全心全意地听。

师（用粉笔头指着"心"，继续追问）：一心一意地聆听什么呢？

生（一些学生齐声说）：心声。

师（在"聆聽"后板书"心声"，巧妙形成课题"聆聽心声"，并指着"聽"字归纳）：很好。"聽"字告诉我们听的时候要一心一意，做到这点之后，我们还需要关注的是听什么？（顿一顿，指着"聽"字左下角的"　"）是金玉良言，是发自我们内心的话。所以请大家注意下我们刚才说到的洗耳恭听、目不转睛、一心一意。因此，当我们用心去听的时候，聆听到的是别人发自内心的心声。

师（郑重其事地说）：我的课堂没有对错，只有发言与不发言，只要说出心里话就行了。你能做得到吗？

生（异口同声，声音洪亮）：能！

（三）心理游戏，聆听心声

师（欣赏地，满含期望）：好。下面我们来做一个心理游戏，看你能不能说出心里话，能不能聆听到你发自内心的心声。请大家拿出你的作文本和笔——

（学生快速地准备好了，挺好奇地望着老师。）

师（语速舒缓，一问一长顿，微笑着说）：请闭上眼睛，面带微笑，尽情地回忆：在你成长的十多年中，对你学习、生活最重要的人有哪些？从中选出五个人，想想这五个人你怎么称呼？他们对你做过哪些事？对你说过哪些话？你心里的感受怎样？想好的同学请睁开眼睛，将这五个人的名字或你对他的称呼，写在作文本上。请尽量写得漂亮一点，表达你对他的敬意。

（学生面部表情丰富，动笔写先快后慢，最后一人难抉择。教师巡视，见学生选择困难，便开玩笑："如果难选择，就写上卿老师吧。"生笑，有的摇头，有的点头。）

师（见有的已写好，有的还差一两人，便提醒道）：是写五个姓名哈，不能多也不能少，只能是五个。写好之后请思考一个问题：刚才你在回忆这五个人的时候，你心里的感受是什么？能不能用一个两个词语概括一下？

生：温暖，像春日阳光一样的温暖，像下雪天火炉一样的温暖。

师：比喻很棒，生动形象，大家把掌声送给她。

（生热烈鼓掌）

师：还有谁来说说？说心里话就行了，我相信每个同学的感受是不同的。

生（面有痛苦之色，愁苦锁眉）：严厉。在家里父母严厉，在学校老师严厉，班干部更严厉，我的好朋友对我也严厉，有的事想起了就像严冬里寒气逼人……

师（也忧思似的，接问道）：严厉让人难受啊。为什么不写让你开心愉快的人？

生（急忙摇头摇手，用果决急促的语气说）：不行，他们对我太重要了，没有他们的严厉，就没有我今天的出类拔萃。地球人都知道，我经常调皮捣蛋……

（全班齐声"哦——"，忍俊不禁。）

师：看来，他们表面严厉的背后隐藏着深深的情感。你想过吗，严也是一种爱，是深情的爱，是热切的希望。

（生点头表示赞同，脸上露出灿烂的笑容。）

生：感动。因为在我一无所有的时候，他们却对我无私奉献。

（随着掌声，很多小手举起来了。）

师（面向全班，像音乐指挥样伸出双手）：让我们一起说出心里的不同感受吧！

生（异口异声，形态各异）：幸福，温馨，快乐，舒服，美妙……

师：这些给你不同感受的人在你的现实生活和今后人生中都有着重要的意义。如果请你对这些人说一句祝愿的话，你想说什么？

生：我希望他们平平安安的。

生：我祝愿他们天天快乐！

生：我祝愿他们健健康康！

师：平平安安，快快乐乐，健健康康。有没有希望他们早一点死的？

生（语气坚定，铿锵齐答）：没有！

师（满脸忧伤，悲痛深沉，幽怨地说）：如果他们中哪一个人死掉，我们会失去很多，这是我们非常不希望的。但是天有不测风云，人有旦夕祸福，有的因素我们是不能阻止的。比如：地震、海啸、龙卷风、车祸、生老病死……

假如有一天，你最重要的人必须要离去一个，你会选择谁离去？我知道这个选择很残酷，但游戏要求你必须选择。现在请你拿起你的笔，轻轻地划掉这个人。

（生埋头盯着作文本上的名字，沉默，犹豫不决，愁容满面取代了刚才的笑容满面。）

师（见一女生刚划完就泪流满面，轻声地问）：你划掉了谁？

生（垂头，低声）：爷爷。

师（面对女生，小声询问）：爷爷健在吗？

生（垂头丧气，哽咽）：健在。

师（扬起头，轻声细语）：那为什么要划掉爷爷呢？你划掉后，你就失去了爷爷啊。你的心情怎样？

生（无可奈何，泣不成声）：万分痛苦……我也没办法……爷爷80多岁……但爷爷太爱我了……虽然他也像其他农村爷爷……重男轻女……

师（递上纸手巾，眼含泪光，温声细语）：老师被你对爷爷的爱感动了，你是你爷爷的好孙女。（见一男生举手，快速走到这同学身边）你划掉了谁？

生：我划掉了一个同学。

师：划掉一个同学就意味着你失去了一份最真挚的友谊。你为什么不划其他人呢？

生：我觉得其他人更重要。

师：你留下了哪些人？

生：父母、老师。父母给我生命无法选择，老师恩重如山不能选择，同学划掉了还可以有更多的新同学。说实话，不忍心，那同学是我多年的铁哥们儿，对不起啊哥们……

（同学鼓掌，听课教师也鼓掌。）

师（若有所思，稍停片刻）：亲情师情友情，万般皆下品，唯有情上心。从这艰难地选择中，我们看出你是一个非常重师生情和亲情的孩子。刚刚我们已经划掉一个人了，还剩四个。你还愿意再划掉一个吗？

（生使劲摇头）

师（脸有痛苦，深吸一口气，劝解道）：情感上我们肯定不愿意。但是福不双降祸不单行，有时候很可能会接二连三地发生天灾人祸。假如必须还要一个人离去，你选择谁？

（师巡视，见生埋头伏在桌子上，看着作文本上的名字发呆，有的提起笔又放下，手在颤抖，有的在揉眼睛抹眼泪……）

师（眼睛湿润）：现在气氛越来越凝重了，大家心里也越来越难受了。但是你必须要做出选择，没有办法。我看见有的同学的眼睛已经湿润了。其实，卿老师也在心里艰难地做着同样的选择，我的眼眶也湿润了，真的太难了！来，你说你划掉了谁？

（生起立，沉默不语，不停擦眼泪。）

师（很体谅地，轻拍男生肩膀）：做不出选择没关系。你心里面的感受，能告诉我们吗？

生：很难过。心如刀绞，痛入骨髓。

师：没事的，一切都会过去的。请坐下，调节一下你的情绪。再来，你划掉了谁？

生：我划掉了妈妈。

师：你划掉了生你育你的妈妈啊！相信你也是没办法了才会做出这样的选择。那你会对妈妈说点什么？

（生低头瞬间，突然泪如泉涌，沉默不语。课后了解，学生由单身父亲抚养，妈妈离开他已多年，父亲长年在外打工。）

师（被感染，给学生递上纸手巾，用手擦自己眼角）：此时无声胜有声。你一定有很多话想对妈妈说，现在却说不出来，那就放在心里吧。好，已经划掉了两个人，如果还要划掉一个人，请你做出选择。这个人走时会对你说些什么？你会对他说点什么？哪位同学来说说？

生（异口同声）：不，不划了吧！

（随后教室静下来，跟随着叹息、抽泣，学生情感世界翻江倒海。）

师（声音发颤，说一句停顿一下，很慢很慢地说）：我和你们一起在选择，一样非常难受。那些离去的人，对我们来说太重要了！走掉一个，我们的天空就黯淡一些。还剩下两个人，这两个人可能是我们在学习、生活上的精神支柱。假如这两个人也离我们而去了，你心里的感受又是什么？你最想说点什么？现在就请大家把你最想说的话、最想做的事写出来。可以用你喜欢的体裁写，如诗歌、散文、叙事，心理对话等。

（生快速动笔写，师巡视中提示：想倾诉什么就写什么，想怎样说就怎样写。刚才怎样想的就怎样写，把特别感动的人、事、情尽量写得具体些、生动些，特别要写出情感活动的变化，心理游戏中自己的独特感悟。学生写时泪流满面、痛苦不堪，写着写着，情绪慢慢回归正常，脸上露出释然，洋溢着快意。）

师：时间到。没写完的同学不要着急，可以用省略号来代替。刚刚我们做的是一个心理学亲情测试实验，我感受了大家的喜怒哀乐。当大家泣不成声、流泪时，卿老师也特别难受。这是一个成长的过程，在生活中我们肯定会遇到各种情况，经过不断的磨炼，我们最终都会变得成熟，我们的意志最终才会坚强。当同学们把憋在心里的话用笔倾诉出来，越写越平和后，我们又体会到从未有的释怀的欢愉。大家能不能为我们这段心理成长的历程鼓鼓掌？

（学生十分激动，热烈鼓掌）

（四）六读修改，写出真情

师（面对全班，微笑着继续说）：作文写了就需要及时修改，文章是改好的。用什么方法改好些呢？请先看黑板。

（师分部分板书，边写边问是什么意思，依次写了"言""士"" ""貝"，最后形成繁体字"讀"。）

师：这个繁体字能认识吧？

生（几个学生朗声应道）：读。

师（和颜悦色，手指黑板上的"讀"字）：今天我们尝试用古人读书的追求来修改作文。（指着"士"）读书是一项专业性的活动，我们应该怎么读呢？（指着" "）读书要用眼，（指着"言"和"讀"的右下角）用智慧的眼光去发现语言文字中最有价值的宝贝。下面就请大家用智慧的眼光来发现自己这次练笔最有价值的东西，请用不同颜色的笔进行修改。其实一篇作文主要靠自己反复修改才能成为好的作文，下面请同学们按照老师的提示步骤修改，准备好了吗？

（生好奇，手拿笔，聚精会神。）

第一遍读，请从头到尾读一遍，看看你写的短文中有没有假话？哪怕只是一个字、一个词、一个句子，我们都要毫不犹豫地把它删掉。

（生动笔删去不真实的文字）

师（巡视中提醒）：我看到有同学划掉了一行，很好。留下的应该是真话了吧？假话害人害己，真话才有价值。

（又有同学删改）

师（微笑着点头，观察全班同学）：第二遍读，看看有没有哪个词是统领全文的？我们一般把这个词叫作文眼或者中心词，找到之后请用红笔圈画出来。我看有的同学没画，没画就可能出问题了，说明你写的文字中没有中心词。那就请你用一个词来概括下你写的内容。刚才我看见很多同学没拟标题，现在你就可以用中心词作为文章的标题了。

（学生圈画中心词，有些同学补拟标题。）

师（微笑着点头）：第三遍读，请大家围绕你选出的这个中心词，从头到尾读一遍，看有没有偏离这个中心词的内容。如果有的话，把偏离中心词的那些词、句子甚至段落毫不犹豫地删掉。因为它旁逸斜出了，削枝才能强干啊。

（生继续认真动笔修改，师继续巡视，边提示边在学生的作文本上指指点点。）

师（看到学生改得投入，满意地微笑，不停点头）：我们的写作水平就是在不断地修正中提高的。做好了吗？现在请大家第四遍读，围绕这个中心词看看，有些该说的话写出来了吗？如果没有，请把它补上去，使中心更加突出，内容更加具体、生动、形象、感人。你看看能不能补上一些细节，比如你刚才心理活动的变化，看能否写得细腻点。

（生很投入地埋头修改，师巡视中随机督促、指导，教室内似乎能听到急促的心跳和写字的沙沙声。）

师（用欣赏的目光四处观察）：有的同学补充了很多，写得很快，同学思维很敏捷啊。好，时间到。没有写完的，请用省略号。刚才我们删掉了一些，现在又增加了一些，这时候文章最容易出的问题是什么？

生（边看练笔，边机敏地回答）：前后不连贯，语句不通顺。

师（点头称是）：非常正确。现在请大家轻声地读出来，凭着自己的语感，判断哪里有问题。然后用"增、删、调、改"的办法进行修改。

（大多数学生先轻声朗读后仔细修改，有的学生边朗读边修改。）

师（见学生改得投入，非常高兴）：好，最后一遍读。请大家找出今天这一次练笔你觉得写得最满意的地方，然后用你最喜欢的符号标示出来。哪怕是一个字、一个词、一个句子，也不能放过哦。

（生面带微笑地勾画标示，惬意，得意。）

（五）自评写作，互评完善

师（点头称是）：做完了吧？请看黑板，我们来进行"3+1"自评。

（师优雅地板书"3+1"）

师（指着"3"）："3"表示什么意思呢？

（生摇头）

师（微笑着解释）："3"就是你觉得今天练笔的三个亮点，或者是你觉得这节课跟以前的作文课相比，你感到进步和满意的地方。"1"是什么呢？

生（几个学生机敏应道）：缺点，不满意的地方……

师（轻轻地摇头）：不对。"1"就是你感觉比较遗憾。换句话说，就是你以前做得好的，今天却没做好，下次我特别注意就一定能写好。下面用"3

+1"做自我评价，尽量用自己的话写，最好写得简明一点。

（生认真写评语，仔细巡视中督促、指导、肯定。）

师（看到学生评语，情不自禁地俯身念起来）：这同学写的"全是心里话"，好！还有"字数比以前多了""我知道怎样修改作文啦"，这同学一字点评，"爽！"简明……我们要学会发现自己的进步，自我肯定，自我欣赏，自我激励。好，下面请同桌的两个同学用智慧的眼光相互看看对方的作文，对方好的地方要不吝惜你的赞扬，有问题的地方请你热情地帮助同学，提出你的修改建议。

（生真诚交流，整个教室一下热腾起来。师巡视中指导，不时与学生交流，指指点点。）

师（张开双臂，热情地邀请）：现在我们全班来交流。可以自己争取，也可以同学推荐。可以全文读，也可以只读你觉得写得最好的句段。读的同学请大胆、大声、大方，听的同学应该怎样做？（手指黑板上的"聽"字）大家一起说——

生（兴奋，朗声应道）：洗耳恭听，聚精会神，一心一意。

生（还补充道）：学习别人的优点，别人不足之处提出建议。

师：太棒了！谁先来试试？

生（情感饱满）：如果非要我选择的话，那我宁愿自己离开，我绝对不会让你们中的任何一个人受到任何的威胁，绝不会！

（生伸长脖子等待，满脸狐疑。）

师（走到学生身旁，接过作文本看）：这是你感受最深的，是吧？

（师把作文本展示给大家看，整整一页，红笔改了不少地方。）

生（点点头）：是的。

师（拍拍男生肩膀）：好样的！这是你对生命的担当、责任和义务。大家把掌声送给他。（热烈掌声）很好，刚才这位同学选读了他感悟最深的一句话，还有只念自己觉得满意的句段的吗？

生（声音颤抖）：感谢你们陪我走过那么多的曲折，感谢你们一遍又一遍地教导，但是如今再也听不到了……亲爱的唠叨。

师：今天你终于发现了以前那最厌烦的唠叨里竟然隐藏着最真心、最质朴、最深沉的爱啊！庆幸为时不晚。

（生热烈鼓掌）

生：我知道这个游戏并不能代表什么，但我知道如果失去了这些人，便什么也没有了。无论是快乐还是幸福，一切的一切，都将灰飞烟灭。

（生自发地热烈鼓掌）

师：刚刚看你鼓掌很热烈，来，你来评价下，他写的这句话好在哪里？

生：写出了真情实感，悟出了真知灼见。

（生又自发地热烈鼓掌）

师：这评价好，一语中的。相信还有很多同学想站起来跟我们交流分享，但是由于时间限制，今天这个环节就暂告一段落。

（学生很不情愿，高高举起的手无可奈何地放下。）

师：现在请全体起立。请大家大声自信地朗读自己的作品，好吗？几十年后，也许著名作家甚至诺贝尔文学奖获得者就有你呢。

（生快速起立，刚才举手的同学又高兴起来，自信大声地自由朗读自己的文章。）

（六）真实反馈，感悟规律

师（保持特有的发自内心深处的微笑）：今天我们的课就上到这里了。愿不愿意耽误两分钟，说说你对这节作文课的感受？

生（全体学生也面带微笑，高声说）：愿意！

生：我感受到了怎样写才是真正的"有血有肉"。

（生热烈鼓掌）

生：我感悟到了真正的亲情，我学会了珍惜。

生：以前的作文课是在教我们写法，而这堂课的重点是教我们用情感写作。

师：好文章就是真挚情感的流淌，以情动人，情美文才美。

生：我懂得了写作就是表达内心的独特感受，自由自在地表达。这样的写作课我喜欢！

（生热烈鼓掌）

师：相信每位同学通过这堂课都会有不同的感受，下课后把这些感受随性写下来。最后，卿老师谢谢各位同学，希望大家能够做一个智商高、情商更高的优秀中学生。好，下课。

（生全体起立敬礼。有些学生围着老师问这问那，还有些学生请老师签名，要QQ加微信，在会议主持人反复催促下，才依依不舍离开多功能会议室。离开学校时，还有学生追来问好，农村孩子朴质憨厚得可爱。）

三、练笔原动力：情到深处文自工

（一）心里话终于倾诉

痛快啊，憋在心里的话终于倾诉了。2015 年 10 月 18 日，卿平海老师应邀参加贵州省"国培计划"的名师送教到罗甸县活动，与当地骨干教师就人教版七年级上册第二单元《说真话　抒真情》进行同课异构，根据教材要求，侧重指导学生把真话真情写得具体点细腻点。又以"聆听心声"为课题，为县民族中学七年级三班学生上课，课中心理游戏相近，借用教材写作指导短文的方法，引导学生修改练笔。受到 100 多名听课语文教师和贵州师范学院文学院杨武、杨慧琴教授的热情赞扬，学生在 6 分钟写出的练笔，在老师指导下修改后，学生写出了发自肺腑、十分感人的心里话。下面是主动在班上交流的一篇练笔：

亲爱的罗秀莲老师：

好久没见面，有时想您心都想痛了。今天课上，老师让我们写出自己生活和学习中最重要的五个人，我毫不犹豫地把您写在第一个。

您的课令我着迷，下课还围着您喜（嬉）闹不停。

可有一天，从未担过（耽搁）我们课的您却没有来上班。在我们多方打探下，才知道您出车祸了，右胳膊骨折了，医生要求至少休息一个月。

可没一周，您居然出现在课堂上。为了不让我们难过，您常（尝）试把手抬过头顶。可哪曾想，当您举过头顶时，伴随刺耳的呻吟，您通红的额头上冒出一团团汗珠，脸上挤出痛苦的微笑……我没忍住，双手捂脸偷偷流泪，同学们把头埋得低低的，教室里充满此起彼伏的抽泣声……

您车祸后右手落下了后遗症，需要多按摩手臂。每当下课时，我们女同学都会主动为您按摩。在毕业留言本上，您给我写的是："让我放飞你，飞向更远的地方，找到更适合你的天地！"

罗老师啊，你带下一届不要太辛苦了，要注意您的手……

永远爱您的学生　吴盼盼

2015 年 10 月 18 日

一念完，会场响起热烈掌声，同学和听课老师给予饱含真情的点赞。我请学生自评，她激动得声音发颤，断断续续地说："进县中学读书一个多月了，老想念农村小学的老师和同学，特别是天凉时，我情不自禁想起罗老师的手……给他人说，又怕被说矫情……感谢卿老师的课，让我把憋在心里的话痛快地倾诉出来……我终于说出了真话，不用假话来修饰……也懂得了怎样正确地抒写真情……遗憾的是文中有几个别字……感谢同学和老师给我鼓励！"

（二）回归本质的写作

下面是刘勇对卿平海名师工作室磨课沙龙的整理[①]：

写作教学，我们要思考以下几个问题：学生为什么写？学生写什么？怎样才能让学生写得更好？这三个问题，都有一个关键词学生。也就是说，写作课是学生的写作课，学生只有在写作过程中才能提高写作能力。

纵观卿老师的这节写作课，虽然只有四十分钟，却让学生经历了写作的全过程，而且整个过程教师创设情境，合理推进，智慧指导；学生情感跌宕，体验深刻，表达感人。我们可以感受，一堂高质量的写作课，一定是让师生回归写作的本真。在中国思想史上，本真是道教名词，指大道：犹正道，准则；真实情况，本来面目；犹天性，本性；质朴。写作教学的"本真"是什么？就是紧扣写作的本来意义，还原写作的真实过程，激发学生的写作欲望，并且在写作的过程中培养学生运用语言文字的能力。

1. 叩问写作意义

写作是什么？写作就是表达。表达是什么？表达是人类交流和沟通的工具。但当前现状是学生大都不喜欢写作，写作教学收效甚微：教师教得难，改得苦；学生听得乏，写得困。常常听老师感叹：写作教学，想说爱你并不容易。经过我们大量的调查显示：学生不是不想说，而是不想说老师指定的话；学生不是不想写，而是面对我们的命题指导和所谓的示范作文，往往无从下笔。因为这不是他们的"生活"，所以也写不出他们自己的"作品"。

叶圣陶先生说过：心有所思，情有所感，而后有所撰作。卿老师的这个教学设计，灵感来源于心理学实验。或许有人会说：这个实验太冷酷，太残忍，不适合初中学生。但我认为，我们当下的初中生普遍患有情感冷漠症，有生活没体验，有感情没真情，对身边的亲情往往容易漠视甚至忽略。卿老师将这个实验引入写作课，就是想在实验的过程中让学生发现真情，感悟真情，表达真

---

① 《聆听心声》课后，成都市教育科学研究院基教所副所长、语文特级教师王秉蓉与工作室成员、双流县听课教师进行了热烈的互动议课。工作室成员、特级教师刘勇将讨论意见整理成了文章。刘勇. 回归本真的教学——拜读卿平海老师作文指导课《聆听心声》[J]. 教育科学论坛，2015（3）：44—45.

情。这个实验在课堂教学中一定要把握好分寸，卿老师的这节课就较好地把握好了这个度：一开头就告诉同学们这是个游戏，接下来告诉学生"天有不测风云，人有旦夕祸福"，"祸不单行，很可能会接二连三地发生"；不仅如此，卿老师还真诚而亲切地与学生对话，"相信你做出这个决定也是很艰难的"，"此时无声胜有声"，"我知道大家非常难受，因为那些离去的人，对我们来说太重要了！走掉一个，我们的天空就黯淡一些"；当只剩下两个人，学生因哽咽而泣不成声时，卿老师再次进行调整，放弃了继续一个一个地划去亲人的原初设计，而是调整思路，"还剩下两个人，这两个人可能是我们在学习、生活上的精神支柱。假如这两个人也离我们而去了，你心里的感受又是什么？最想说点什么？现在就请大家把你最想说的话，最想做的事，写出来"。这实际上为学生创建了一个虚拟的写作情境，激发了学生内心丰富的情感世界，让学生有所感、有所思、想表达，于是，老师顺势让学生进行写作。

教育家第斯多惠认为"教育艺术的本质不在于传授本领，而在于激励、唤醒、鼓舞"，写作教学更是如此。学生写作，"情动而辞发"，就是要让学生产生写作的冲动，有不吐不快之感，这样写出的文章才是最鲜活的，最富有生命力的。卢梭《忏悔录》是能打动心灵的世界名著：他坦诚地敞开自己的心扉，严肃地鞭挞着藏在自己内心深处的过失，以真挚的魅力取得了读者的真正信任。真的故事，真的细节，真的情感，实实在在地流露于字里行间，才是一篇好文章。

这样设计的价值在于创设了一个真实的写作情境，激发了学生强烈的表达欲望：学生非常想说，而且想要说好。其次，老师还鼓励和引导学生做生活的有心人，多观察，多积累，多领悟。可以说，珍视来自生活的写作情境，让学生有话可写，有情可抒，这是让写作回归本真的必要途径之一。

2. 还原写作过程

一堂好的写作课，要让学生体会到写作带来的幸福和乐趣，还要指导学生能写和会写。优秀的老师，总是能够把学生最不感兴趣的课程变成让人神往的"精神乐园"。要将写作变成学生神往的"精神乐园"，难度可想而知。在这节课上，卿老师是怎样带领学生跨越"苦痛"，迎来心声的抒发呢？

首先，要营造良好的写作氛围。面对陌生的班级，陌生的学生，怎样迅速地把关系拉近，这是非常重要的，也是写作教学的前提。要让学生说真话，师生关系一定要好，写作的难题才能迎刃而解。卿老师为何以游戏来带动课堂？因为游戏是学生喜欢的，游戏性的需求可以诱发学生言说的欲望，游戏的趣味也可以让学生感受写作的趣味。从实际课堂可以看出，学生大都很感动，作品大都有真情。

我们回顾一下猜字游戏，发现卿老师在语言文字的解读中渗透着价值和理念。关于"聽"字，主要有两层意思。第一个就是提示写作题旨：聆听师生的对话，聆听心灵的声音；第二个就是建立写作规矩：聚精会神、一心一意。学生面对陌生的老师和摄像机，是会有一些紧张的，卿老师鼓励学生："我的课堂没有对错，只有发言与不发言，只要说出心里话就行了。"强调了写作就是表达，表达最重要的是让学生"说真话，抒真情"。这些环节的设置搭建了跟学生建立安全心理关系的平台，没有空洞的说教，没有抽象的理论。

其次，把握学情，遵循写作规律。叶圣陶先生曾说过："作文教学的最终目的应为自能作文，不待教师改，教师之训练必须做到这一点，乃为教学之成功。""六读"修改环节，依次让学生明白要说真话，可以"删去假话"；要拟标题，可以寻找或概括"中心词"；要集中笔墨突出中心，可以删去与"中心词"无关的内容；语言要生动形象，可以补充与"中心词"相关的细节；要解决语言不流畅的问题，可以采用"增、删、调、改"的方法；要打造作文的亮点，就是发现自己觉得最满意的地方。你看，其实写作一点都不复杂，这一点学生也感受到了，"我感受到了怎样写作才是真正的有血有肉"，"以前的作文课是在教我们写法，而这堂课的重点是教我们用情感"。"我懂得了写作就是表达内心的感受，这样的写作课我喜欢！"只有触动了学生的情思，他们才能"表达自己对自然、社会、人生的感受、体验和思考"。托尔斯泰说过："不要讨厌修改，而要把同一篇东西改写十遍、二十遍。"只有反思，才会修改；只有修改，才会进步。

我们观察发现，这节课学生动笔写的时间很多，修改、评价的时间也很多。老师用"读"的方式促进学生修改，每读一遍提一个具体的要求。课标要求根据表达的需要，借助语感和语文常识，修改自己的作文，做到文从字顺。能与他人交流写作心得，互相评改作文，以分享感受，沟通见解。我们可以看出：第一，学生应当承担修改作文的义务；第二，老师要教给学生自己改作文的方法。不是叫学生自己改就行了，这个过程怎么引导，是要讲究逻辑和顺序的，也是要讲究方法和艺术的。在"互评完善"环节，卿老师让学生在"3+1"的自评中收获了表达的自信与写作的快乐，在互评环节发现对方的优点，要大力表扬与鼓励。于是，学生愿意改，愿意评，也愿意写。有了这样实在而有效的言语实践环节，必定会提高学生运用语言文字的能力，这其实也抓住了学生写作的本质，回归了教师指导的本意。

我们常常在感叹：四十分钟时间太短，而学生真正的写作需要一个过程。

我在美国进行"影子校长"培训期间，给我感受最深的是，阅读课教学的核心就是让学生真实而有效地阅读，写作课教学的核心就是让学生真实而有效地写作。

值得一提的是，写什么和怎么写，在卿老师这里不是割裂的，而是有机统一的。卿老师的可贵之处还在于：在创设具体的写作情景的同时，深入到学生的局限处、肤浅处和停滞处，并给学生以台阶，让他们把思维触角延伸到写作的各个环节之中，增强了学生的写作兴趣，提升了学生的写作能力。从"乐写"到"会写"，实现了学生写作的又一次跨越。

整个课堂，师生是真诚的，写作是真实的，没有去套什么圈子，用什么幌子，炫什么招子。卿老师的这堂课，在这方面给了我们不少启迪。由于时间关系，学生呈现的作品有限，我相信如果是两节课，学生的写作会更充分，收获会更大，作品会更好。

明代洪应明说："文章做到极处，无有他奇，只有恰好；人品做到极处，无有他奇，只是本然。"让写作教学回归本真，也就是说，写作课是学生的写作课，学生只有在写作过程中才能提高写作能力。只有如此，学生的作品才会情景交融，学生的言语才会摆脱模式，学生的写作才会真有意义。

（三）回到本真的写作

下面是北京市教育科学研究院基础教育教学研究中心副主任、全国著名语文特级教师李卫东对这节课的专家评课：

简要来说，卿老师这节《聆听心声》是一节写作课，是一节真实写作的课。

卿老师分明是上的一节写作课，还评说这是一节写作课，这不等于没说吗？非也。君不见有些写作课只说不写，只导不练，有些写作课只是布置题目即让学生写作，教师再也不闻不问，诸如此类的写作课能说是"写作课"吗？

写作是一种精神生产，为谁生产，怎样生产，消费何处，反馈如何，消费又如何刺激、改进生产，应该是一个生产、消费、流通的过程循环。写作指导就应关注每一个写作阶段。纸笔书写只是写作过程的一个阶段，与之前的策划、构思、材料搜集，之后的修改、发表、交流、编辑等环节构成完整的写作流程。每个阶段有每个阶段相对独立的任务，每个环节都有特定的指导需求。为此，关注每一个写作阶段应从两个维度展开，一是全过程的教学指导，一是全过程的教学监控，两个维度同步展开，密切相关。《聆听心声》一课有写前的头脑风暴，情感酝酿，写中的指导，写后的交流评说以及最后阶段学生的自我评价，构成一个完整的写作流程，学生由不肯言说到主动言说、个性化言说，自然而流畅。

这节课让学生发生了写作行为，从这个意义上说，这是一节地道的写作课。难能可贵的是，这节课让学生发生了真实的写作行为，是一节真实言说和写作的写作课。之所以这样说，是因为我们见到了太多虚假的言说和写作。

有个老师讲过这样一件事。他班上有个学生，语文比较差，尤其是不喜欢作文，每次写作文都会挨批的。但作为班主任，他有一次截获了这位男同学写给一位女同学的情书。这位老师说：我读了几句，大吃一惊，话儿写得很好嘛。全信差不多两千字，不但文从字顺，而且层次、意境、表达的分寸、情感的抒发、景物的点缀性描写，结尾的意味深长，都十分周到、十分得体、十分到位，而且情真意切，打动人心，表现出了高超的语言能力和表达技巧。当时很怀疑这是抄的，但信中所写的事，所写到的人，都是班上的，不可能是抄的。这位老师百思不得其解：一个作文水平比较差的同学，怎么写情书却可以写得这么好呢？既然有这么好的文字功夫，那平时的作文怎么那么糟呢？李海林老师认为，这个学生之所以能写好情书，平时写作却写不好，就是因为对这个学生而言，这次情书的写作是"真实的写作"，而平时应付老师的写作是交差应景的写作，是"虚假的写作"。李老师由此梳理出"真实的作文"的三条含义：真实的言语任务，真实的言语环境，真实的言语成果，并认为这是写好文章的根本保障和基本前提。卿老师的这节《聆听心声》，有真实的言语任务、真实的言语环境、真实的言语成果，学生真实的倾吐，真实的抒写，这是一节唤醒学生生命体验的写作课，也是一堂烙在学生心灵之上的人生课。

还要特别说一说课上用到的那个心理实验，这个心理实验起到了很好的催化作用，有了这样一个"支架"，就搭起了真实言说所赖以发生的"情境"。由此情境而层层发酵，学生言说和倾吐的欲望不断得以激发。这堂课的成功，心理实验这个"支架"功不可没。但同时我们也应意识到，虽然卿老师在小心翼翼地使用这个心理实验，尽最大努力地拿捏好分寸，但终归不可能消泯掉这个实验的"副作用"，也就是说，部分学生会不会因为面对这个实验的询问而或多或少受到伤害？面对这样的实验，学生是否可以选择不回答呢？不作出那样的假设呢？如果如此，这个心理实验又不能发挥其作用了，如何发挥其正向效用，又规避其负面效应，真是一个两难的问题。①

（四）真切的生命体验

成都市教育科学研究院基础教育研究所副所长、语文特级教师王秉蓉，听

---

① 卿平海名师工作室. 语文课堂创意教学［M］. 成都：四川大学出版社，2017：57—59.

完这节课后，以《真切的生命体验，扎实的作文修改》为题，进行了专家评课。

体验作文课《聆听心声》充分体现了卿平海老师的语文创意教学主张，他的课堂让人感受得到学生真实的参与，学生灵性的生长，学生生命的成长，是一堂改变写作课堂缺乏生命活力这一弊端的作文课，不仅让学生获得真实的写作能力，还滋养了学生写作态度乃至人生情感。这是一堂真实而颇有实效的作文课，我认为最为突出的亮点有以下几点。

一是充分显现出卿平海老师丰厚的语文学科素养及纯熟的教学智慧。这从本堂课教学流程的整体设计以及教学细节的设置都充分体现出来。比如，本堂课关于"猜字""解字"的游戏设计，一个"掌"字，一个"聽"字，卿平海老师极其巧妙地激活学生的思维，唤醒学生参与学习过程的欲望，智慧地将学生卷入学习写作的过程之中。

二是巧妙地为学生的写作活动实践创设了一个富有张力的教学情境。教学情境的营造最能集中反映出一个教师对教育教学的真实理解，也最能显现出教师对学生作为学习主体的关注程度。这不仅需要教师具有以生为本的教学理念，更为重要的是要有将其理念转化为实践的智慧，体验作文课《聆听心声》充分体现出卿平海老师将二者完美结合的教育智慧。比如，本节课一个唤醒学生表达欲求的主要教学情境，就是卿平海老师巧妙地借助了一个心理游戏，尽管这个心理游戏有些残酷，却真实地将学生带入一个情绪场，达成聆听学生心声的目标，将学生从感受、体验的状态自然推进到表达的状态，教学便进入一个真实的写作过程。这样的教学情境设计看似简单，却用心良苦，且反映出卿平海老师对学生课堂情绪体验的清晰了解与把控，这无疑是一个优秀教师教学智慧的展现。

三是将学生的写作活动纳入一个完整而有效的自主习得与反思的过程。写作课堂教学效率低下是当下写作教学中不可回避的问题，不少学生经过几年的写作训练其写作水平依然原地徘徊，这在现实中绝非少数。我们学生的写作能力为什么没有获得真实的提升，其主要的原因在于对学生写作过程原生状态缺乏监控。如何让学生的写作自主性充分的展现，且在教师的调控中得到一个良性的矫正与提升，这是问题的关键。卿平海老师在本节课智慧地加入了一个"六读修改，写出真情"的环节，既有对学生作文文风的观照，又有对写作技巧的指导。要求学生以"真话"来确定文章的内容，便巧妙地将作文需抒写真情实感的文风传达；一个"中心词"的筛选、确定或补充，以及围绕这一个"中心词"删减与增加，便将如何选材与结构的问题解决。客观而言，卿平海老师这样的一个教学设计，是基于写作过程的还原，让学生在真实的写作与修改习作的过程中，发生一种真实的改变，获得写作能力的提升。

卿平海老师的这堂作文课，是真实地激发学生的言语生命活力，为学生营造舒畅而愉悦的写作课堂氛围，让学生真实地投入写作的实践活动中，且在活动中获得了一种真实的改变，充分地显现出课堂教学的有效性。如果说写作课堂教学的改革是一条漫长而艰难的路，那么卿平海老师带着他教师的职业追求已经在路上，向着自己所追寻的美好而富有实效的写作教学境界走去。①

▶▶▶▶ 创意练笔悟道

四、游戏性练笔：学生为乐趣而写

（一）练笔拒游戏于门外吗

有一天，我在查阅儿童诗歌资料时，意外读到罕见的民国儿童书《游戏的诗歌》。作者陈伯吹先生是儿童文学作家中的全才，散文、诗歌、童话、小说、评论、翻译，几乎涉足了儿童文学的所有领域。《游戏的诗歌》写的是民国时期的儿童游戏，反映了那个时候孩子们的真实生活，读来亲切自然，朗朗上口，给人如沐春风般的感觉。如《瀑布冲下来》："滑梯真光滑，大家来滑下。滑得稳，像在水面上的籴；滑得快，像是瀑布冲下来。"诗里"籴"字很传神，但"籴"字费解，一查词典才明白，这是用一个形象来比喻孩子们滑下的姿态。

经过这番探寻，我产生了上一节"我喜欢的写儿童游戏诗句"的活动课的想法。课前，我指导学生搜集写儿童游戏的诗句，选做自己喜欢的诗里游戏。课堂上，二年级的小朋友竟边背诵边演示诗的游戏，像模像样，快乐无比②。

首先展示的是第三组，先集体朗诵儿童诗《雪花》："雪花/是小天使扯着枕头/抖落下来的鹅毛/撒得满地都是/雪花/是天空妈妈/租给大地的棉絮/好让它做温暖的被子/雪花/是圣诞老人/送给我们的礼物/祝每一个少年儿童健康快乐。"接着，边背诵边做玩雪花游戏，各具情态，赢得阵阵掌声。

第二个小组表演的唐代儿童游戏，一人背诵唐诗，其他同学表演游戏活动。白居易《池上》："小娃撑小艇，偷采白莲回。不解藏踪迹，浮萍一道开。"胡令能《小儿垂钓》："蓬头稚子学垂纶，侧坐莓苔草映身。路人借问遥招手，

①　卿平海名师工作室. 语文课堂创意教学 [M]. 成都：四川大学出版社，2017：59—60.
②　张速. 幸福语文 [M]. 成都：四川大学出版社，2018：56.

怕得鱼惊不应人。"白居易《观游鱼》："绕池闲步看鱼游，正值儿童弄钓舟。一种爱鱼心各异，我来施食尔垂钩。"惟妙惟肖，我与学生都忍俊不禁。

第三个表演的宋代儿童游戏，先集体背诵再集体演出。杨万里《宿新市徐公店》："篱落疏疏一径深，树头花落未成阴。儿童急走追黄蝶，飞入菜花无处寻。"范成大《田家》："昼出耘田夜织麻，村庄儿女各当家。童孙未解供耕织，也傍桑阴学种瓜。"苏轼《花影》："重重叠叠上瑶台，几度呼童扫不开。刚被太阳收拾去，却教明月送将来。"辛弃疾《清平乐·村居》："茅檐低小，溪上青青草。醉里吴音相媚好，白发谁家翁媪。大儿锄豆溪东，中儿正织鸡笼，最喜小儿无赖，溪头卧剥莲蓬。"黄庭坚《牧童》："骑牛远远过前村，短笛横吹隔陇闻。多少长安名利客，机关用尽不如君。"这组表演的服饰和道具获得同学们的点赞。

第四组玩时光穿越，演绎清代高鼎《村居》："草长莺飞二月天，拂堤杨柳醉春烟。儿童放学归来早，忙趁东风放纸鸢。"古今多次穿越，变换放风筝的不同玩法，新奇刺激。

最后，跨组混搭，拍手背诵，即兴表演，穿插旁白，把游戏推向高潮……

这节课给我带来有趣的思考：诗歌里有快乐的游戏，诗意的游戏生活写下来就是诗，游戏与诗歌如何转化？儿童喜欢游戏与喜欢习作之间可否能量转换？"玩物丧志"的诅咒与游戏性练笔有关吗？理性分析，我们能把游戏拒之于儿童练笔的门外吗？

在几十年的练笔教学观察中，发现小朋友言语活动的特殊现象：课间叽叽喳喳，课堂一见练笔题目就眉头紧锁；平时滔滔不绝，练笔时却难以下笔；玩游戏妙语连珠，写练笔千篇一律……厌恶练笔、苦于练笔是小学生的普遍问题。

是谁掠走了儿童练笔的兴趣？怎样让儿童乐于练笔，甚至乐此不疲？

喜欢游戏是儿童的天性，练笔也可以说是一种文字游戏。游戏性练笔是我在新课程实施中的一种教学创意，这一教学创意源于两方面：一是随着年级增高，小学生的练笔自觉性逐渐减弱，练笔兴趣也逐渐减弱，练笔外驱力增强而内驱力却有减弱趋势。二是语文新课程特别强调教学要培养学生的练笔动力，第一学段对写话有兴趣，第二学段乐于书面表达、增强习作的自信心，第三学段要让学生懂得写作是为了自我表达和与人交流，修改自己的习作并主动与他人交换修改，练笔教学重在培养学生的写作兴趣和自信心，让学生易于动笔，乐于表达，练笔评价要重视学生的写作兴趣和习惯①。这里基于游戏性练笔的教学案例，运用学生言语生命动力的练笔目的观，试对游戏的练笔动力作用进行教学反思②。

（二）使文字跳起欢乐舞蹈

游戏性练笔，使文字跳起欢乐舞蹈③。

义务教育教科书部编版语文一年级下册《猜谜语（一）》："左边绿，右边红，左右相遇起凉风。绿的喜欢及时雨，红的最怕水来攻。"2020年3月12日网课结束后，要求学生与家人合作，仿创编有趣的猜字谜，考考家人，最好用学过的字来猜一猜。下面是学生创编的猜字谜节选：

汤子圻与姥爷玩猜字谜游戏：汤子圻："两点中间一个人？"姥爷："火。"汤子圻："三口上下难分？"姥爷："目。"姥爷："一棵树，五个杈，不长叶子不开花？"汤子圻："手。"姥爷："雷而无雨？"汤子圻："田。"在与姥爷的互动中，寓教于乐，非常开心。　（汤子圻）

十个口，一颗心。（思）　山上有座山。（出）　（安嘉谦）

日在门里面。（间）　人在门里面。（闪）　人在门外面。（们）　（习晓阳）

一口咬掉多的一半？（名）　（杨雨瑄）

一加一等于王，一千张口是舌，一竖立在人中间是个，今天多了一点是令。　（刘昕蕊）

树木很多，猜一字？（森）　人很多，猜一字？（众）　上面有草，下面有田。（苗）　（李怡妍）

有水能养鱼虾，有土能种庄稼，有人不是你我，马能行千里。（也）（谢炘妤）

大王头上有一人（全）　两个月字肩并肩（朋）　口里吃个大玉米（国）（耿钦垣）

云在走路（运）　手打白了（拍）　（刘迁乔）

一口吃掉牛尾巴（告）　一家十一口（吉）　一个人靠着两土（佳）（刘思妙）

七人头上长了草（花）　耳朵贴在门上听（闻）　（卢籽燚）

---

① 中华人民共和国教育部. 义务教育语文课程标准（2011年版）[S]. 北京：北京师范大学出版社，2012：8，11，23，30.

② 张速. 游戏性习作：学生为乐趣而写 [A]. 四川省教育厅教师优秀论文一等奖，2010.

③ 卿平海. 天天练笔：诗意生活的创意表达 [J]. 语文教学通讯，2015（12B）：5.

三人一日（春） 八十八（米） （沈子涵）

一加一是什么字？（王） 什么字十张口，有时黄来有时绿。（叶） 什么字千张口，尝酸尝甜人人有（舌） 什么字大口包小口（回） （屈文焯）

三个太阳叠罗汉（晶） 十口人（古） 一头牛（生） （张益铭）

一加一是什么字？（王） 三面墙，一面空，小孩儿在当中。（囚） 四面墙，方正正，小孩儿在当中。（四） （郑翔天）

学生创编字谜，在拆分字中弄清字形结构，在与其他字比较中区分形近字，在编写谜面中理解字义，在与家人猜字谜游戏中享受学习之乐与亲情之乐，情趣倍增。

在语文新课程课堂教学展示活动中，我们很难看到字词积累与运用的课堂练习活动，以至于有的教师认为，一旦进行字词积累练习就是观念落后，就是在搞应试教育。语文新课程还重视语言积累吗？词语还需要强化训练吗？就初中阶段而言，词语等是语言的建筑材料，离开词语积累很难有语文水平的全面提高。新课标教材人教版的每一课后都有"读一读，写一写"的作业练习，其设题目的是积累字词、练习书写。

中学生怎样积累词语？是用以前那种逼迫学生死记硬背、反复抄写的方法，还是进行教学创新，寻找新的词语教学策略？我尝试了将"抄写"拓展为练笔的教改。要求学生预习时查字典词典，把字音、字义、词义写在课本的该题目下，然后选用这些字词进行游戏性练笔：或编一个故事，或写一首诗，或串联字词成一段话，多用词语或表达新颖者都给加分奖励。

这样，游戏性练笔便将传统的死记硬背、机械训练的字词积累，转变为让学生享受文字游戏的趣味活动。学生乐此不疲，佳作不断涌现①。

义务教育课程标准实验教科书人教版语文七年级下册第22课《荒岛余生》的"读一读，写一写"有16个字词："泅、作践、沮丧、搁浅、斫痕、日规、抵御、愁闷、孤立无援、冻饿之虞、闻所未闻、郑重其事、知足安命、不毛之地、不可思议、聊以自慰。"多数学生将它们串成了诗，抒写自己独特的感悟，抒发自己真挚的感情。

蜗牛

沮丧的蜗牛

---

① 卿平海. 语文新课程创意教学［M］. 北京：开明出版社，2005：154—164.

愁闷地背着自己的躯壳

在这片不毛之地上

它显得孤立无援

它奋力地从河里泅上岸

放弃了作践自己的念头

看着肉体上的斫痕

它又郑重其事地重新生活

它不同于人

不用担心它们闻所未闻的任务

不用抵御外界的压力

当然也没有冻饿之虞

人类也不同于它们

不可以知足安命

不可以在困难面前聊以自慰

却可以创造不可思议的神话

（杨屹，用了 14 个词）

本是一个个孤立的词语，杨屹同学却把它们联系起来了；本是一个个枯燥的词语，杨屹同学却用它们形成了审美意境；本是一个个冰冷的词语，杨屹同学却把它们变成了积极向上、含有哲理韵味的诗，这对初一学生来说是非常难得的。这给我一个启示，学生运用语言的潜力是巨大的，文字游戏的练笔形式也可以承载学生丰富的想象和深刻的思想①。

Remember

荒凉的秋天

寒风扫落叶

你郑重其事地

留下冰冷的字眼

---

① 卿平海. 天天练笔：诗意生活的创意表达［J］. 语文教学通讯，2015（12B）：5.

我的心在一瞬间
灰飞烟灭
苦心经营的幸福
却只换来一句再见
我是如此懊恼沮丧
我是多么孤立无援

我像落水的小鸟
死命想泅到岸边
用力扑腾着翅膀
却望不见岸线

我如搁浅的小舟
拼命想重返汪洋
使劲摇动着船桨
却找不到风帆

我不可思议地愁闷
我的爱已布满斫痕

但是，爱终究不是生命的全部
作践自己只能加倍痛苦
我并没有冻饿之虞
我还要精彩地活下去

我的世界
并不会因为你的离去
而变成不毛之地
梦虽然会残缺
但遗憾也是一种美丽

今生遇见你
我已知足安命

我会永远把你珍藏

放进我最美的记忆盒里

（谢可心，用了12个词）

　　这篇练笔怎样评价？仅从诗的写作来看，对于一个初一学生来说是很不错的。谢可心的诗用词准确且用出了新意，不仅用韵而且换韵自然，句式灵动而有感染力，意境优美而感情充沛，不管是第一次批阅还是后来多次朗读，我都一次又一次被感动，与我一起分享的老师都频频点头，表情丰富，浮想联翩。但批阅的时候也纳闷：十二三岁的学生竟会有如此刻骨铭心的情感体验？抄写别人的是不可能的，那……学生可不可以写这样直抒胸臆的诗？真情是美的，用诗抒写真情更是美的，学生能直面自己的感情世界，我们教师起码应该善待，何况该生自己已经做了很好的处理。于是，我给她的练笔加了5分，还写下了这样的批语："情感如一条奔腾不息的河流，理智如蜿蜒而坚固的河堤。沿河堤奔腾的河水是壮美的，冲堤而出的河水是灾难。时时加固河堤，奏出一曲曲无悔的青春之歌吧。"

　　学生看了练笔本后，主动找我谈心。她说，预习课文时候，被《荒岛余生》感染了，竟联想起自己的情感生活，并从文中吸取了精神力量。但她写之前犹像，交练笔后担心，看练笔后惊喜。还说自己写后心里舒坦，现在更坦然。我给她交流也是坦诚的：被人爱和爱别人都是同等的幸福；写出自己的真情实感比憋闷在心里好，她比有的同学好，敢于写自己的真情，并处理好了自己的感情问题，这是难能可贵的；得与失是辩证的，早开的花易谢，早来的情易逝，该去的就让它去吧，将来会更美好。她频频点头，似若有所悟。她谈话结束时说："没想到您会那么优待我的练笔，没想到您那么理解我们学生的心理，谢谢您！"以后时常见到她真情实感的练笔，我知道这是她在自我倾诉、自我对话，当然我也时时给她一些提醒。

　　学生课堂词语游戏，按照师生商定的标准，给予不同的加分，在班上念后，请同学们评点。从同学们专注地听、各抒己见地评、心领神会地点头中，我感到了学生心灵的交流。我有时想，单个的词语本无什么意趣，字词之间本无什么联系，如果我们让学生孤立地死记硬背，那确实味同嚼蜡，令人反感、倒胃；但让学生在理解词义的基础上练笔，或编一个故事，或写一段话，或写一首诗，学生的情思和智慧就会让这些枯燥的文字跳起欢乐的舞蹈，那真是一种美的享受。

　　坚持多年的文字游戏练笔，蓦然回首，我发现这一次次练笔排练起的一曲曲欢乐舞蹈，现在已经成了学生生活的连续剧和青春组诗，文字学习和课文理解、生活体悟已经整合为学生生活的诗意空间，文字游戏练笔已经成了不少学生的一种诗意生活的方式。

有的学生对文字产生了审美体验。如 2004 年 12 月 9 日，肖梦伊同学对社会上正流行的一些词语，在练笔本上进行了名字新解："幻影：虚幻中，月光撒下来，映照出一个缥缈的影子。星辰：在黑夜与黎明之间，星星与晨辉映照，神秘无比。蝶影：在阳（月）光的映照下，蝴蝶的影子忽闪忽闪的。倩舞：从背面看，一个娇倩的身影如彩绸般舞动。寻梦：在幽静的山林里，一位女孩正追寻她的梦想。幽之梦：幽幽的山谷中，有着一个梦境般的世界。能够忘记吗？只会永远把它藏在心底。"

一届届学生着迷于游戏性练笔，促使我们在欣赏学生用文字跳起的欢乐舞蹈的过程中，也一次次情不自禁地探索着游戏性练笔的魅力之缘。多次调研之后，我们才发现：游戏性练笔形式新颖是外在诱因，而根本原因在于：游戏性练笔很好地满足了"学生为乐趣而写"的深层次需要，乐趣是学生言语生命的核动力之一。

（三）激发练笔的言说欲望

游戏需求，激发学生练笔的言说欲望。

按惯例，每年六一节学校都要举行庆祝活动。今年因事要在十点才能全校活动，兴奋不已的学生却在八点以前就早早到了教室。如果像平日里那样上课，效果肯定是不好的。怎么办？看着班上正在准备学校活动时用的气球，我灵机一动，组织学生进行吹气球比赛。学生一听，喜出望外。我说了比赛规则后，学生就忘情地投入……

比赛结束，我因势利导，让学生把活动感受感悟写出来，比一比看谁不仅玩得好还写得好，学生兴味正浓，又激情投入练笔比赛。教室里静悄悄的，快乐酣畅地流向五彩的笔尖，幸福甜蜜洋溢在红红的脸蛋上，我幸福惬意地望着那几十个摇晃着的脑袋……交流时，收获意外的练笔①。

有趣的吹气球比赛

今天是六一节，我们班开展了一个有趣的活动——吹气球比赛。

大伙儿可高兴了，抓起气球就吹。你看，我的气球是粉色和紫色，扁扁的，真像家里用的小勺子，可爱极了。

---

① 张速. 幸福语文［M］. 成都：四川大学出版社，2018：58—59.

比赛开始了，我连忙对准气球口，用上最大的力气，向气球里吹去。呵呀，呵呀，我使劲吹，脸马上变得鼓鼓的。气球越吹越大，不一会儿，气球就变成了圆形、透明的了，真好看！我太得意忘形了，一不小心，松开了手，气球像一架滑翔机快速地驶过教室上空，飞到了另一个地方……真是个小淘气包，让我又气又爱。

过了一会儿，讲台下就能看见无数气球，有大有小，五彩缤纷。又过了一会儿，忽然听见连续的爆炸声，好像几颗炮弹从炮口发射出来一样，吓得我心都快跳出来了。原来，有的同学把气球吹得太大了。我看到这一切，担心自己的气球也会这样。

我立即拿起两个气球，往嘴里塞，我吹呀吹，脸涨得比苹果还红。刚吹好的气球，我急忙想把它捆好，可是，气球还是从我手心里悄悄溜走了。

呀哈……同学告诉我一个好办法，吹一口气，用手指堵住气球口，这样气球就不会溜走了。于是，我按照同学告诉我的方法吹了起来。果然，气球马上变得像一个皮球，拍一拍，可真有趣呀！

"啪"的一声，比赛结束了。

我虽然没拿到冠军，可我的收获也不少呢。我想，吹气球就像人生道路，没有波折和困难，那怎么能叫真正的成功呢？

（江岸芋，2010-06-01）

平时也吹过气球，学生为什么没有这般激动？那是因为这是比赛游戏。学生为什么能酣畅淋漓地写？那是因为比赛游戏中每个学生都像江岸芋那样各有自己不同的感受、感悟，有倾诉的欲望，不吐不快啊！学生为什么整个活动都激情投入？那是因为学生游戏需求的满足激发了学生练笔的欲望。

捷克教育家夸美纽斯认为，孩子们的求学欲望是由父母、由教师、由学校、由所教的学科、由教学的方法、由国家的权威激发起来的。我们的教育工作者应该用一切可能的方式把孩子的求知欲望激发起来。我们遗憾地看到，教育在追求知识、技术至上过程中，淡忘了游戏精神。其实，学习是生活中最有趣的和最伟大的游戏[①]，喜欢游戏是人的天性，更是中小学生的强烈需求。如果说数学是数字游戏，化学是元素游戏；那么练笔就是文字游戏，是自我表述与人交流的言语游戏，是一种生命的内在需求。

从言语生命动力学来看，练笔不应成为瞎折腾学生的事情，而应成为学生

---

① 〔新西兰〕戈登·德莱顿，〔美〕珍妮特·沃斯. 学习的革命——通向21世纪的个人护照[M]. 顾瑞荣，陈标，许静，译. 上海：生活·读书·新知　上海三联书店，1997：380.

欢欣向往、跃跃欲试、以求一逞的事情。创意练笔就是把言说欲、言说权归还给作为言语生命主体的每个学生。当下最重要最急迫的是使学生喜欢练笔，这就要依从于他们的生命指令、顺应他们内心潜伏着的言说欲求，而不是强求他们听命于社会、教育、成人（教师）的指令，使他们不得不屈从于他人的意志写他们不愿意写的东西①。

游戏性练笔之所以为学生真正喜欢，根源是激发并很好地满足了学生生命言说的欲望。当然，游戏性练笔不是文字儿戏，而是学生由被动执行规则转变为主动自选规则，这与练笔能力提高、认真负责、实事求是的科学精神、创新意识的培养等要求紧密关联，互促共进。

练笔动机缺失是当前练笔教学存在的普遍问题。美国著名心理学家约翰·M. 凯勒认为，影响学生动机形成有注意、相关、自信、满意四个主要因素。练笔初期我们要不断地刺激需要、激发动机、引起欲望。让学生成为应试作文的高手，在考卷上拿高分；让学生成为校园写手，在各类媒体上发表文章。不过，这都是急功近利之举。

最近重温苏霍姆林斯基的著作，发现他有诸多类似于"写作不仅是一种教学方法，更重要的乃是一种巨大的教育方法"的论述，这启示我们完善游戏性练笔、提高学生练笔言说欲望的新途径。新课程练笔教学要让学生易于动笔，乐于表达，其目标指向学生情意发展。苏霍姆林斯基认为，学生的情感生活使他们在学习中发挥主动性和创造性欲望。

因此，我们要特别重视练笔主体，从学生练笔心理入手，通过诸如问卷、谈话等形式了解学生个体已有的生活经验，独特的情感体验，练笔的困惑、需要、渴望等，诱发练笔动机。同时，我们也需要善于创设生活情景，以游戏、活动等内容来刺激学生，引发他们的情绪体验，产生一吐为快的表达激情。鼓励学生写"放胆文""想象文"，让他们把练笔写开，把思路写活，把笔头写顺，产生强烈的练笔言说欲望。

（四）诱发练笔的言说趣味

游戏兴趣，诱发学生练笔的言说趣味。

我的语文课有三种课型：一是必学课，主要学习语文课本，一般在教室进行；二是选学课，主要为自主阅读、创意表达，在阅览室或教室进行；三是活动课，主要为口语交际或综合性学习，在教室或课外进行。"探寻自我的宝藏"

① 潘新和. 把言说欲、言说权归还给学生——言语生命动力学写作教学论之一〔J〕. 中学语文教与学，2008（6上）：44—47.

是活动课，学生被老师带进教室的"宝箱"深深吸引①……

探寻自我的宝藏

星期一下午，老师给我们上了一节有着无限悬念的活动课——探寻自我的宝藏。它让我们通过重重困难，每一次胜利都会获得一个"宝藏"。我对那几个宝箱充满了大大的好奇心，真想看看里面有没有什么奇珍异宝。当我们打开宝箱时，这一切才真相大白。

第一个好戏开演：老师请了几位同学谈谈二十年后自认为最快乐的职业，医生、教师、科学家等五花八门的职业都脱口而出。每一次，老师都装作神秘地让同学们看一眼那个仪器，让同学们连连说灵。我责怪自己为何不去参加那个游戏，但是我也可以猜呀，可能是……要公布答案时，我瞪大了眼睛——是镜子。第一个任务完成，宝箱里蹦出了一个神奇的"宝藏"，竟然是——自信。是的，我们做什么事都要有信心，只要拥有了它，多次失败后一定会成功，这是自信所给予我们的力量。

等第二个宝箱打开后，又蹦出了两个字——坚持。只有自信心是不行的，或许有人经历了屡败后便半途而废，但是只要坚持，相信自己一定能行。坚持和信心结合起来，失败就会向我们低头。

奇怪的是，第三个宝箱只蹦出了一个省略号，这个意思一定是让我们自己领悟的。假如第三个宝箱里是自我，只要超越自己，突破自我，就会发现自己又有了一个崭新的开始和崭新的目标。宝藏不一定是我们看得见摸得着的，它也可能是无形的，我们肉眼看不见的东西是最珍贵的。只要拥有了它，困难与我们对抗就像是以卵击石，都会被一一扫平。我们也要拿出自己的勇气，勇于挑战自我，勇于战胜自我，相信自己永远有一个信念，这个信念让我们难发现，它就像这次神秘的宝藏，只有战胜困难时才能感觉到它正在闪闪发光。

只要有了自信、坚持和不败的信念，获得的就不仅是胜利，还有一个崭新的自我。

（王人杰，2010-04-28）

这节活动课，学生首先被课题"探寻自我的宝藏"吸引，被那个神秘的宝箱吸引；接着的一个一个游戏激发了学生强烈的好奇心，一波未平一波又起，探索兴趣一次次被激起；最后，全班同学像王人杰一样，被游戏兴趣自然诱发

---

① 张速. 幸福语文［M］. 成都：四川大学出版社，2018：61-62.

了练笔言说的趣味。

常言道，兴趣是最好的老师。俄国教育家乌申斯基也强调，没有任何兴趣，被迫进行的学习会扼杀学生掌握知识的意图。游戏性练笔之所以有较高质量，重要原因之一是游戏兴趣诱发了学生练笔的言说兴趣，久而久之，便产生浓浓的趣味，欲罢不能。反之，就如朱熹告诫的那样"教人未见意趣，必不乐学"（《小学集注》）。

这节游戏练笔课让我联想到上海大学李白坚教授的趣味练笔教学，在"好玩"二字上做文章，他经常发给每位同学一张纸，开始写后，当他喊"停"时，要以竖排为单位，每个同学的文章交给前一位同学，老师喊"开始"后，每个同学就把别人的文章续写下去，此过程不断循环，直到把文章写完。这样的游戏性练笔课，新鲜，刺激，富有挑战性，学生自然感兴趣。

当然，激发学生练笔兴趣的方式方法很多，除游戏激趣外，还可以情境激趣、比赛激趣、评讲激趣、评语激趣、修改激趣、发表激趣等。甚至在自主命题风流行下渐行渐远的命题，只要有创意，一样有别样的激趣作用。如有次"新概念"作文大赛是这样命题的：监考教师拿出一个红苹果，很馋地咬了一口放在讲桌上，一句话也不说，只让学生根据这咬了一口的苹果当场作文。经验告诉我们，只要学生练笔兴趣真正被激发出来，练笔教学也就成功了一半。因为练笔兴趣会诱发学生的言说趣味，情趣盎然，使学生对练笔欲罢不能。

（五）强化练笔的言说快乐

游戏快乐，强化学生练笔的言说快乐。

字词积累、诗句背诵是语文基本功之一。记忆力是智力的基础，无数事实表明，童年"鲸吞式"有意义记忆对今后的反刍、创造是大有裨益的。我们反对无选择的死记硬背，但支持对语文基础知识的记死记牢。

我们还发现，学生随着年级增高越来越不喜欢死记硬背，却越来越喜欢理解性记忆、情趣性记忆。于是，我们开展小组字词诗句背诵擂台赛，学生积极投入，个个跃跃欲试，乐此不疲。

有趣的数数传气球背诵

星期二下午，我们开展了新一轮的数数传气球游戏活动。

我们迅速地吹起了气球，我坐在吹气球同学旁边，心里十分羡慕。望着那好似一颗颗巨大、诱人的葡萄似的气球，我巴不得立即用手把气球抢下来，自己来吹一吹，痛痛快快地过把瘾。

我们拿着吹好的气球，高喊"五、四、三、二、一!""天啦!"我大叫一声，气球此时落在我的手上。我双手不停地颤抖，双脚发软，两眼发黑。过了好一会儿才缓解过来。我拖着沉重的步伐，一步一步走到了讲台。没有想到，老天真的待我不错，给了我一个好签。我沉重的心一下子轻快了许多，悬在心中的巨石也掉了下来。

果然，事情很顺利。可是，好景不长，我被卡住了，忘记了下面那个句子。我愁得直跺脚，头上豆大的汗珠直往外冒，手紧紧地掐住大腿。心想：怎么办？到底该怎么办？我怎么能在关键时刻给我们组拖后腿呢？我不断地问自己，直到心中一个脆弱的声音喊道：冷静!仿佛听到那个幼小的声音，我开始搜肠刮肚。最后，在千钧一发之际，我想起了正确的答案，拼命地背下去。终于为我们组挣下了一分。

第二轮，一位女生被抽中了。她也出奇地冷静应对。她抽到了要求背诵五个有关方法的词语，在背第五个的时候愣住了。我的心立马被吊在悬崖边。这时，她似乎也找到了答案，脸上露出了喜色，说出了最后一个答案。一刹那间，我的心得救了。等那位女生坐下以后，我拍着她的肩膀说："你把我的心都悬起来啦!"

最后，在多人的努力下，我们组终于夺得桂冠。我们欢呼、跳跃、拥抱、鼓掌，还时不时地发出"耶"的声音。

这又是一节意义非凡的课，它再一次让我深深领悟到那句老话的力量：只要努力，就一定会成功![1]

（张嘉豪，2009-12-29）

字词诗句比赛游戏前，学生激情投入，乐于互相抽背，想方设法记熟；比赛游戏中，互相鼓励，乐于千方百计背准；比赛游戏结束，互相赞赏，乐于千言万语想倾诉。游戏是快乐的，它强化了学生言说的快乐。

游戏性练笔让我们在追溯练笔本质的探寻中发现：原来，练笔本是学生的一种生命快乐和精神愉悦。孔子早在两千多年前就说，"知之者不如好之者，好之者不如乐之者"[2]，知之、好之、乐之是学习的三重境界，也是学生练笔情感发展的三个层次。

优秀教师在这方面给我们做了很好的示范：于漪老师曾谈到一个教学案例，小郑同学害怕作文，她发现小郑同学喜欢水生动物，于是鼓励他养一些小

---

[1] 张速. 幸福语文［M］. 成都：四川大学出版社，2018：63-64.

[2] 徐志刚. 论语通译［M］. 北京：人民文学出版社，1997：69.

生灵，经过多次反复地观察那些小生灵后，恨死作文的小郑写出了生动鲜活真实的作文①。无独有偶，许亮亮同学害怕作文，陈日亮老师问亮亮母亲："您能不能告诉我，亮亮平时都喜欢玩些什么？有哪些特别高兴做的事吗？"在此发现的基础上，陈老师帮亮亮同学找到了个人感受最深的生活体验，怕作文的亮亮也写出了好作文②。

学生千差万别，学生快乐多姿多彩，尽管使学生快乐的因素不尽相同，但鼓励学生练笔写自己的快乐都是可以做到的，写多写久了，快乐就被转移和强化，学生就慢慢地自觉地乐于写练笔了。

（六）遵从儿童爱玩天性

游戏性练笔，玩作文遵从儿童爱玩天性。

喜欢游戏是儿童的天性，游戏性练笔是顺儿童天性而为。在玩作文中，玩出童趣童乐，写出童真童文，进入儿童练笔的审美境界。

学生练笔是为了什么？不同作文目的观深深影响着学生练笔的发展。代圣人立言、为时代高歌，从古而今为应试的悦人之作，伪圣情结滋生泛滥成灾的虚假作文，急功近利催生言不由衷的伪君子，人格分离老让范进、孔乙己之类人不断重生。而语文教材的文选传统，长期阅读中心的霸主地位，作文在从读学写的幌子下，被一些人"合理"地被沦为"为读而写"，作文的独立性一直都在口头重视下被实际忽视了。我国中小学练笔教学实践一直都存在向学生传授写作"八大块"任务的问题，导致学生为完成作业而练笔……这些外驱力下的练笔，其结果大家都感同身受：绝大多数学生惧怕练笔、苦于练笔、厌恶练笔。

叶圣陶先生很早就认为："练习作文是为了一辈子学习的需要，工作的需要，生活的需要，并不是为了应付升学考试，也不是为了当专业作家。"③ 这论断较上面作文目的观有两大突破：一是学生练笔的目的是满足自己终身学习、工作、生活的需要，"为自己需要而写"确立了学生作为练笔主体的地位和幸福练笔价值观；二是学生练笔的基础教育价值追求，练笔教学首先应满足的是全体学生写作素质发展的基本需要，"为了当作家"可以作为个别学生练笔的差异性需要，但不能作为面向全体的练笔教学目的。遗憾的是，"一辈子

---

① 于漪. 点燃写作的热情［J］. 语文学习，2009（1）：55—56.
② 陈日亮. 从"写真实"开始［J］. 语文学习，2009（6）：68.
③ 叶圣陶. 中学作文指导实例·序［M］//叶圣陶序跋集. 上海：生活·读书·新知　上海三联书店，1983：262.

学习的需要，工作的需要，生活的需要"的满足若让"练习作文"的练笔来承担，那是难以承受之重。但了不起的是，它启示我们练笔教学要由靠外驱力为主转向靠学生内驱力为主。

语文新课程在继承中超越，提出了写作是为了自我表达和与人交流的新主张①，21 世纪需要的不是传统模式的人而是品格健全的现代人，语文新课程作文目的观，理所当然地要求练笔的核心价值是培养健全的人，不仅要突出练笔的学生主体性，还要突出学生表达与交流的言语性，强调学生的言语生命动力，促使学生言语内驱力与基于交流互动的言语外驱力的辩证统一，并指向学生自我实现的人生②。

马克思说："任何一种解放都是把人的世界和人的关系还给人自己。"③ 在语文新课程练笔教学面临诸多问题寻求突破的当下，我们要站在解放学生、把人的世界和人的关系还给学生、促使学生主动生动和谐发展的高度，为了使学生变苦于练笔为乐于练笔，我们主张练笔应写"学生自己的话"的本体话语，要强化学生"练笔是咱自家事"的主体意识，倡导"我的练笔我做主"的生本价值。

五、想象性练笔：学生为自由而写

嫦娥奔月铸就今天的飞天梦，一首《离骚》开辟文学风骚浪漫。想象是幸福生活的明媚阳光，想象性习作孕育自由精神、奠基诗意人生。

想象是人脑对记忆中的表象进行加工改造而创造新形象的过程，想象力是思维力和创造力的基础。爱因斯坦说："想象力比知识更重要，因为知识是有限的，而想象力概括着世界上的一切，推动着进步，并且是知识进步的源泉。"④

想象对写作的作用是巨大的。刘勰在《文心雕龙》中把想象称为"神思"，认为通过它，一个人就可以"寂然凝虑，思接千载；悄焉动容，视通万里"。然而练笔教学现实中，想象并没有得到应有的重视，学生练笔想象丰富或奇特的，常被有的教师斥为胡思乱想、想入非非、异想天开；相对于写实练笔而

---

① 中华人民共和国教育部. 义务教育语文课程标准（2011 年版）[S]. 北京：北京师范大学出版社，2012：23.

② 潘新和. 写作：指向自我实现的人生 [M]. 成都：四川科学技术出版社，1999：1.

③ 中共中央马克思恩格斯列宁斯大林著作编译局. 马克思恩格斯全集 [M]. 北京：人民出版社，1956：443.

④ ［德］爱因斯坦. 爱因斯坦文集（第 1 卷）[M]. 许良英，范岱年，译. 北京：商务印书馆，1976：248.

言，想象练笔被漠视是普遍现象，想象仅仅是练笔的点缀。

（一）雪仅能融化成春天吗

多年前，我读过下面这则材料：

"雪融化了是什么？"老师在课堂上问了这样一个问题。一个小学生回答道："春天！"然而，老师却一本正经地告诉他错了，并把"标准答案"写在黑板上，叫学生们用心记住，答案是"水"。雪融化后变成水，这是常识，但孩子的回答就错了吗？至今，我们的记忆中还有"冰雪融化，种子发芽，果树开花"这样让人怦然心动的句子，更有大文学家王安石的千古绝句"春风又绿江南岸"——这难道不是指美丽的春天吗？遗憾的是，孩子们想象的翅膀被所谓的"标准答案"给"喀嚓"一声剪断了！

类似情况太多了。所谓的标准答案折断的不仅仅是孩子想象的翅膀，还有学生作文的灵性、精神的自由、思想的个性。后来，又读到另一则国外的材料：

1968年，美国内华达州的一位母亲因3岁的女儿伊迪斯认识礼品盒上"OPEN"的第一个字母"O"，而将女儿所在的劳拉三世幼儿园告上了法庭。理由是该幼儿园剥夺了伊迪丝的想象力，因为她的女儿在认识"O"之前，能把"O"说成苹果、太阳、足球、鸟蛋之类的圆形的东西，然而从幼儿园教她识读了26个字母后，伊迪丝便失去了这种能力。她要求该幼儿园对这种后果负责，赔偿伊迪丝精神伤残费1000万美元。3个月后，此案在内华达州州立法院开庭，幼儿园败诉。

这令我警醒，谁该为被扼杀想象力的学生负责？后来，以"雪融化了是什么"为题，我在六年级进行课堂讨论：

生1：雪融化了是水。

师：这是物理常识。它还可以是什么呢？

生：雪融化了是晴天。"雪后天晴"，雪融化变成了太阳公公的笑脸。

师：这是气象经验。它还可以是什么呢？

生：雪融化了是春天。岑参有诗写道："忽如一夜春风来，千树万树梨花开。"

师：这是一个充满诗意的答案，但它是现成的，诗意是别人体会的。

生：雪融化了是严寒。"雪上加霜"，得早有心理准备，切莫高兴太早。

师：夜深知雪重，时闻折竹声。雪是具有破坏性的，能让坚韧的竹子折断。在冬天来临时，我们要做好防寒防冻的准备。衣服要暖和，还要给自己的心灵保温。柴门闻犬吠——

生齐答：风雪夜归人。

师："风雪夜归人"是不会耽于雪化了是春天的梦想的。

生：雪化了是"千山鸟飞绝，万径人踪灭"的孤独。

师：人生的孤舟上，那位身穿蓑衣头戴斗笠的渔翁有一颗旷达慧心——独钓寒江雪！

（教室里响起了雷鸣般的掌声，我知道，这掌声不只是给我的。）

雪融化了究竟是什么？是桃红柳绿，是草长莺飞，是相互理解，是和平安宁，也可能是人间万物。"生命诚可贵，爱情价更高。若为自由故，二者皆可抛。"比这更重要的是心灵的飞翔，精神的自由，思想的解放。

怎样引导学生想象性练笔？怎样鼓励学生自由表达？

（二）文字随想象绚丽多彩

怎样进行想象性练笔教学呢？语文新课标要求充分发挥师生在教学中的主动性和创造性，创造性地使用教材，合理利用、积极开发课程资源，灵活运用多种教学策略，引导学生在实践中学会学习。减少对学生写作的束缚，鼓励自由表达和有创意的表达[①]。这要求我们积极进行有创意的教学尝试。下面是我在小学二年级进行想象性练笔教学创意的总结与反思[②]。

1. "关键词句"开花，积淀有意想象的练笔语感

小学1～2年级阅读要求能结合上下文和生活实际了解课文中词句的意思，在阅读中积累词语[③]。我因此产生了一个习作教学创意：引导学生抓住课文中的关键词句，结合上下文、联系自己生活，进行有意想象写话。

义务教育课程标准实验教科书北师大版语文二年级下册课文（以下课文出处同此，不注）《影子桥》中有这样一句话："站在桥上往下看，河水清清，水底有许多五颜六色的石子，还有好多好多的小鱼游来游去。"我先启发学生围绕"五颜六色"和"游来游去"进行词语开花想象，再互说互评，最后写一段话来交流分享。

---

① 中华人民共和国教育部. 义务教育语文课程标准（2011年版）[S]. 北京师范大学出版社，2012：19，23.

② 张速. 例谈小学二年级想象性习作的教学创意 [J]. 四川教育，2008（2—3）：21-23.

③ 中华人民共和国教育部. 义务教育语文课程标准（2011年版）[S]. 北京：北京师范大学出版社，2012：8.

"五颜六色""游来游去"开花

水底有许多五颜六色的小石子。看，有绿色，有红色，有黑色，有紫色，有粉红色，有青色，有黄色，有橙色……水中有好多好多小鱼游来游去。瞧！红色的小鱼在跳舞，黄色的小鱼在跳绳，彩色的小鱼在聊天。（唐立）

水底有许多五颜六色的小石子。瞧！有红色的小石子，有蓝色的小石子，有黄色的小石子，有黑色的小石子跟粉色的小石子说悄悄话，有橙色的小石子给绿色的小石子讲故事，还有紫色的小石子在转呼啦圈。水中有好多好多的小鱼游来游去。瞧！这些不同颜色的小鱼儿在玩呢！红色的小鱼在跳舞，黄色的小鱼儿和蓝色的小鱼儿在比美，粉红色的小鱼儿在唱歌，黑色的小鱼儿在写字。啊，这是小鱼儿们开心的乐园呀！（张沐平）

水底有许多五颜六色的小石子。啊！有红色和黄色的小石子紧紧贴在一起讲故事，蓝色和绿色的小石子在开心地翻跟头，紫色和白色的小石子在翩翩起舞，青色和灰色的小石子快乐地弹钢琴。水中有好多好多的小鱼游来游去。瞧！红色的小鱼在耍杂技，蓝色的小鱼在兴高采烈地刷牙，粉色的小鱼在边唱边跳。这是一个快乐十足的水上乐园。（江岸芋）

水底有许多五颜六色的小石子。红色的和橙色的小石子在赛跑，黄色和绿色的小石子在游泳，青色的和蓝色的小石子在唱歌，紫色的小石子在跳舞，这些小石子多么快乐呀！水中有好多好多的小鱼儿游来游去。瞧！粉色的小鱼在弹琴，白色的小鱼在打鼓，深紫色的小鱼在弹吉他，黑色的小鱼儿戴着墨镜在摆姿势，它们多么帅气。（朱高阳）

水底有许多五颜六色的小石子。呀！有红色，有橙色，有黄色，有绿色，有青色，有蓝色，有紫色，有白色，有黑色，有灰色……它们有的在聊天，有的在谈自己的经历，还有的在说自己的感想呢！水中有好多好多的小鱼儿游来游去。瞧！红色的鱼儿在上蹿下跳，蓝色的小鱼儿和绿色的小鱼儿在讲悄悄话呢！黄色的小鱼儿和橙色的小鱼儿在赛跑，青色的小鱼儿在跳舞呢！（史迦琪）

关键句子往往是课文的结构句或中心句，抓住它有助于深入理解课文形式或内容；用关键句子开花想象，可以使写话条理清晰或中心突出。如课文《多彩的夏天》前四段都是总分结构，每段前的中心句依次为"夏天是炎热的""夏天是多彩的""夏天是有趣的""夏天是悠闲的"，我启发学生回忆自己对夏天的不同感受，提炼一个中心句，再比较详细的解说，还鼓励学生写自己有独特感受的其他季节。

中心句开花

夏天是多变的。早上凉爽，中午炎热，下午火辣辣。晴空万里的天气，一阵风吹过，天上就乌云密布，电闪雷鸣，狂风暴雨。雨后的天空又出现一道美丽的彩虹。空气也变得非常清新，让人感觉特别舒服。（戴泽昕煜）

夏天是有趣的。白天，我们可以拿着网子捉蝴蝶，坐在竹椅上看风景。晚上，可以坐在小亭子里乘凉，可以看着星星畅想。（张沐平）

夏天是好玩的。夏天可以跳水、打水仗、游泳、吃冰淇淋、钓鱼……我喜欢这好玩的夏天。（王人杰）

春天是美丽的。河边的垂柳发芽了，一条条柳枝在微风中飘荡。茶花开了，海棠花开了，梨树也开满了白花，田地里开满了金灿灿的油菜花。春天是一位神奇的魔术师，他给大地脱下厚厚的棉被，穿上绿绿的衬衫。（周祺熙）

关键词句开花练笔，既能促进学生深入理解课文词句，又能促进学生有意想象；既能积淀语感，又能通过想象促使写话更具体、更生动、更形象、更有趣、更有味。这类练笔教学时要注意巧选关键词句，想象要结合文境联系生活，还应鼓励学生写出独特的生活感受[1]。

关键词句开花练笔符合小学儿童想象发展规律：想象的有意性迅速增长，想象中创造性成分日益增多，想象更富于现实性。小学儿童的想象，最初具有复制和简单再现的性质，以后独立性和创造性才逐渐发展起来，不论是再造想象或创造想象，最初都有很大的具体性、直观性，以后概括性、逻辑性才逐渐发展起来；最初想象常常是不精确、不完整、不符合现实事物的，以后精确、完整、现实性才逐渐发展起来[2]。关键词句开花使学生想象在语境与生活之间自由飞翔，语感和创造成了有意想象齐飞的比翼。

2. "游戏儿歌"仿写，诱发生动想象的练笔意趣

儿歌是低段课文的主要内容，义务教育课程标准实验教科书北师大版语文二年级下册就有13首儿歌。我发现二年级的学生特别喜欢读儿歌，也喜欢仿写儿歌，于是尝试仿写儿歌练笔。后又发现学生对猜字谜、游戏活动类练笔很喜欢，便因势利导，将游戏活动与儿歌仿写紧密结合起来，探索游戏儿歌仿写的练笔教学。

学生读了"古代有，现代无。商周有，秦汉无。唐代有，宋朝无"这一谜

---

① 张速. 幸福语文 [M]. 成都：四川大学出版社，2018：71.

② 朱智贤. 儿童心理学 [M]. 北京：人民教育出版社，2000：434－436.

面后，教师引导学生猜出谜底"口"字后，接着启发学生进行口字儿歌仿写。学生有的借用，有的改用，还有的创新。学生在冥思苦想中斟字酌句，在摇头晃脑中咬文嚼字。

口字儿歌

高兴有，悲伤无。哭者有，笑者无。

回来有，出去无。短的有，长的无。

售出有，买进无。听话有，淘气无。

吵者有，静者无。贵的有，贱的无。

古代有，近代无。否者有，是者无。

合则有，分则无。后退有，前进无。

（戴泽昕煜）

课本"读一读"有短诗《荡秋千》："荡秋千，荡秋千，两脚一蹬飞上天。向前荡——亲亲太阳脸。向后荡——跳上月亮船。"我引导学生朗读赏析后，便启发学生结合自己喜欢的游戏活动，展开想象，进行仿编游戏歌谣，然后学生拍手互唱或一起唱。学生个体为用准动词而咬文嚼字，其乐无穷；学生小组动作表演而手舞足蹈和声合拍，其乐融融。

跳皮筋

跳皮筋，跳皮筋，

两脚分开跳呀跳。

向前跳，跳上太阳间，

向后跳，跳上太空船。

跳得姐姐汗珠掉，

跳得妹妹小嘴翘，

跳得弟弟小脸红，

跳得哥哥哈哈笑，

我们快乐一起跳。

（尹萌）

游戏是高度创造性和高度个性化的活动。对儿童来说，游戏就是生活，生活就是游戏，游戏丰富了儿童的想象力，激发了儿童的创造潜能。游戏儿歌仿写将低年级学生的游戏活动与想象练笔紧密结合，将游戏体验与文字推敲紧密结合，寓教于乐，富有童真、童趣、童乐①。

游戏儿歌仿写继承发扬了我国以读促写的教学传统。古人说："读万卷书，行万里路"；"读书破万卷，下笔如有神"；"言之无文，行而不远"。中国传统写作观认为，阅读是写作的基础，以读带写，以阅读促进写作能力提高。宋代朱熹认为："古人作文或作诗是模仿前人而作之，盖学之既久，自然纯熟。"游戏儿歌仿写促进了学生对所仿儿歌的再阅读、再理解、再更新，使阅读与想象练笔相互促进；也促进了学生对所玩游戏的再回味、再体验、再更新，使游戏与想象练笔相辅相成；还促进了学生对所写文字的再理解、再推敲、再更新，使文字与想象练笔相得益彰。游戏儿歌仿写将小学生的读、玩、写紧密结合，将仿、创、乐融为一体，是继承基础上的一种创新实践。

3. "儿童故事"新编，滋养合理想象的练笔意念

义务教育课程标准实验教科书北师大版语文二年级下册有近 30 篇故事，故事是最多的一类课文。学生很喜欢读，我便因势利导，诱导学生进行儿童故事新编，尝试了课文故事结尾改编、提供故事开头续编、提供故事发生地编故事、听故事新编结尾等，效果比我预想还好②。

寄山里红

表哥：

你好！

秋天，山里红熟了，我特意给你写这封信。

去年秋天没有给你寄山里红，希望你能原谅我的不好。

今年，我摘了许多又红又大的山里红寄给你，希望表哥吃着这又甜又好看的山里红会非常高兴。我把山里红寄出后，心里轻松多了，心情更愉快了。

圆圆

2007 年 4 月 9 日

这是尹萌同学给课文《龙眼和山里红》改编的结尾。我在学生改编之前，提示学生想象："今年秋天，山里红熟了的时候，圆圆给表哥寄山里红，他还会说什么？"这需要学生进行合理的再造想象，不仅要与课文吻合，还要结合生活实际。这个学生不仅做到了，而且用书信格式结尾，情节又有新波澜，想

---

① 张速. 幸福语文［M］. 成都：四川大学出版社，2018：73.

② 张速. 幸福语文［M］. 成都：四川大学出版社，2018：74.

象与众不同。

诚实无价

冬冬向丁丁借了一本很好看的书，答应过一个星期还。但是，她一个星期没看完，冬冬就带着书去了丁丁家。

"丁丁，虽然我没看完它，但我还是要还你。"

"为什么?"

"因为我要守信用!"

丁丁说："你把这本书拿去吧! 我把它送给你。"

"你为什么要送给我?"冬冬疑惑地问。

"因为你已经给了我一样最好的礼物。"

"什么礼物?"

"诚实。你的诚实比一千本书还有价值!"

（张嘉豪）

这源自教材口语交际"她应该怎样做"活动："冬冬向丁丁借了一本很好看的书，答应过一个星期还。但是，她一个星期没看完……"我先引导学生同桌进行口语交际训练，然后全班交流。交流中发现有些学生想象合情合理，而且有新意；而有的学生想象不合情理，但交流中又深受启发，跃跃欲试。于是我就鼓励学生把说的续编写下来，再相互交流习作，学生兴趣就更浓了。《诚实无价》用对话展开故事，不但巩固了口语交际的学习效果，而且强化了对话描写能力，一举两得。还在合情合理的对话想象中，提炼了"诚实无价"的主题，想象有创造性。

儿童故事新编，"编"需要驰骋想象，放飞情思；"新编"需要创造想象，不落俗套。教学贵在从三方面启发想象：吻合故事情境，不前后矛盾；展开奇思妙想，不随波逐流；情节生动新颖，不违背常理。

4. "快乐体验"分享，提升情感想象的练笔境界

生活体验是练笔的源泉。儿童生活的主色调应是阳光、快乐，快乐体验应加以引导，使之不断积淀为独特的快乐感悟。在教师循循善诱下，学生在积极健康的情感想象中不断地求真、求善、求美，练笔就不断进入新的境界[1]。

---

① 张速. 幸福语文［M］. 成都：四川大学出版社，2018：75.

有趣的盐实验

昨天，老师布置了一个作业，就是自己做盐。晚上，我从饮水机里拿出一个玻璃杯。然后，倒上开水再放点盐，用筷子搅拌一下，做成了盐水。我把盐水倒进锅里，开上火。我就在一边观察。我看见盐水慢慢地贴在锅的周围，一分钟过去了，二分钟过去了，我一看，哇！雪白的盐水变成了一个个小白气泡。我用铲子把小白气泡铲下来，就变成了原来的盐。我把盐拿给爸爸看，爸爸说："你真聪明。"

（张沐平）

泡泡乐

今天下午第二节课，张老师给我们发了一个盒子。盒子上的颜色有红色、绿色、白色、粉红色。盒子是一个像长方形但不是长方形的形状，我给它取名为枕头形。

我们拆开塑料袋，取出盒子，我摇了摇盒子，只听见里面有"咚咚咚"的声音，我猜里面是一个硬的东西。

我拿着盒子的一边，把它打开，纸上印有字"大大"，我说："这肯定是大大卷。"上面还印着"青苹果"，我想，这一定是青苹果味的。

我撕开包装纸，里面果然是大大卷。我把大大卷放进嘴里使劲地嚼呀嚼……过了一会儿，我吹出了一个大泡泡，"砰"的一声，大泡泡爆炸了。

我再想吹，可怎么也吹不出来了。我的同桌说要有耐心。我又吹了几次，果然我又吹起了泡泡。

今天吹泡泡真是快乐。

（张嘉豪）

上面的"有趣的盐实验""泡泡乐"活动，学生在主动探究中求真，在猜想验证想象中好奇心、求知欲得到了满足。

（三）激活自由写作原动力

2020年3月19日网课上一年级下册的会意字，课后张老师让学生在语文书上找3~5个会意字，仿照图片格式，自己创编有趣的儿歌，在纸上写和画会意字，看谁做得更有意思。

（书上示例）

　　家长反映，学生很感兴趣，在语文书上找到会意字，激动不已；在白纸上画会意字，兴高采烈；创编会意字儿歌，边写边唱；与家人一起表演会意字儿歌，载歌载舞。

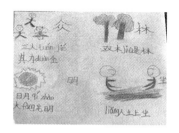

（刁晓阳）

（杨雨瑄）

一根小棒串两口
手在眼上看一看
鱼羊一起鲜味足
田上长草幼苗绿

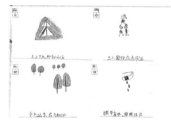

（邝语桐）

上小下大，形似山尖。三人团结，众志成城。乔木丛生，成为树林。眼中有水，泪眼汪汪。

（李宜熹）

太阳升过地平线为"旦"，田里青草绿绿为"苗"，小鸟张口叫为"鸣"，马跑进门为"闯"。

男—用力耕田男子汉。
看—用手护目看得见。
串—两物相连穿成串。
出—出去才见山外山。
　　（刘格非）

伍：五人一行，成为队伍。
笔：竹毛而制，笔下生花。
好：一子一女，真是极好。
灶：垒土烧火，灶台做饭。
　　（漆汐汇）

三口爱品尝，
三木始成森，
日月同辉明，
土边生火灶。
　　（王舒瑶）

119

你看，宅家抗疫，也能如此快乐，这就是想象激活了学生生命言说的动力！

想象性练笔，激活自由写作原动力。

想象是在客观事物影响下，在言语调节下，人脑中已有的表象经过改造和结合而产生新表象的心理过程。想象是一种心理机能，科学研究发现人的大脑按照功能分为感受区、贮存区、判断区和想象区，其中想象区利用率最低，一般人只利用了 15％，中小学生想象宝藏更有待大力开发。想象本是根据口头语言或文章描述创造新事物形象，想象性练笔记录想象的过程或描述新形象。

中小学生对想象有天然的喜爱，想象性练笔是激发学生想象、激活自由写作原动力的有效策略。我们知道，今天基础教育突出问题之一是教育内部动力不足、动力体系极不合理。教学要形成良好的动力体系，必须最充分地依托和发挥人的生命力量，必须找到和拥有教学的原动力，促使原动力更有效地发挥作用。"教学的原动力是儿童的学习天性，是儿童的学。"① 因为学是先发的、本原的、自然的，是教育本体的因素，更是最活跃的、多变的目标性因素，是教的目的和归依；而发自外部的教，是后来的、可改变的，是居于助动力地位的。

儿童进入学校以后，想象的有意性迅速增长，想象中创造性成分日益增多，想象更富于现实性②。想象性练笔追随儿童想象发展轨迹，促使儿童喜欢想象的天性与想象潜力显性出来，并集中表现为语言的、思维的、学习的、创造的高级本能。发挥本能是自然、高效、和谐发展的动力方式，决定了学生自为的无限可能性。

想象性练笔顺应了学生自由言说的需求，为学生想象发展提供了很好的机会，不断地想象性练笔不断地诱发学生言说情趣，想象驰骋练笔追随，相互驱动，兴趣盎然，练笔欲罢不能。

（四）体现学生自由言说权

2020 年 3 月 27 日一年级下册《孙悟空打妖怪》网课，课后进行词语接龙游戏：学生和家人玩词语接龙赛，如"早春—春节—节日—日子—子女……"，看谁接得多，接得好。

邝语桐：青菜—菜园—园丁—丁口—口红—红色—色彩—彩虹—虹雨—雨水—水杯—杯子—子女—女人—人生—生活—活动—动作—作业—业务—务工

---

① 郭思乐. 学校教学的动力分析 [J]. 课程·教材·教法，2008 (1)：21—25.
② 朱智贤. 儿童心理学 [M]. 北京：人民教育出版社，2003：434—435.

何知予：长城—城市—市区—区别—别致—致谢—谢意—意思—思想—想法—法国—国家—家人—人民—民众—众多—多少—少数—数字—字母—母亲

屈文焯：饰品—品尝—尝试—试验—验收—收获—获奖—奖杯—杯子—子女—女儿—儿歌—歌手—手心—心爱—爱好—好学—学习

刘昕蕊：阳光—光明—明日—日期—期待—待见—见面—面条—条理—理由—由于—于是—是非—非常—常用—用心—心情—情人—人生—生活—活力—力气—气球—球体—体育—育儿—儿子

谢炘好：物体—体育—育人—人生—生日—日子—子女—女儿—儿科—科学—学校—校园—园艺—艺术—术语—语文—文字—字典—典故—故事

冯馨燚：喜欢—欢乐—乐趣—趣味—味道—道理—理解—解说—说话—话语—语文—文科—科学—学习—习惯

耿钦垣：青春—春天—天气—气体—体能—能干—干事—事情—情感—感想—想到—到来—来回—回家—家人—人品—品种—种子—子女—女儿—儿子

侯俊彤：青草—草地—地上—上午—午饭—饭菜—菜市—市长—长大—大人—人口—口气—气息

康皓钧：春天—天上—上下—下雨—雨水—水花—花儿—儿子—子弟—弟兄—兄长—长大

李桐颉：力气—气愤—愤怒—怒火—火灾—灾难—难题—题目—目标—标准—准确—确认—认识—识字—字母—母亲—亲人—人生—生活—活着—着急—急事—事情—情商—商场—场地—地方—方向

卢籽燚：开学—学生—生日—日月—月光—光芒—芒果—果实—实在—在家—家长—长大—大小—小鸟—鸟儿—儿女—女孩—孩子—子孙

马语泽：语文—文化—化学—学习—习题—题目—目录—录音—音乐—乐理—理想—想法—法律—律动—动作—作曲—曲子—子女—女人—人生—生活—活泼

漆汐汇：漆黑—黑色—色彩—彩灯—灯火—火锅—锅盖—盖子—子女—女生—生日—日出—出门—门口—口水—水果—果实—实验—验证—证明—明天—天空—空气—气味—味道—道路—路上—上面—面食—食品—品尝—尝鲜—鲜活—活动—动力—力量—量具—具体—体重—重要—要好—好心—心情—情意—意思—思想—想法—法律—律师—师长—长大—大人—人民—民众—众多—多少—少见—见笑—笑话—话说

刘思妙：马儿—儿女—女生—生动—动物—物尽其用—用武之地—地久天长—长命百岁—岁岁年年人不同—同是宦游人—人生得意须尽欢

孟子墨：生活—活动—动脑—脑子—子女—女生—生日—日月—月亮—亮光—光明—明天—天空—空气—气体—体面—面条—条纹

牟泓睿：成大—大小—小花—花粉—粉笔—笔记本—本子—子女—女人—人民—民众—众多—多少—少年—年轻—轻快—快乐—乐趣

阚赫成：春天—天气—气球—球门—门口—口才—才女—女士—士兵—兵器—器材—材质—质感—感情—情愿—愿望—望月

杨睿可：女生—生活—活塞—塞住—住房—房子—子弹—弹弓—弓箭—箭头—头发—发圈—圈套—套用—用处—处方—方向—向往—往事—事情—情义—义气—气人—人民—民主—主要—要点—点心—心理—理科—科学—学校—校园—园丁

肖思远：苹果—果子—子女—女儿—儿歌—歌谣—谣言—言语—语文—文学—学生—生病—病人—人民—民主—主义

余佳泽：春风—风雨—雨水—水花—花儿—儿子—子孙—孙女—女人—人口—口才—才能—能力—力气—气运—运动—动手—手心—心里—里面—面包—包车—车轮—轮回—回来—来往—往常

郑翔天：春天—天空—空气—气体—体积—积木—木头—头发—发芽—芽草—草书—书本—本子—子孙—孙女—女儿—儿歌—歌手—手机—机器

郑彦承：飞来—来回—回去—去年—年画—画图—图书—书本—本人—人才—才气—气节—节目—目光—光明—明亮

袁与橙：天空—空中—中国—国家—家人—人口—口水—水枪—枪手—手机—机会—会议—议员—员工—工作—作业—业主—主意—意思—思想—想法—法官—官场—场地—地方—方向—向前—前进—进步—步伐

刘钦正：心情—情景—景色—色彩—彩笔—笔记—记住—住房—房屋—屋里—里面—面条—条件

邹子淼：状元—元宝—宝贝—贝壳—壳儿—儿童—童年—年糕—糕点—点心—心脏—脏器—器具—具备—备用—用品—品味—味道—道路—路面—面条—条件

余子壹：买椟还珠—珠光宝气—气象万千—千秋万代—代代相传

刘格非：万众一心—心灵手巧—巧立名目—目瞪口呆—呆如木鸡—鸡犬不宁

想象性练笔，体现学生自由言说权。

我国公民享有法律赋予的言论自由权利。儿童作为独立的生命个体，首先，他们有表达的权利；其次，让成人听儿童说话，也是儿童的权利……我们不能因为儿童说得不够优美，或者说得不符合我们的标准，就不允许他们表达①。而事实上，由于中高考的高利害相关性，学生本应有的正常的言说权被有意无意、或多或少地剥夺了。

过去写作教学的最大失败，就是剥夺了学生的言说欲和话语权，窒息了他们的言说冲动和激情，从而视写作为畏途，对写作教学失望②。它致使学生从开始学习写作的那一刻起，就注定了要背弃写作。这种反生命教育观集中体现为以应试为目标的训练。教学中的每一分每一秒都瞄准着考试，日复一日年复一年地磨蚀着生命的棱角和锋芒，鞭笞着自由的心灵和真诚的灵魂，将鲜活灵动的言语生命惩戒规训为同一型号的考试机器。

想象性练笔利用想象的独特优势，尽可能减少对写作的束缚，为学生提供广阔的写作空间，为学生享有自由言说权利提供了机会。而当想象自由飞翔在写作的蔚蓝天空，想象性练笔就成为一种令人神往的审美活动：自觉的审美意识、激情的审美创造、高尚的审美情趣、多彩的审美境界。

在催熟性教育环境下，童心被过早泯灭，而留存童心可能有助于想象健康，也有利于学生拥有正确的自由言说权。有一首孩子写的练笔诗："蜗牛走路的时候/天上打起雷/蜗牛吓得要命/就赶快伸出避雷针/继续赶它的路。"这是童心和想象铸就的真正诗歌。袁枚主张诗人应不失赤子之心，李贽对失去童心者痛心疾首。

马斯洛格外推崇人类的"第二天真说"，他认为自我实现者在很多方面很像无忧无虑的儿童的创造，它是自发的、自如的，是一种摆脱了陈规陋习的自由言说与创造。美是人的本质力量的对象化，想象性练笔的美在促使学生充分享受自由言说权。

（五）为学生自由表达导向

想象性练笔，为学生自由表达相机导向。

想象有再造想象与创造想象的高下之分，想象性练笔有"想象原型—再造想象、创造想象—想象练笔"的问题解决策略。幻想是创造想象的特殊形式，中小学生幻想处于从远离现实的空想逐渐向接近现实的理想的发展过程之中，客观需要我们在练笔教学中采用多种方式引导学生想象，科学培养学生想象能力。

---

① 刘朝晖. 语文教育改革论 [M]. 成都：四川教育出版社，2006：148.

② 潘新和. 把言说欲、言说权归还给学生——言语生命动力学写作教学论之一 [J]. 中学语文教与学，2008（6上）：44—47.

美国的作文教学，非常重视学生想象力培养，其训练设计富有创意，如当你乘坐的轮船沉了，漂流到一个荒岛上，你将怎样生活？评论想象中一场音乐会等，这样的内容学生没有经历过，利于激发想象，海阔天空，纵横驰骋，很容易激发学生进行想象性练笔的兴趣。

我们可以指导学生广泛阅读文艺作品，充分利用文学课文进行想象性练笔，经济而又高效。如学了《鹬蚌相争》后，教师巧妙地问："鹬和蚌被渔人捉走后又会怎样呢？它们会怎样想、怎样说、怎样行动呢？"再如让学生为寓言故事编写新的结尾；抓住"我到现在终于没有见——大约孔乙己的确死了"，进行《孔乙己》结尾空白续写；以"孔乙己巧遇范举人"为题进行传奇性编创等。还可利用插图，对马致远《天净沙·秋思》的插图看图说话后，进行巧填留白的练笔；《石壕吏》中"有吏夜捉人"情境描写欠具体，可以进行古诗改文、补充留白练笔[①]。有时，我们不仅可以开展"奇思妙想""想象故事接力"等活动，还可以鼓励学生尝试写科幻小小说，像《到月球旅行》《假如……》。

著名诗人、学者流沙河大胆而形象地说："没有幻想的人是灵魂的残废。"德国作家法朗士认为："教学的全部艺术，就是唤醒年轻心灵天然好奇心的艺术，它的目的是让这种好奇心以后得到满足。"我们可以通过创设问题情境，在感知语言、绘画、旋律等载体时显现具体形象，或者引导学生对原有意象进行熔铸，把平时生活的积累化为新的画面等方式训练学生的想象力。

当然，想象性练笔扬弃的是传统文学的风骚浪漫，洋溢的是未成年学生的青春浪漫。因此，我们在想象性练笔教学时，不仅要注意想象与联想、幻想的关系，还有通过类比想象、对比想象、因果想象、辐射想象训练学生想象能力[②]，更要在情感、态度、价值观方面相机给予引导，因为自由表达并非自由化表达。

（六）自由表达因想象更美

爱因斯坦说："想象力比知识本身更重要。"脑科学研究发现，人的大脑按功能分为感受区、贮存区、判断区和想象区，想象区利用率最低，一般人仅利用了15％左右。中小学生想象富藏的开发潜力巨大，而想象性练笔教学是发展中小学生想象力的重要途径。

语文新课标写作特别重视想象，在总目标中强调，在发展语言能力的同时，发展思维能力，激发想象力和创造潜能。每个阶段都有明确要求，要求

---

① 周立根. "填白式"作文训练举隅 [J]. 语文教学通讯（初中版），2002（3）：40.

② 彭华生. 语文教学思维论 [M]. 南宁：广西教育出版社，1998：205－206.

1～2年级写想象中的事物；3～4年级观察周围世界，能不拘形式地写下自己的见闻、感受和想象，注意把自己觉得新奇有趣或印象最深、最受感动的内容写具体；5～6年级能写简单想象作文，做到内容具体，感情真实；7～9年级能运用联想和想象，丰富表达的内容。从写话时鼓励写想象中的事物开始，到习作能不拘形式地写下想象的内容、能写简单的想象作文，再到初中写作运用联想和想象丰富表达的内容[①]，最后到高中写作教学着重培养学生的想象能力[②]，在教学建议中鼓励写想象中的事物[③]。可见，想象性练笔是贯穿基础教育语文教学始终的，很有必要进行深入而系统的教学探索。

部编语文一年级下册第14～15页《谁和谁好》："谁和谁好？藤和瓜好，它们手拉手，不吵也不闹。/谁和谁好？蜜蜂和花好，蜜蜂来采蜜，花儿仰脸笑。/谁和谁好？白云和风好，风往哪里刮，云往哪里跑。/谁和谁好？我和同学好，大家唱着歌，一起上学校。"2020年3月25日网课后，张老师布置的作业是：仿照所学儿歌格式，采用一问一答，仿创儿歌，看谁写得更有意思、更有趣。

谁和谁好？花和叶好，它们手拉手，不吵也不闹。/谁和谁好？柳树和燕好，燕儿飞，柳树摇。/谁和谁好？我和妈妈好，一起讲故事，一起开口笑。（何知予）

谁和谁好？鸟儿和树好，鸟儿来唱歌，树叶来跳舞。/谁和谁好？鱼儿和水好，鱼儿水中游，水儿泛波浪。/谁和谁好？月儿和星星好，星星眨眨眼，月儿微微笑。/谁和谁好？我和爸妈好，妈妈把我喂饱，爸爸送我上学校。（邹子森）

谁和谁好？鸟和树好，鸟来捉虫，树儿长得好。/谁和谁好？蚯蚓和土好，蚯蚓来松土，植物长得好。（李怡妍）

谁和谁好？笔和尺子好，笔要画直线，尺子来帮忙。/谁和谁好？风和窗帘好，风儿轻轻吹，窗帘在舞蹈。（崔瀚文）

谁和谁好？草和花好，它们在一起，不吵不闹。/谁和谁好？阳光和大地好，阳光照满大地，大地充满温暖。（郭子嫣）

---

① 中华人民共和国教育部. 义务教育语文课程标准（2011年版）[S]. 北京：北京师范大学出版社，2012：9，11，13，16.

② 中华人民共和国教育部. 普通高中语文课程标准（实验）[S]. 北京：人民教育出版社，2001：17.

③ 中华人民共和国教育部. 义务教育语文课程标准（2011年版）[S]. 北京：北京师范大学出版社，2012：23.

谁和谁好？蜜蜂和花好，蜜蜂来采蜜，花儿哈哈笑。/谁和谁好？天空和鸟好，鸟儿去飞翔，天空敞怀抱。（刘钦正）

谁和谁好，我和影子好，我往哪里走，它往哪里跑。/谁和谁好，鱼和水好，鱼儿游过来，清水仰脸笑。（周懿宸）

谁和谁好？鱼儿和水好，它们在一起，快乐没烦恼。/谁和谁好？风铃和风好，风儿轻轻吹，风铃叮咚响。/谁和谁好？球拍和球好，球拍往哪拍，球往哪里跑。（安嘉谦）

谁和谁好？碗和筷子好，筷子来夹菜，碗来盛米饭。/谁和谁好？笔和本子好，笔来写文章，本子做笔记。（刁晓阳）

谁和谁好？海豚和海好，海豚游啊游，大海来拥抱。/谁和谁好？我和老师好，我想学知识，老师来教导。（邝语桐）

谁和谁好？天空和白云好，它们不吵也不闹，一起笑哈哈。/谁和谁好？笔袋和笔好，天天在一起，它们很开心。（杨雨瑄）

谁和谁好？我和书好，书教我知识，我学会本领。/谁和谁好，我和祖国好，祖国爱护我，我来保卫她。（汤子圻）

谁和谁好？灯和电好，电来灯亮，照亮千家万户。/谁和谁好？船和帆好，一起合作，迎风远航。（李宜熹）

谁和谁好？禾苗和青蛙好，禾苗被虫咬，青蛙保护它。/谁和谁好？我和书本好，书里知识多，成长就靠它。（谢炘好）

谁和谁好？雨和花好，春雨撒大地，花儿开怀笑。/谁和谁好？笔和尺子好，尺子一来到，铅笔画得直。（陈雨辰）

谁和谁好？太阳和公鸡好，太阳一升起，公鸡喔喔叫。/谁和谁好？口罩和嘴巴好，口罩挡病毒，嘴巴开口笑。（邓诗雷）

谁和谁好？鱼和水好，鱼在水里游，水花跟着笑。/谁和谁好？字和纸好，字靠纸来书，纸靠字传万卷。/谁和谁好？太阳和天空好，太阳照亮天空，天空装下阳光。/谁和谁好？国和家好，有家才有国，有国才有家。（耿钦垣）

谁和谁好？生字和拼音好，永远在一起，快快乐乐做游戏。/谁和谁好？我和家人好，每天健康生活，大家都很快乐。（侯俊彤）

谁和谁好？鱼和水好，水往哪里流，鱼往那里游。/谁和谁好？嘴和牙好，食从嘴里进，牙齿帮忙嚼。（康皓钧）

谁和谁好？我和影子好，我跑它也跑，我跳它也跳。/谁和谁好？车和马路好，大路通八方，车儿满地跑。（李桐颉）

谁和谁好？啄木鸟和树好，鸟给树捉虫，树的病就好。/谁和谁好？春雨

和植物好，随风潜入夜，柳绿花香到。/谁和谁好？医生和病人好，赶跑病毒，健康生活。（刘迁乔）

谁和谁好？叶子和树枝好，树枝长树叶，互相送养料。/谁和谁好？雷和闪电好，暴雨齐出发，有雷就有电。（卢晓范）

谁和谁好？阳光和植物好，阳光送光芒，植物健康长。/谁和谁好？问题和大脑好，问题来帮助，大脑勤思考。/谁和谁好？老师和我好，老师悉心育，让我本领强。（卢籽燚）

谁和谁好？鱼和水好，鱼在水里游，水花拍手笑。/谁和谁好？我和家人好，一家手拉手，幸福甜美笑。（马语泽）

谁和谁好？风和帆船好，风往哪里吹，船往哪里跑。/谁和谁好？鱼和大海好，鱼儿在跳舞，大海把歌唱。/谁和谁好？电脑和鼠标好，鼠标到处跑，电脑微微笑。（孟子墨）

谁和谁好？鱼儿和水好，鱼儿水中游，池水涟漪荡。/谁和谁好？树和鸟儿好，鸟在哪里住，树在哪里长。/谁和谁好？我和弟弟好，大手拉小手，快乐把歌唱。（漆汐汇）

谁和谁好？书包和书好，他们手拉着手，一起上学校。/谁和谁好？小刀和笔好，小刀把笔削，用笔写好字。/谁和谁好？医生和病人好，赶跑病毒，健康来到。（阚赫成）

谁和谁好？笔和笔袋好，笔放进笔袋里，不吵也不闹。/谁和谁好？钱和钱包好，钱放进钱包里，不吵也不闹。（尚陶然）

谁和谁好？我和老师好，老师教知识，我认真学习。/谁和谁好？水和杯子好，它们在一起，不吵也不闹。（沈子涵）

谁和谁好？虎雀和老虎好，老虎嘴里有残渣，虎雀飞来吃掉它。/谁和谁好？大树和小鸟好，小鸟来找家，大树帮助它。（孙若曦）

谁和谁好？树和水好，用水来浇树，小树快长高。/谁和谁好？小脚和鞋好，穿上小鞋子，我能飞快跑。（王舒瑶）

谁和谁好？春天和花好，春天在哪里，花就开在那里。/谁和谁好？风和沙好，风往哪里刮，沙往哪里跑。（肖思远）

谁和谁好？月亮和星星好，星星眨眨眼，月亮眯眯笑。/谁和谁好？我和书包好，我们唱着歌，一起去学校。（徐菡遥）

谁和谁好？黑板和板擦好，黑板要干净，板擦来帮忙。/谁和谁好？我和

书包好，我们唱着歌，一块去学校。/谁和谁好？我和弟弟好，一块学习一同进步。（阎梓豪）

谁和谁好？老师和同学好，老师仔细讲，同学认真听。/谁和谁好？鸟儿和树儿好，鸟儿把歌唱，树儿来跳舞。（杨甫君）

谁和谁好？星星和月亮好，星星眨眼睛，月亮开口笑。/谁和谁好？雨点和花儿好，雨点哗哗下，花儿更漂亮。/谁和谁好？我们和老师好，老师爱我们，我们爱老师。（杨睿可）

谁和谁好？鱼和水好，水养活了鱼，鱼让水有了活力。（牟泓睿）

谁和谁好？蝴蝶和花好，蝴蝶来跳舞，花儿仰脸笑。（屈文焯）

谁和谁好？琴键和乐谱好，乐谱怎样写，琴键怎样弹。（于宸欢）

谁和谁好？太阳和小鸟好，小鸟把歌唱，太阳仰脸笑。/谁和谁好？星星和月亮好，星星眨眨眼，月亮笑哈哈。（冯馨燚）

谁和谁好？铅笔和橡皮好，天天在一起，陪我上学校。/谁和谁好？根和树好，根来吸营养，帮树来成长。（余佳泽）

谁和谁好？花瓣和花蕊好，花瓣包花蕊，一个也不少。/谁和谁好？月亮和星星好，月亮笑眯眯，星星眨眼睛。（余子壹）

谁和谁好？青菜和肉好，它们一起炒，好吃得不得了。/谁和谁好？鸟儿和树好，鸟儿来唱歌，树儿来舞蹈。/谁和谁好？鱼儿和水好，鱼儿水里游，水把鱼儿抱。（袁与橙）

谁和谁好？医生和护士好，医生下医嘱，护士来执行。/谁和谁好？牙齿和舌头好，牙齿咀嚼食物，舌头来搅拌。（郑翔天）

小学一年级的谁和谁好？自由表达和想象好，想象就让自由表达更美好。因此，我们鼓励学生进行想象性练笔，并把它作为练笔的一种教学创意来探索。近些年，我们常常边读学生的练笔边感叹，学生的想象让我们成人汗颜，学生想象性练笔常常令我们情不自禁叫好。

理　想①

理想是大海，推出希望的浪花

理想是礁石，抵挡咆哮的海风

理想是海风，吹拂夏日的沙滩

---

① 卿平海. 语文新课程创意教学 [M]. 北京：开明出版社，2005：33—34.

理想是沙滩，迎接红色的落叶

理想是绿叶，点缀希望的彼岸

理想是彼岸，拥抱湍急的河流

理想是河流，歌唱美丽的桥梁

理想是桥梁，连接明天的幸福

理想是天空，包容纯洁的云朵

理想是云朵，追逐可爱的太阳

理想是太阳，照耀农民的田地

理想是田地，凝聚农民的汗水

理想是汗水，洒向未来的成功

理想是成功，带着人们的喜悦

理想是喜悦，代表欢快的笑脸

理想是笑脸，隐藏母亲的教诲

理想是教诲，扬起吹落的风帆

理想是风帆，引导我奋勇前进

（王玲娇）

这篇练笔怎样评价？我最初的感觉是胡说八道，一提理想我们就条件反射似的想到从小接受的共产主义理想教育，大海、绿叶、太阳、田地、汗水、教诲等乱七八糟的东西都是理想？再读后感到妙不可言，不同的人、不同时候、不同心境下就应有不同而具体的理想，该学生巧妙运用比喻、顶针等修辞方法抒写鲜活而缤纷的理想，别有意趣。继而问学生，她竟只写了 17 分钟，而且写的过程比她跳舞还美妙。这让我悟到：想象性练笔是一种审美享受，是培育作文灵性的有效手段，也是学生在营造自己的精神家园①。我在班上念了这篇练笔，请学生评价，学生发言踊跃；我把自己的认识过程如实地告诉了学生，学生也频频点头，并宣布该练笔加 12 分。学生激动起来了，要求自己也做这样的练笔，问我怎样评分。我想，这是鼓励学生想象性练笔的绝好时机，于是说："只有想象新异而合理，又运用比喻顶针，三句得 5 分，多一句加一分。"学生们跃跃欲试，第二天，居然全班的练笔都是以理想为话题的想象性练笔。我再次感受到了每个学生都有想象的潜能，而且潜能巨大。

想象性练笔，为自由表达提供了一个契机，为创意表达建构了一个平台，

① 卿平海. 天天练笔：诗意生活的创意表达［J］. 语文教学通讯，2015（12B）：6.

为诗意生活增添了一种方式。

自由表达因创造想象而充满魅力。南朝齐梁刘勰在《文心雕龙》中把想象称为"神思"，认为通过它，一个人就可以"寂然凝虑，思接千载；悄焉动容，视通万里"，即可以打破时间和空间的界限，而任意驰骋。晋代陆机在《文赋》中说："观古今于须臾，抚四海于一瞬。""笼天地于形内，挫万物于笔端。"儿童故事新编就是根据儿童喜欢求异想象的特点，让他们在儿童故事情境下奇思妙想，发展儿童既创新又合理的想象力，使练笔充满无穷魅力的一种教学策略。

六、思考性札记：学生为创造而写

（一）练笔为什么难有独见

阅卷场上，寻觅有思考力度的作文，难。翻阅中小学生优秀作文选，寻找有思考深度的作文，也难。这正常吗？

初中是学生由以形象思维为主向以抽象思维为主过渡的关键时期，促进学生思维发展是语文教学的任务之一。语文新课标要求我们在写作教学过程中，重视培养学生的思考能力，要抓"构思"环节，鼓励学生见解独到。

中考高考作文，有条理清楚、构思新颖、见解独到等评分要求。作文教学如何提高学生思维品质？为了解决这一难题，我们尝试引导学生进行思考性练笔：一是鼓励学生平时积极持续的思考。像孔子所说的那样："君子有九思：视思明，听思聪，色思温，貌思恭，言思忠，事思敬，疑思问，忿思难，见得思义。"[1] 把练笔思考与做理性的人结合起来。二是引导学生思维创新。既要多角度、多层次地发散性思考，"横看成岭侧成峰，远近高低各不同"；又要聚合性思考，不断促使学生的思维走进新区：人无我有，人有我优，人优我新；还要辩证性思考，使自己的语言有哲理的色彩。三要督导学生及时把思考所得写成练笔，书其思，鸣其意。我们的最高追求是，通过思考性练笔，培养学生积极思考和自觉表达思考结果的习惯，使学生因思考而见解深刻，因思考而提高生活质量，让习惯性思考成为作文的持久动力。

（二）让学生过把哲学家瘾

思考性练笔让学生过把哲学家瘾[2]，玉成学生高贵生活。

---

① 徐志刚. 论语通译［M］. 北京：人民文学出版社，1997：215.
② 卿平海. 天天练笔：诗意生活的创意表达［J］. 语文教学通讯，2015（12B）：6.

舍而得①

海参
吐内脏
而保全性命

壁虎
弃尾巴
而逃之夭夭

两者可谓道一样
动物们明白
而我们人却不明白

舍时
难过不已
得时
忘乎所以

人总是想得而不想舍
我们何时才能悟明
舍是种子
得是舍的孩子

(欧阳婷)

　　这篇练笔是欧阳婷同学在看中央电视台《动物世界》时，边看边思考而写出来的。前两节是电视里的内容，后三节是学生自己的思考过程和独特感悟。"舍是种子/得是舍的孩子"这新奇的比喻，含有哲理。对于一个刚进初中，十一二岁的学生来说，不能不说是了不起的创见。我们现在正处于诱惑层出不穷的新时代，随时都面临各种诱惑和选择，有选择就有放弃，有得往往就有失，怎样处理得与失的关系，确实是一种重要的生存与发展智慧。该生能用诗歌把自己思考的结果表达出来，是很有创意的，也是很不容易的。因为这是我班第

---

① 卿平海. 天天练笔：使学生享受诗意生活［J］. 教育科学论坛，2004（6）：22.

一篇尝试思考性练笔的同学，我不仅在班上进行了讲评和表扬，还鼓励学生对得与失进行再思考和再练笔，更鼓励学生经常思考问题，并把思考的过程和结果写成练笔。

2003 年 9 月 23 日，李芊杉同学对此作出回应，在练笔《得与失》里写道："获得与失去，是常有的事。在获得的同时，也有可能失去。"虽然只有这么两句，我还是在班上念了，并再次倡导思考性练笔。这样一来，学生把思考性练笔纳入了练笔的选做项目，越来越多的学生慢慢地养成了写思考性练笔的习惯，有思考深度的句子常常在作文或练笔中闪烁。

（三）思维与语言协同发展

2020 年 3 月 17 日网课后，张速老师让学生画象形字：画 2~3 幅你熟悉的象形字，在旁边写上汉字。如画"竹叶"，旁边写"竹"字。

   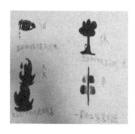

（刘昕蕊）　　　（刘格非）　　　（刘思妙）　　　（谢炘妤）

在画象形字活动中，学生情趣盎然，不亦乐乎。为什么呢？学生分析象形文字，图示象形文字，发现字形与字画的关系，体验象形造字过程，促使学生与语言协同发展。

思考性练笔，成为学生思维与语言协同发展的动力。

思维是人脑对客观世界间接的概括的反应。思维与语言密不可分，思维是人的内部语言，语言是外部的思维。一个人思维水平的高低往往影响到他的语言能力的优劣；概念模糊，使用词语就不准确；思维缺乏条理性，说话就会颠三倒四；思维缺乏严密性，文章就往往自相矛盾；思维方法片面，就常常说过头话、强词夺理。

儿童往往难以学会一个新词，原因不在词的发音，而是在于该词所指的概念。无论何时，只要概念成熟，一个词便能学到手[①]。同时，思维不是在言语

---

① 〔俄〕列夫·谢苗诺维奇·维果茨基. 思维与语言［M］. 李维，译. 杭州：浙江教育出版社，1997：7.

中表现出来的，而是在语言中实现出来的①。因此，尽管思维的发展与言语的发展并不对应，它们的两条发展曲线是交叉的，没有思维的言语不是言语，没有言语的思维也不存在。言语和思维，外部言语和内部言语是同时发展起来的②。

维果茨基的这些理论，为我们在思考性练笔中能把思维与语言训练同步进行提供了科学依据，使思考性练笔成为思维与语言协同发展的动力。这一整体策略，经历"独立思考—真知灼见—哲理文字"活动训练，使练笔教学始终走在学生思维与语言发展的前面，而不是落在发展的后面。

（四）生活和思想成长阳光

义务教育教科书部编语文一年级下册识字单元第 4 课《猜字谜（二）》："言"来相互尊重，"心"至冷热感动，"日"出万里无云，"水"到沉静透明。2020 年 3 月 13 日网课后，张速老师布置了这样的作业：我也来当当小诗人，与家人合作，猜字谜创编儿歌，仿照今天学习的"青"字儿歌家族的"偏旁＋动作＋短语＝句子"格式，举一反三，用"包"字创编猜字谜，看谁创编的儿歌既生动又有趣。下面是学生做的包字家族猜谜语节选：

"食"来腰圆腹满——饱，"草"长花儿待放——苞，"水"到茶香环绕——泡，"火"至地动山摇——炮。（安嘉谦）

"足"出日行千里——跑，"火"到欢天喜地——炮，"手"到表达爱意——抱，"衣"来华贵美丽——袍。（郑彦承）

"火"到惊天动地——炮，"草"长花朵待放——苞，"鱼"来汤鲜味美——鲍，"水"至五彩缤纷——泡。（马语泽）

"手"来张开双臂——抱，"足"来双脚生风——跑，"雨"来天降珍珠——雹，"草"来含羞待放——苞。（邹子森）

"水"来茶香四溢——泡，"食"到肚子不饿——饱，"雨"落打人头疼——雹，"口"吼惊天动地——咆。（崔瀚文）

"口"来猛兽怒吼——咆，"刀"到土壤松软——刨，"火"至声如雷鸣——炮。（陈雨辰）

"草"长鲜花将开——苞，"水"开香茶可沏——泡，"手"伸热情相

---

① 〔俄〕列夫·谢苗诺维奇·维果茨基. 思维与语言〔M〕. 李维，译. 杭州：浙江教育出版社，1997：5—6.

② 〔俄〕列夫·谢苗诺维奇·维果茨基. 思维与语言〔M〕. 李维，译. 杭州：浙江教育出版社，1997：10，17.

拥——抱，"火"起声震八方——炮。（郑羽晴）

"手"来互相依靠——抱，"食"至心满意足——饱，"月"出不分你我——胞，"口"到立刻吓跑——呛。（朱静萱）

"月"来同气连枝——胞，"刀"是木匠工具——刨，"火"至威猛无敌——炮，"水"到清洁干净——泡。（肖思远）

"手"到亲密无间——抱，"水"至鱼儿出气——泡，"草"长花儿待放——苞，"月"来兄弟情深——胞。（沈子涵）

"火"至新年热闹——炮，"手"出爱心满满——抱。（郑翔天）

"手"到亲密无间——抱，"火"到威力无边——炮，"足"到活力四射——跑，"衣"到华丽无比——袍。（何知予）

"水"到茶香满屋——泡，"足"来一日千里——跑，"手"至温暖满怀——抱。（于宸欢）

"水"流能洗澡——泡，"火"烧可以爆——炮，"食"来肚皮圆——饱，"手"到很温暖——抱。（刁晓阳）

"食"来鼓腹含和——饱，"雨"下滴水成冰——雹，"草"长百花盛开——苞。（孙若曦）

"手"来热情相拥——抱，"足"来脚下生风——跑，"火"来表达热闹——炮，"水"来五彩缤纷——泡。（王舒瑶）

"水"漂漫天飞舞——泡，"足"到身体健康——跑，"雨"下晶莹剔透——雹。（牟泓睿）

"刀"来削铁如泥——刨，"月"来兄弟情深——胞，"食"来民以为天——饱，"衣"来寒士欢颜——袍。（康皓钧）

"手"拥热情似火——抱，"足"动朝气蓬勃——跑，"水"落色彩斑斓——泡，"食"嚼怡然鼓腹——饱。（漆汐汇）

"足"来健步如飞——跑，"火"来响声震天——炮，"水"来飘扬如风——泡，"草"来花待开放——苞（刘思妙）

"手"来温暖备至——抱，"食"到身体健康——饱，"月"言共挡风雨——胞，"草"说花儿欲开——苞。（刘昕蕊）

"水"来冒出浪花——泡，"鱼"到美味佳肴——鲍，"火"到天地颤抖——炮。（侯俊彤）

"水"来茶叶跳跳——泡，"火"来噼噼啪啪——炮，"衣"来暖暖和和——袍。（杨雨瑄）

"足"来疾速如箭——跑，"雨"来天降珍珠——雹，"鱼"来美味无

比——鲍。（卢籽燚）

"手"来相互安慰——抱，"衣"来打扮好看——袍，"水"来茶叶上浮——泡，"火"来过年热闹——炮。（刘迂乔）

"足"来健步如飞——跑，"手"来深情相拥——抱，"月"来情真意切——胞。（李宜熹）

"草"来百花待放——苞，"月"来四海兄弟——胞，"水"来腾云驾雾——泡，"手"来温暖如春——抱，"口"来暴跳如雷——咆。（冯馨燚）

"草"来花朵待放——苞，"刀"至细腻平滑——刨，"手"出让人温暖——抱，"火"到惊天动地——炮。（范析典）

"水"来漫天飞舞——泡，"火"来震耳欲聋——炮，"口"来怒吼如雷——咆。（汤子圻）

"月"汇四海同仁——胞，"雨"凝结成冰块——雹，"手"推木料成型——刨，"食"饮撑满皮囊——饱。（耿钦垣）

用"包"字创编猜字谜，虽有"包"字限制，但鼓励学生猜字谜创编，激活了学生发散思维，也激活了学生多彩生活，因而字谜儿歌也多姿多彩。

思考性练笔，好像学生生活和思想成长的阳光。

李政道对我国基础教育是一分为二的，但他对传统教育弊端却一语破的："求学问，需学问，只学答，非学问。"它强调"问"的重要性，"问"是学生对生活的追求、与思想的对话。

思考性练笔主要引领学生观察自己的生活世界，用眼看用心悟，察形索神，敏锐发现日常生活中的真善美与假恶丑，养成独立思考质疑问难的习惯，大胆探索未知领域，追求思维创新、表达创新，乐于思想交流、相互切磋，以负责任的态度陈述自己的看法，养成严谨求实的学风。

我们要特别重视学生对生活和成长的感悟，可引导学生从一个独特的视角用，几个词语编写生活条目来锻炼学生的思考能力。如书包——甩不掉的包袱，粉笔——在化为粉末时才实现了它的价值，圆规——忙了半天等于零，笛子——漏洞都是缺点吗？这是思维的魅力。

马克思把"思维着的精神"称为"地球上最美的花朵"[①]，为此我们要用阳光思维引导学生思想，既要唱响主旋律，又要鼓励多样化，主旋律和多样化是分不开的。我们要引领学生阳光生活而不单调，引领学生阳光思想而不僵

---

① 中共中央马克思恩格斯列宁斯大林著作编译局. 马克思恩格斯全集：第20卷［M］. 北京：人民出版社，1971：379.

化，引领学生阳光成长而不痛苦。

（五）思想和学习双重参与

思考性练笔，使学生成为思想和学习的双重参与者。

随着改革和研究深入，近年来写作观念不断更新。如果说阅读教学是通过课文学习使学生学会分析观点、筛选信息；那么写作教学则是通过口头或用文章清晰地表达自己的看法。这是一个学习的过程，但不是简单地模仿，也不是被动地学习，而是思想参与的过程。

因此，不少国家在新制定的语文课程标准中提出，写作是思想者和学习者双重身份参与的过程。正如加拿大安大略省语文课程标准所描述的：学生们认为有意义的写作活动激发他们围绕论题展开创造性的思维，他们对创新活动的兴趣会导致他们将技能掌握得更加全面、更加稳固。同样重要的是，学生们以学习者和思想家的双重身份参加的写作活动，将为他们证实：条理清楚的作品源于清晰的思维和写作习俗的科学运用[①]。

这与我国孔子"学而不思则罔，思而不学则殆"[②] 的学思结合的主张异曲同工，只不过孔子不是从课程角度立论的，强调思考而没有思想家的身份要求。

思考性练笔将学生是以思想者和学习者双重身份参与的课程观落实为一种教学策略，更有可操作性；学生在练笔中思考，在思考中练笔；在思考中学习练笔，在练笔中学习思考。

---

① 柳士镇，洪宗礼. 中外母语课程标准译编 [M]. 南京：江苏教育出版社，2000：350.
② 徐志刚. 论语通译 [M]. 北京：人民文学出版社，1997：14.

第三章　基于练笔写什么的学生生活世界

▶▶▶▶ 创意练笔心语

假话大话空话像流感病毒，作文很难幸免，成了学生练笔之殇。练笔离不开生活，缺生活写假话空话，生活充实到什么程度，才会写成什么样的练笔。

练笔该写什么呢？毫无疑问，该写学生的生活世界[①]。不拘形式地写下见闻感受，写自己想说的话，写想象中的事物，写自己对周围事物的认识和感想。创意练笔要贴近学生实际，引导学生关注现实，热爱生活，表达真情实感。

人充满劳绩，却诗意地栖居在大地上。海德格尔的诗句启示我们，练笔源于学生生活，创意练笔成于学生求真求善求美求新的诗意生活。用生活写真促使学生发现别样的美，用生活写意促使学生抒写真情实感，用生活感悟促使学生抒发独到见解。创意练笔要表现学生觉得新奇有趣或印象最深、最受感动的内容，创意练笔要力求表达学生对自然、社会和人生的独特感受和真切体验。

以学生诗意生活为本体，通过做事创意、生活写真、生活写意、生活感悟促使学生练笔具体明确、表达真情实感，用"一体四翼"解决练笔假话大话问题。图3-1是创意练笔学生诗意生活"一体四翼"的问题解决思维导图。

图3-1　创意练笔学生诗意生活"一体四翼"的问题解决思维导图

[①] 卿平海. 天天练笔：诗意生活的创意表达 [J]. 语文教学通讯，2015（12B）：4.

一、学生练笔为什么假话连篇

造假是一种丑恶现象，令人痛恨。当社会上形形色色造假日盛时，虚假作文泛滥已成不争的事实。著名学者李海林教授认为，中小学作文教学存在的最大问题是虚假的作文。有调查显示①，小学生照搬照抄、胡编乱造的内容不真实的作文大约占 60%，没有材料写的占 47.8%。我们调研分析也发现，中小学生作文的虚假情况相似。

谁剥夺了中小学生说真话的权利？一味注重应试而忽视学生个体生命需求，为求高分师生合谋作文造假；学生"两点一线"生活单调枯燥，有生活而缺激情缺感悟；追求高大全作文，忽视学生日常生活作文；不少教师仍然视中小学生作文为文艺创作，将优秀作文的标准等同于优秀文学作品的标准，诸如立意新颖、构思精巧、语言有文采等成为评价作文的惯用语。于是作文成为学生被动应付的任务，文字成为他们被迫发出的吼声。被"逼供"出的作文，不假才怪！

真实作文该写什么呢？毫无疑问，该写学生的生活世界。正如语文新课标所强调的那样，应写自己想说的话，写想象中的事物，写出自己对周围事物的认识和感想；能不拘形式地写下见闻、感受和想象，注意表现自己觉得新奇有趣或印象最深、最受感动的内容；写作要有真情实感，力求表达自己对自然、社会、人生的感受、体验和思考。因此，作文教学要贴近学生实际，引导学生关注现实、热爱生活、积极向上、表达真情实感，要求学生说真话、实话、心里话，不说假话、空话、套话②，要写出诚实的自己的话③，做个坚持真理、敢于说真话的老实人。

这也应该成为练笔教学的内容范畴和要求，因为科学练笔目的是学生的自我表达和与人交流，练笔内容是以真情实感为核心价值取向的学生生活世界。练笔应是学生生活的一部分，应是学生生活中常用的实际本领之一。"作文这件事离不开生活，生活充实到什么程度，才会做成什么文字。"④ 我们学生的

---

① 吴亚西. 新课程背景下小学习作教学的问题与对策——对小学习作教学若干基本问题的调查与思考 [J]. 课程·教材·教法，2009（3）：20—23.

② 中华人民共和国教育部. 义务教育语文课程标准（2011 年版）[S]. 北京：北京师范大学出版社，2012：8，11，16，23.

③ 叶圣陶. 叶圣陶语文教育论集 [M]. 北京：教育科学出版社，1980：227.

④ 叶圣陶. 叶圣陶语文教育论集 [M]. 北京：教育科学出版社，1980：257.

练笔誓言是：我的生活我做主，我的生活我来写！写作源于生活，练笔源于学生的生活世界；写作高于生活，创意练笔追随学生诗意的生活。

▶▶▶▶ 创意练笔寻道

二、练笔课《纸随心飞》教学实录

人充满劳绩，却诗意地栖居在大地上。海德格尔的诗句启示我们，练笔源于学生生活，创意练笔成于学生求真求善求美求新的诗意生活。创意练笔要表现学生觉得新奇有趣或印象最深、最受感动的内容，创意练笔要力求表达学生对自然、社会、人生的独特感受和真切体验。

怎样寻找创意练笔的生活源泉？在中国教育学会第二届全国初中名校名师语数外精品课展示活动暨名校长论坛上，卿老师应邀为 400 多名与会者上了一节写作课《纸随心飞》①。

这节课坚持以用教师有创意地教引导学生有创意地学为教学理念，以互动生成、创意表达、快乐分享为教学立意。教学预设目标是：在丰富的趣味活动中，体验创意练笔的快乐和魅力，感悟多向观察、联想想象、个性表达的方法，练习抓住自己独特感受进行创意表达的能力。

课前请组委会通知借班学生准备不同颜色的两支笔（最好有支红笔），上课时再带上作文本即可。教师为每个同学准备一张相同规格的白纸。预计 1 课时，45 分钟。课堂教学意境构思，如下表所示。

活动模块	逻辑结构	教学设计意图	所体现的新课标要求
试一试	为什么写？	认知冲突，写作冲动	①写作要感情真挚，力求表达自己对自然、社会、人生的独特感受和真切体验。 ②多角度地观察生活，发现生活的丰富多彩，捕捉事物的特征，力求有创意地表达。 ③运用联想和想象，丰富表达的内容。 ④养成修改自己作文的习惯。 ⑤能与他人交流心得，互相评改作文，以分享感受，沟通意见。
玩一玩	写什么？	调动五官，独特体验	
说一说	怎样写？	交流感受，借鉴方法	
写一写		独立实践，创意表达	
评一评	写得怎样？	自评互评，相互学习	
改一改	怎样写得更好？	自改互改，共同提高	
赏一赏		作文美读，分享成功	

① 卿平海.《纸随心飞》的作文教学实录［J］. 语文教学研究，2008（8）：14—20.（收入顾之川. 名师语文课·高中卷［M］. 济南：山东教育出版社，2019.）

下面是卿平海名师工作室成员岳国忠老师做的《纸随心飞》课堂实录。

（一）课前交流，沟通心灵

师（微笑着问大家）：今天下午有些热，刚才同学们已经上了一节作文课，辛苦了。现在，我们是做游戏还是直接上课？

生（响亮地回答）：做游戏！

师：在座诸位，谁知道我的名字？

（学生都摇摇头）

师：我姓"qīng"。它会是哪个字呢？请猜猜吧。

（老师在黑板上边板书这个字的拼音边请同学们猜是哪一个汉字。在同学们七嘴八舌的猜测声里，老师写下了"卿"字）

师（微笑着）：请同学们用"卿"字组词，能举出10个以上的有奖励哟。

生：爱卿。（笑声一片）

师（微笑着问）：你知道这个词的意思吗？

生：应该是皇帝对臣子的爱称。

师：那你叫一声"爱卿"吧。

生：爱卿！（满场笑声）

师：喳！同学，您此刻已荣升为皇帝了。

（笑声更响，笑声中老师向全体学生鞠躬）

师：各位皇帝下午好！我是愿为你们尽心服务的爱卿，请多多关照！

生：（全班朗声回道）爱卿平身！

（会场里，有的大笑不止，有的会心微笑，有的情不自禁鼓掌）

师：请同学们继续组词。

生：卿卿我我。

师：这个词语有趣，是什么意思？

生：就是很亲密。

师：哦，不错。注意哟，这个词语用来形容男女之间的亲昵缠绵，可不能随便乱用。请大家继续组词。

生：上卿。

生：公卿。

生：关汉卿。

师：还有吗？

生：不好组词了。

（不少学生摇头）

师：同学们积累挺丰富，不过还有一个词你们可以学会。

生（惊讶四顾）：哪个？

师：卿平海。

生（都疑惑不解）：他是谁？

师：他是你们的爱卿，（以手指自己）我呀！

（同学们会意地点头，开心大笑。满场气氛愉悦）

（二）聚焦问题，生成目标

师：今天上作文课。正式上课前，身为爱卿的我很想知道同学们平时作文的困惑，现在就请你们说说自己平时作文中最突出的问题吧。

（老师微笑着，用期待的眼光探询全班同学）

生：我的语言比较啰嗦，总说不清楚想要表达的意思。

师：你的提问还是比较简明的，让我们明白了你作文的真实问题。为什么会说不清楚呢？你可否试一试：尽力想清楚后再写，并围绕一个中心写。

生：我的作文头重脚轻。

师：提问简明，好！

生：我找不到写作的材料。

师：有这一问题的请举手。

（有一半以上的学生举手）

师：一半以上，这值得我们追问了：是老师出的作文题目有问题，还是我们同学平时积累写作素材出了问题？

生：生活中有感受，下笔却不知道写啥。

师：有这一问题的请举手。

（比前一个问题，举手同学更多些）

师（若有所思）：这些问题确实是困扰我们作文的拦路虎，据我所知，这些问题是我们初中生普遍存在的问题。现在，我们一起来找找原因吧。

生：我们经历的太少，生活阅历浅。

生：我们读书不多，知识不丰富，积累太少了。

生：我们想象力不丰富。

生：我们缺少写作方法。

生：我们观察不仔细。

师（自叹道）：是啊，我们天天在生活，却不知道生活是什么，没有感受到生活的五彩缤纷。确实正如刚才同学所言，我们对自己熟悉的生活没有认真去观察，没有合理想象，所以写作的时候难以下笔。你们说是吗？

生（异口同声）：是。

（三）调动五官，独特感悟

师（深思状）：那我们该怎样观察生活呢？

生：用心观察。

师（微笑着）：说得好。怎样用"心"呢？

生：就是要用"五官"去感受。

师：那我们的"五官"究竟在哪里呢？请大家指一指自己的"五官"在哪里？

（学生纷纷指自己的"五官"，师与学生边交流，边板书：视觉、听觉、嗅觉、味觉、触觉）

师：请同学们拿出课前我分给发你们的白纸，调动你的"五官"，用心感受你手中的这张纸，至少用五个词语来概括你的感受。看谁观察认真，概括简明。

（学生边认真观察，边自言自语，不时交头接耳）

师：下面我们交流一下观察所获，说你感受最深的一点。

生：光滑。

师：纸很光滑。这是怎样感知来的？

生：用手。

师（用手指黑板）：它属于哪种感官？

生（齐声）：触觉。

师：请同学们继续说你的感受。注意将你的感受及其调用的感官连起来。

生：清脆，听觉。

师：对，后面说的同学要说与前面不同的感受和感官。

生：洁白，视觉。

师：还有哪个"官"没有用到？

生：还没有闻气味。

师：闻气味是运用哪一种感觉？

生：嗅觉。

师：非常好，请问"嗅"字怎么写？

生：左边一个"口"右边一个"臭"。

生：就是"口臭"。

（学生忍俊不禁）

师：注意哟，此处"臭"不读臭"chòu"，在文言中此字本读"xiù"，气味的意思，包括各种气味，所以此处不"口臭"。

（学生大笑）

师：请用心闻闻你手中的纸吧，谁能闻出不同气味吗？

生：纸沾上了我的手汗，有点臭味。

生：有一股工业的气味。

生：有香皂的味道。

师：联想不错。（边说边板书"联想"）纸的"气味"越来越丰富了……还有与众不同的吗？

生：有一股幽幽茶香。

生：好像大自然的气息。

生：有一股阳光的味道，令人闻起来感到很温暖。

（掌声响起来。）

师：掌声是对你独特想象的赞赏。

（老师边点评，边板书"想象"）

生：好似小草生机勃勃的气味。

生：有一种悬念的味道，想知道却又不知道究竟是什么气味。

师：哦，这些感受意味深长哟。

（老师边点评，边板书"味"字）

生：有一种爱惜的味道。我太爱惜这张纸而不愿意在上面写字画画。

师（微笑着）：爱惜很好，惜纸如"金"；不过该用还得用，用完后，待会我再送你一张就是啊。

（该生微微一笑，点点头）

生：我闻到有一种神秘的味道，在这张纸上，诗人会写下精美的诗篇，然而一个小孩却只会在上面乱涂乱画，感到很遗憾。

（课后据班主任和该班语文老师说，该学生非常调皮。）

师（疑惑地问）：你会遗憾吗？（微笑着问）同学，请问那位诗人是你吗？

（全班哄堂大笑）

生（若有所思后坚定地说）：将来应该是我！

（全场响起热烈掌声）

师（兴奋地）：看来，一张白纸却蕴涵着深意啊！（板书"意"字）大家刚才的感知非常好。现在我们来看一看，还有那一"官"没用到？

生（齐答）：味觉。

师：那我们怎样感知手中纸的味道？

生：吃呗！

（众人吃惊，面面相觑，疑惑地看着老师）

师（坚定地）：吃吧。看谁能吃出不同的味道来。

（师边说边撕下纸放入嘴咀嚼。全班学生仿效，都撕下一块纸放入嘴里咀嚼。老师还不断提醒："请注意体味味道哟，我希望同学们感受出这纸的不同味道来。"）

生：有些咸。可能是下午天太热，手又捏了半天，有些汗水的味道。

（有笑声起，师微笑点头）

生：好似竹笋的味道，硬硬的。

生：有些酸味。我感受到了工人加工这些纸张的辛酸。

师：不错。非常有同情心，关心民间疾苦，请为他的独特感受鼓掌！

生：有点像小溪边石头的味道，凉凉的，硬硬的。

生：有点甜。

师（微笑）：似"农夫山泉"的味道？农夫山泉——有点甜？

（全场笑声起）

生：有点苦。砍伐树木，破坏森林，伤害自然……

师：哦，你这是对环境遭破坏的忧虑，有环保意识，大家送给他掌声！

生：有咸味。这纸是由树木制成的，树木本该自由生长，却被砍掉了，砍伐树木时，树枝的眼泪让我心中有点咸。

师：请大家送给他掌声！他很有同情心！（掌声热烈，师板书"情"字）是啊，刚才大家用心感受到了纸的这些不同滋味，很不错。其实，生活中，酸甜苦辣都是味，每一味都需用心去体味。就我们手头的这小小的一张纸，只要我们善于用"五官"去观察，去感受，自由联想，驰骋想象，就能把纸中包含的情、意、味，甚至纸中包含的道理、趣味都可以感受出来。（板书"理""趣"两字）

（四）情动辞发，创意表达

师（指着板书提问）：我们的前辈对纸有哪些独特感悟呢？请回忆我们学过的有关纸的词语、成语、故事、诗句，看古人前贤是怎样表达他们对纸的独特感悟的？

生：纸包不住火。

师：对！它道出了纸中所寓含的"理"。

生：纸上谈兵。

师：这是一个成语故事，由典故引出了道理。

生：白纸黑字。

生：纸上得来终觉浅，绝知此事要躬行。

生：洛阳纸贵。

生：纸老虎。

师：这些熟语、成语、故事、诗句等不同形式，揭示了纸中蕴涵的不同的"理"，普通的纸有着特殊的智慧……纸中也有情啊，《红楼梦》中有"满纸荒唐言，一把辛酸泪"……还有哪些呢？

生：纸飞机。

生：纸风筝。

师：纸风筝很有趣。它让我们想起清朝高鼎写的一首诗《村居》："草长莺飞二月天，拂堤杨柳醉春烟。儿童散学归来早，忙趁东风放纸鸢。"（背诵者愈众，声音愈大）这是多么有情趣的童年游戏啊。你们现在想做游戏吗？

生（齐声）：想！

师：好！滋养童心很重要啊。我请同学们做"纸随心飞"的玩纸游戏，时间 3 分钟。要求是：动脑玩出新花样，尽情玩出新感受。

（学生纷纷动手尝试，激动不已。老师巡视。最后提醒学生把自己玩纸的独特感悟用一个字、一个词或者一句诗、一句自己的话来概括，并写在自己所折叠的物品上）

师：请同学们停止玩纸，闭上眼睛，按照老师的提示回味刚才玩纸的过程：在这个过程中，你看见了什么？ 现在能不能透过纸看得更远一点，看到了教室外的大自然、社会、天空、大地……请把自己的喜、怒、哀、乐，丰富的表情在脸上充分地表现出来。

玩纸时，你听到了什么？ 有哪些声音？ ……父母的？ 社会的？ 大自然的？ ……听到来自心灵深处的声音了吗？

玩纸时，你触摸到了什么？ ……你的手随你的心飞翔，又触摸到了什么？

玩纸时，你闻到了什么？ ……你们的面部表情很丰富，这很惬意……再想想，你在调动味觉品尝时还尝到了什么？ ……

请大家继续闭上眼睛。根据自己在纸上的所写词句，细细回味刚才的感受，把刚才玩纸的细节再回味……

好！请大家睁开眼。以"纸"为话题，尽量将你玩纸的独特感受，用你独特的语言，尽量有创意地写出来。（板书："独特感受""创意表达"）请大家不停笔，5 分钟内完成。

（学生迅速下笔，激动兴奋。师四周巡视，不时倾身低头与个别学生耳语，

催促动笔，静默观察不同学生的写作情景，若有所思。5分钟快完时，见有个别学生未写完）

师："考试时，如果遇到这种问题，该怎么办？"

（学生疑惑，摇头）

师：我告诉同学们一种应急结尾方法——戛然而止法，在正写的字后用省略号，你"言有尽而意无穷"，请阅卷老师去想象吧。

（全场大笑）

（五）互动评改，分享快乐

师：有道是："作文百改不倦，文章才会百读不厌。"好文章往往不是写出来的，而是改出来的。现在请大家拿出红笔，按照老师的提示，努力把文章修改得好一些。首先通读文段，边细读边修改。要轻声细读，把多余的字词删去，写掉了的字词添上，不顺的地方改一改……我看见有人在问字怎么写，我告诉你一个好办法，把它换成同义词，不要写拼音代替，也没有必要问同学……如果你已经改好，马上轻声读一遍，找出文中那些就算自己不说别人也知道的文字，请删掉……你文段中有无中心词，如果有请圈出，再围绕中心词快速读文段，把与该中心词无关的语句删去，把还想说的话补上；如果文中没有中心词语，可否加上？……有些同学没有写标题，看此时能否拟出标题？如果标点是一"逗"到底的，请予以改换……其他问题，也请尽力改一改，看谁能越改越好……

（学生按照老师要求，动笔修改自己的文段，很认真。师边巡视，边指导修改）

师：现在请同学们对自己的这次练笔做一个评价，运用"3+1"的方法，先找出3个闪光点，再找出1个比较突出的不足点，并用简明的语言做一个评价。

（师边巡视边点评引导）

师：我见有的同学写道："闪光点：①有中心词；②语言简洁；③字数比较多。不足点：一'逗'到底。"这评语要点清晰，要言不烦。

这位同学的评语值得我们玩味："闪光点：①我心随纸飞翔，好爽！②我文因情流淌，好美！③我修改，我自新！不足点：言犹未尽，遗憾！"这评语好啊，肺腑之言，个性鲜明，文采飞扬，你们也不妨试一试……

（老师巡视，不时与同学交流，指点）

师：同学们已基本做完了自评，接着请围绕玩纸中的独特感受，找出自己文中独特的感受和有创意表达的语句，用笔画一画。然后与同桌或前后左右的同学进行交流，互读互评，不要忘了用你独具的慧眼发现同学作文特别的美。

（学生自由互评，品读声、赞美声、商榷声、争论声此起彼伏。老师面带微笑，来回倾听，频频点头，有时竖起大拇指。时间2分钟）

师：陶渊明曾说："奇文共欣赏，疑义相与析。"下面我们来分享一下同学们写的短文，读的同学，可以读完你所写的练笔，也可以只读你觉得写得比较好的语句或语段；可以读自己写的，也可以读其他同学的。听的同学，请一边认真地听，一边试着进行"3+1"赏析。

生（毛硕宇）：我的短文标题是《百态的纸》：《百态的纸》一张纸宛如一曲歌，你可能谱出一曲美妙的歌；一张纸宛如一首诗，你可能写出一首精彩的诗；一张纸宛如一幅精彩的画，你可能画出一幅漂亮的画；一张纸宛如一个世界，你可能从歌的每个音符，诗的每个字里，画的每个角落，体验到人生百态！

师：你对自己的短文最满意的是哪点？

生：用比喻和排比把自己对纸的百态的感悟进行了生动的描写。

师：你的不足在哪里？

生：限于时间，没有把纸的"百态"描写具体。

师：生动却不具体，容易给人华而不实的错觉。你既然能比较客观地评价自己的短文，那么能课后把它补写具体吗？

生：能！

师：好！我相信有类似情况的同学也能做到。不知有谁发现没有，这篇短文语言使用上有点问题？

生（毛硕宇的同桌，拿着他的作文本说）："精彩"一词重复，第三句与第一二句对应得不很工整。

师：你能帮你的同学修改一下吗？试一试，行吗？

生（毛硕宇的同桌）：行！可改为："一张纸宛如一曲歌，你可能谱出一曲美妙的歌；一张纸宛如一首诗，你可能写出一首精彩的诗；一张纸宛如一幅画，你可能画出一幅漂亮的画……一张纸宛如一个世界，你可能从歌的每个音符，诗的每个字里，画的每个角落，体验到人生百态！"

（刚念完，毛硕宇激动得又说好又鼓掌，随后同学们和听课教师都鼓起掌来）

师：人多智慧多，互改力量大，以后我们可要主动地把自己的练笔、作文与同学分享，相互帮助，我们的作文水平就会提高得更快些。再请同学们继续念练笔。

生（邓杰）：我的作文题目是《玩纸》，我最满意的句子是："……将纸贴在耳旁，轻轻摇动的时候，那清脆爽朗的声音，把我带进了竹简的海洋。"

师：大家觉得这两个同学写得怎样？能尝试做比较评价吗？

生：毛硕宇用了比喻、排比修辞手法，语言生动；邓杰的语言很平淡，没有用华丽的词语。

师：从语言角度进行比较。我们来看一看，邓杰同学练笔的语言，评价时是用"平实"好呢还是用"平淡"好呢？

生（齐声）："平实"好一些！

师：为什么呢？

生："平淡"是语言本身无味，很一般。"平实"是语言不华丽，比较质朴。所以用"平实"要好一些。

师：在评价别人的文章时，要注意用词哟。请同学们再换角度进行评价。

生：我认为他们都有自己的独特感受，都有联想想象，但我更欣赏邓杰的，因为它更真切些。

生：我的意见有点不同。我认为邓杰念的那句话有两处问题，可以改为："将纸贴在耳旁，轻轻摇动，那清脆爽朗的声音，把我带进了竹简书籍的海洋。"

师："横看成岭侧成峰，远近高低各不同。"古有"吟安一个字捻断数根须"的美谈，今有我们莘莘学子的字斟句酌，好啊！

生（金梦然）：我的题目是《心在梦里游荡》，我比较满意的是这一段话："我仿佛听到了父母的呵斥声，听到让我停下来的劝诫声。我闻到了花香，在碧绿的草地里，草色多么醉人。我的皮肤沾上了一阵阵的清凉，感到了苍穹正无私地撒播她的泪水，一丝一丝，一缕一缕。"请大家不吝赐教！

生：我很喜欢"草色多么醉人"，把视觉转换成了陶醉的心理。

师：这运用了一种修辞手法，知道是什么吗？

生（都摇头）：不知道。

师：你们以后要学，它叫通感。请继续从不同角度赏析。

生：最后一句的拟人特别有情味，"一丝一丝，一缕一缕"耐人寻味啊！

生："草色多么醉人"不如"草味多么醉人"自然。

生（刘江西子）：我的文题是《纸的联想》："我的手指快速地动着，一把扇子便有了大概的模样。于是想起了夏天的西瓜，还有堆满床的玩具。最后我竟飞回了古代，会是谁用这把扇子呢？我擅自将这个人想成了李清照，她倚着朱红的小楼，手中正握着……纸扇……"

（全场掌声打断了她深情的朗读）

师：在如此短暂的时间里，你竟能神游古今，超越时空，把你手中的纸扇送到李清照手中，感受独特，妙啊！请大家再把掌声送给她！

生（苏剑夫）：我写的是《白纸的繁杂忧虑》："长大的我，拿着一张白白的纸，越是简单，越是白，心里就越是毛躁。不知道该干些什么，而那些童年时学会的折纸飞机的方法，也已经忘得一干二净。于是乱折一通，心里不自觉地认为，人是很奇怪的动物：年岁越大就越会将越简单的东西想得越复杂……我们就是一张白纸，想得越多，心就会越乱。于是便很烦，最终变成一团废纸……"

生：苏剑夫把玩纸与自己的心情巧妙联系起来，真切感人。我也有同感。

生："年岁越大就越会将越简单的东西想得越复杂"这话有哲理，这是人的进步还是倒退？

师：由单纯到繁杂，是成长的忧虑；由烦躁到淡定，是成熟的快乐。白纸写上智慧就珍贵，激情偕同理智就壮美……

（生会意地笑了，自发鼓掌）

生：我的《纸中的美》这样写道："纸中有一种美妙的感觉，纸中有爱，有回忆，有悲欢离合，也有我在人生道路上的挫折与父母、老师、朋友给我的鼓励……它虽然看似淡而无味，同样只是白白的，没有五彩的颜色，也没有灿烂的历史，但是它可以给我们一种质朴的美，一种奇妙的味道，它让我们懂得了怎样去体会、去想象、去回忆。"

生：如果把"质朴的美"展开写，写具体，并与纸联系起来，就会更好些。

师：我们刚才听的几篇文章都很美，可惜时间有限，只好请同学们课后再相互交流，相互评改。现在，我请大家起立，捧起自己的文章，昂首挺胸地有感情地朗读自己的文章。请把自己想象成令人敬仰的作家，此刻就是我们未来文豪们的一次集体宣言！看谁能读得最好，读得最长。现在，就请大家放声朗读自己的美文吧！

（学生全体起立，昂首挺胸，手捧自己的文章，高声诵读）

（六）及时反馈，真诚反思

师：这节课快结束了。能与同学们一起上课，这是我的荣幸；此时此刻，我最大的愿望就是想倾听你们上这节课的真实感受，请将你最强烈的感受用一个词语或一个句子来概括。直到现在，还有极个别同学没有发言，我很想先听听这些同学的上课感受……好，请您谈谈，您第一次举手，我们为您鼓掌！

生：时间过得很快，我很愉快！

（老师和同学们为她鼓掌，她脸红红的，眼里有泪花，激动而大声回答）

师：有此感受的同学请举手。

（学生都举手了）

师：我也是。其实，课堂的快乐是我们共同创造的，让我们一起鼓掌，奖励一下我们自己吧。

（老师和学生都热烈鼓掌）

生：感悟到了写作文的一些方法，比如应在写作时自由联想、大胆想象。

师：在自由练笔后总结写作方法，在主动反思中提升写作智慧，在不断更新里生长写作个性。后面发言的同学，可否把自己独特的感受用有创意的语言表达出来？

生：很有趣，很个性，很男人！

（全场爆发出笑声）

师：你的意思是说我的课还是说我本人？我希望都照顾了哈。（笑）

生：我很快乐，我希望您能多练习普通话。

师：谢谢您！下一次很"女人"的时候，我争取普通话能比今天说得更好一些。

（全场会意地大笑）

生：用心去观察生活，便会有美的发现。

（全场掌声）

师：让我们共同努力：美的生活，美的文章，美的人生。

（会场响起热烈而持久的掌声）

▶▶▶▶ 创意练笔论道

三、心有灵犀一点通

近年多次应邀上《纸随心飞》的作文公开课，因不同需要，学生的差异，上课也做了一些调整和改变，但基本价值追求、主要环节没有大的变化，每次都有新的感触、新的收获，上课学生、听课教师、评课专家也有不同的反响。

（一）学生能飞得更美吗

2014年12月21日上午，教育部全国中小学教师继续教育网在达州开展"国培计划"远程培训线下研修，我应邀上课，学生来自达川区逸夫小学六年级8班。熊婧好在习作里写道："今天，我和同学们参加了纸随心飞的活动，

创意练笔

150

感触颇深。在玩纸中，我看到一望无际的蓝天下飘浮着朵朵白云，雄鹰展翅翱翔，一群小朋友在碧绿的田野上放着纸鸢；我听到了小桥底下河水潺潺的声音，听到了同学们发小嬉戏玩耍的欢笑声，听到了鸟儿在树枝上啼啭；我闻到了书香，闻到了大自然的芬芳，嗅到了雨后天晴的清新；我触摸到了父母因劳累而变得粗糙的手，我尝到了母亲藏在粥里深深的爱……在这张平常的纸中，只要我们用慧心去感受，就会在纸中发现一个不一样的自我。"[1]

课堂里，学生在求新求异的玩纸游戏中兴奋不已，在自由表达中妙语连珠，在总结反思中尽享心花绽放。

一张纸

拾起一张纸
细看它精细的纹理
我仿佛看到了那奔流不息的江河
浇灌在我心灵的土地，永不干涸

拿起一张纸
轻抚它洁白的身体
我仿佛摸到了妈妈那双粗糙的手
充满着对我的关爱，温暖醇厚

拾起一张纸
深嗅它独特的气味
我仿佛闻到了大自然的芬芳气息
洋溢在我的胸中，历久弥香

拿起一张纸
咀嚼它平淡的味道
我仿佛尝到了泉水与野果的甘甜
体会到那是大自然给予我们无私的馈赠

（达州市达川区逸夫小学 王洁）

[1] 卿平海. 语文课堂创意教学［M］. 成都：四川大学出版社，2017：84.

40分钟的作文课，我们老师能做点什么？6分钟的课堂练笔，学生能写出点什么？细读王洁同学这首即兴诗作，他的联想随着玩纸游戏翩翩起舞，他的想象随着五官调用自由飞翔，他的语言在纸随心飞中熠熠生辉，特别是诗意的酿造、遣词的用心、节奏的缓急、押韵的变换，对于十一二岁的小学生难能可贵，实属不易！

（二）不惑再燃青春诗情

2014年11月27日上午，应邀为"国培计划"中西部教师培训项目重庆初中语文班上课，该项目首席专家、重庆市中学语文研究会副秘书长、重庆市北碚区教师进修学院陈家尧老师与学生一起听《纸随心飞》，情不自禁与初一学生一起作文，在6分钟内赋诗一首，当堂与师生分享，获得热烈掌声。

纸

一张纸
在我的抖动中
它从沉睡中醒来
向我诉说它不同凡响的过往

那一年
在一片海一样古老的森林
我生命的年轮
终结于一把斧锯凄厉的声响
我青春的脸庞
苍白于石灰池长久的浸泡
轰鸣的流水线
让我原本丰满的躯体变了形状

唉，一声沉重的叹息
人类啊　你可曾看到
今天我枯竭的生命
明天你衰败的容颜

（陈家尧）

（三）文采共纸轻舞飞扬

下面是成都市盐道街中学语文教师、成都市骨干教师罗雪瑜的听课感言：

"没有一篇真正的文学作品不创造新形象，没有一首真正的诗歌不是想象的产物，如果我们把我们对生活的感受比作金子，不管这生活多美，如果没有想象，也不过是一座沉默的金矿。想象就是点金术，能使我们把对生活的感受化成文学、化成诗歌。"南怀瑾如是说。听了这堂课，我深深感受到卿老师像使用了点金术，让我所任教的这个班的孩子们在这堂有趣的作文课上文采共纸，轻舞飞扬。

1. 新颖的引入视角

兴趣是最好的老师。每一个孩子就其天资来说，都是诗人，只要在教学方法上打开创作的源泉，就能使诗人的琴弦发出美妙的乐声。很遗憾，我平时对孩子们的写作指导显然不到位，没有激发出孩子们的诗人气质。在这堂课上，卿老师以纸为独特新颖的引入视角，充分调动了学生的写作兴趣，打开了学生的写作思路，变要我写为我要写，使每个学生都能以纸为载体，在写作时，都有一种欲望，一种冲动，一种跃跃欲试的心态，都能找到自己特别想写的内容。

2. 全面的感知提升

这个班的学生在平时作文时，往往觉得没有合适的素材可写，或是不知从何想象，其实是学生缺少善于捕捉作文素材的能力。学生的视线往往局限于一个小圈子，觉得一些司空见惯的小事没什么可写的。其实，在卿老师的指导下，平常的小事也可写出新意。卿老师选择了普通的观察对象——纸，指导学生创作、想象、写作。观察是思维的知觉，在这堂课上，卿老师引导孩子们动用耳、口、鼻、手、脑等感官去多方面地感知纸，与纸进行深入的心灵对话，对纸获得真实、全面、深刻的印象，为作文提供水到渠成的材料。

3. 鲜活的课堂生成

只要想象是合理的，可以新奇，亦可以平实。卿老师并未刻意让孩子们写出奇特想象的作文，而是围绕学科素养、学生写作能力的提升，始终关注学生的言语能力和思维品质的形成，引导学生把想象与现实生活中的事实联系起来，指导学生在合理想象的基础上，尽量让想象呈现多样化趋势，使文章生动有趣。动动、想想、写写、读读、议议，这贯穿始终的教学活动，本身就是作文教学的有效模式。而蕴含其中的课程意义的引领，写作能力的提升，学生心灵的独特感悟，课堂鲜活灵动的对话，才是教学过程中教者与学者的和谐共振、和合相处的平等体验。

感谢卿老师，让我的学生们对用真心抒真情的作文写作有了深入的认识。

感谢卿老师，让我的学生们有了一次文采共纸、轻舞飞扬的生动体验！

（四）练笔融入生命体验

卿平海名师工作室进行了磨课沙龙，工作室成员、四川省特级教师刘勇整理发表了讨论成果[①]。

中学作文教学，想说爱你并不容易。听完卿平海老师的写作练笔课《纸随心飞》，毋庸置疑，为我们提供了一个很好的研究范例。

1. 寻找作文素材，融入生命体验

一张普普通通的纸，一旦注入了师生的体验和智慧，它便成了课堂作文的快乐天使，玩纸、说纸、写纸……作文之乐取代了作文之苦。迷人而又与人启迪的白纸，从容而又充满睿智的教学，温馨而又思绪翩飞的课堂，跌宕起伏、妙趣横生、行云流水、如沐春风。

常态中的写作素材，大都是鼓励学生阅读经典，大胆引用诗文，其实这些"好词佳句"并非学生的真情实感，亦并非他们心中想要说的话，美则美矣，却容易落入空洞抒情的窠臼；或是让学生"学习"考场优秀作文，诚然写作需要借鉴，但如果没有内心的真实情感体验，结果是否会误导学生模仿，甚至抄袭呢？我们要求考试作文深刻、创新、优美，学生于是为分数而立意，为形式而作文，如此焚琴煮鹤，学生作文如何不"假、大、空"，又如何让学生易于动笔，乐于表达，情真意切呢？

而这堂作文教学课，教者寻找到了作文创新的快乐源泉，激励唤醒，启迪引领，让学生有话想说，有话可说，有话能说，有话会说。整堂课始终做到以学生为主体，充分发掘和调动孩子们已有的生活感知和生命体验，让学生自主参与其中，心灵自由飞翔，说平时话，抒真实情，涵养作文语言个性。

2. 使用情趣语言，增添教学魅力

由于是借班上课，师生之间彼此还不熟悉，卿老师先是拿自己的名字玩起了游戏。当有学生提到"爱卿"的时候，卿老师抓住机会让学生当起了皇帝，并向同学们鞠躬，在大家一起说"爱卿平身"的笑声中，卿老师和陌生的同学们来了一次亲密接触，消除了戒备感，拉近了彼此的距离，满场气氛愉悦，在这谐趣横生、令人莞尔的氛围中，为学生敞开心扉奠定了良好的基础。

卿老师选取的还是一种平等的态度，他微笑着用期待的目光对同学们说道："身为爱卿的我很想知道同学们平时作文的困惑，现在就请你们说说自己

---

① 刘勇. 融入生命体验的作文教学［J］. 四川教育，2008（8）：24—25.

作文中最突出的问题吧。"用商量的口吻，用坦诚的态度期待着学生的精彩演绎。

这样的语言还有很多，当语言变得庄重时，引发的思考愈发深刻，使课堂生动而不失深度。情感上浓淡相宜，节奏上缓急有致。

于是，在卿老师的循循善诱下，在充满情趣的语言感染下，同学们畅所欲言，卿老师则不露声色地总结作文的方法，引导同学们要用心观察生活。整个过程中，老师的想法没有生硬地强加给学生，而是与学生坦诚相待，和他们一起说纸、玩纸、写纸，看似玩得不亦乐乎，实则是润物细无声。

3. 激发思想火花，激活写作灵感

作文教学不能只是写作知识的讲解和写作技能的培训，还应当注意对学生的观察、思考、想象、分析，以及表达、评价能力的培养。教者引导学生看纸，掌握观察方法；指导学生玩纸，积累有益话题；教会学生说纸，提炼表达语言；引领学生评价，提升写作水平。从激发学生的写作欲望，到调动学生的知识积累，引导学生运用文字表达，多角度地观察，捕捉事物特征，力求有创意地表达。

卿老师拿出准备好的白纸，让学生运用各种感官去感知看似什么内容也没有的白纸。同学们在感知白纸的过程中，有人说纸很光滑，有人说纸很洁白，有人说有一股工业的气味，有人说有一股阳光的味道，更有同学闻到了一种神秘的味道，认为在这张纸上，诗人会写下精美的诗篇，而一个小孩却只会在上面乱涂乱画。在同学们叽叽喳喳的发言声中，卿老师发觉还有味觉没有体现出来。于是，在同学们面面相觑的目光中，他和全班同学一起吃纸，一下子，大家的感受进一步被调动了起来，同学们说有酸味，工人加工纸张的辛酸；有苦味，想到了砍伐树木，破坏森林，伤害自然……同学们发表了对纸的感受之后，卿老师没有马上进入写作的正题，而是和学生们一起回忆关于纸的词语、故事、诗句等，小小的一张纸，让大家想到了曹雪芹的"满纸荒唐言，一把辛酸泪"，想到了"草长莺飞二月天，拂堤杨柳醉春烟。儿童散学归来早，忙趁东风放纸鸢"的纸风筝……

"问渠哪得清如水，为有源头活水来"。在老师的启发和引领下，同学们思想的火花在激发碰撞中熠熠闪光，写作的灵感犹如源源不断的流水一泻千里。

4. 教学探幽发微，写作渐行渐远

从"试一试"到"赏一赏"，学生活动充分，课堂积累丰富。从"课前交流，沟通心灵"到"及时反馈，真诚反思"，层层推进，教学板块充满诗意，教师机敏睿智，学生的写作渐入佳境，师生的课堂"纸随心飞"，渐行渐远。

相信在这样既宽松快乐，又相互尊重，并且能学到丰富知识的课堂氛围中，同学们体会到的是一种生命的和谐之美！正因为有了教师"白纸写上智慧就珍贵，激情偕同理智就壮美"的充满灵性的语言和"在自由练笔后总结写作方法，在主动反思中提升写作智慧，在不断更新里生长写作个性"的情怀和理念，所以才会有"我心随纸飞翔，好爽！我文因情流淌，好美！我修改，我自新"的真切感受，才会有"想起了李清照，她倚着朱红的小楼，手中正握着纸扇"的大胆想象，才会有"很有趣，很个性，很男人"的由衷赞美。

遵循生命律动的方向，张扬生命发展的个性，挖掘生命潜在的力量。这是一堂互动的、开放的、情境的、人文的作文课，更注重的是一种文化的交流，生命的提升，自我发现与探索。看似家常小菜，实则精妙；看似信手拈来，实则春风化雨。素材朴实无华，课堂流光溢彩，教者借助一张简简单单的白纸，拂去浮华，回归本真，呈现出原汁原味的生态作文特征。

（五）飞翔的姿态和过程的优美

教育部中小学继续教育教材评审专家、中国教育学会中学语文教学专业委员会第八届理事会理事长、北京教育学院苏立康教授做了专家评课：

一节仅仅是 45 分钟的课，却让学生经历了作文的全过程；而且整个过程高潮迭起，学生作为写作的主体——时时有精彩的表现，实质是他们智慧的火花不断迸发。无论学生还是老师，始终处于思维活跃、精神愉悦的状态，实属不易。我们不能不反思：一节高效率、高质量的作文课体现了哪些教学规律呢？

首先是营造良好的课堂氛围。在这节课上，学生的心理状态非常好。他们很放松，很自信，而且乐于表达。课堂里的民主平等、轻松快乐的氛围，让每一个学生都感到自己是真正的主人（没有紧张和压力感，更没有被歧视的感受），自己可以自由地表达。做到这一点，实在太难得了。而卿老师在营造这种氛围上，功不可没。卿老师不仅有非常好的教学理念——尊重每一个学生，把每一个学生都看作是完全平等的合作伙伴，而且懂得怎样把这种理念转化为教学行为。从卿老师设计的每一个话题（尤其是"课前交流，沟通心灵"）以及师生交流中的反应里，处处可以看出卿老师对学生的爱护、尊重，其中不乏卿老师的教学智慧。

卿老师先进的教学理念还反映在教学目标的生成性上，"想象力不丰富""观察不仔细"不仅是学生说的，而且是大多数学生认可的。当把解决这一问题作为学习目标时，学生的主体意识更得到了强化。

其次是遵循学生的认知规律，设计教学过程。叶圣陶先生说过："心有所思，情有所感，而后有撰作。"在卿老师所设计的"调动五官，独特感悟""情动词发，创意表达"这两个环节里，卿老师千方百计让学生有所思，有所感。学生有话可说，有话想说，这时候，学生写作才不会感到困难；不仅不困难，写作还可能成为一件快乐的事。这是最好的境界。在这里，最精彩的设计，我以为是"心随纸飞"的玩纸游戏。在"互动评改，分享快乐"这一环节里，有6位学生读了写作的片段，其中4篇内容比较具体；而4篇中3篇的内容与"心随纸飞"的玩纸游戏相关。换句话说，是"心随纸飞"的玩纸游戏触发了学生对自己生活（无论是过去的还是现在的）的联想和想象，与此同时，也触动了他们的情思。只有此时，他们才能"感情真挚"地"表达自己对自然、社会、人生的独特感受和真切体验"。所以当想象和联想真正以生活为基础的时候，这种联想和想象的内容才能鲜活，才能丰富；学生才能真正写出自己独特的生活体验和独特的感受来。

第三，把评改环节变为学生提高写作能力和写作兴趣的平台。好文章是改出来的，不是写出来的。叶圣陶先生说："'改'与'作'关系密切，'改'的优先权应该属于作文的本人，所以我想，作文教学要着重在培养学生自己改的能力。"要培养学生改作文的能力，学生先要懂得改什么，怎么改；其次还要乐于改，并且积极地去改。有了这两条，学生的写作能力和写作兴趣必然会提高。在卿老师的指导下，这两件事都完成得比较好。

关于第一点，先安排自改。卿老师让学生两次读自己的文章，一读把文字改得大体通顺，二读要围绕中心说话，且都提示了具体的操作方法。在交流的环节，又安排了互改——既改内容，也改文字。尤其值得称道的是，"改"是随着"展示"进行的，展示是对写作的充分肯定，在充分肯定的前提下提出修改意见，又提供了具体的修改方案，被改者完全是受益者，他怎么不"激动得又说好又鼓掌"呢！在互改这一环节里，还有几个推敲语言的细节，也很精彩。学生有了这样的语言实践，必定会提高语言运用的能力。

卿老师对学生的尊重和爱护也充分反映在评改这一环节里。如自评的"3+1"的方法，引导学生充分发现自己的优点；互评时，绝不吝啬赞扬、鼓励和掌声。学生在改、评和交流中，心里仍然充满自信；改之后，他们更增强了自信。他们怎么会不愿意改呢？

总之，学生在写作的全过程里，始终是主体。他们自信地说，兴致勃勃地写，高高兴兴地改。一节课下来，他们收获良多。感谢卿平海老师把课标上比较抽象的表述借一节生动的课展示出来。①

▶▶▶▶ 创意练笔悟道
········

四、生活写真：促使学生发现别样的美

写作是用书面语与人交流，这种交流是智慧的分享、情感的沟通、价值的对话。为让读者更好地理解，作者要根据读者需求将表达具体而微，这样才能使交流更顺畅、更舒心。具体化练笔，是为了交流更有效更愉悦，也是为了发现生活不一样的美，表现生活不一样的美。

2020 年 3 月 23 日网上月考写作题目：抗疫宅家，我们体验了别样生活。停课不停学，网上学习新奇事不断，新乐趣无穷，新体悟良多。蜗居家里，往常事间断，新趣事频发，你可能体味到特别亲情。请你以"我别样的宅家故事"为题目作文。故事要真实感人、新颖有趣，人物描写要运用多种方法，情节要有起伏，要有场景描写。不低于 600 字。

我别样的宅家故事

当一个人过去曾有的惭愧在某一天可以安放的时候，那是对过去的终结，那成为感谢，它让我足够自信地继续向前走。

——题记

春节因新冠疫情的缘故，本该是热闹非凡亲戚走访问候时，却变得别样了起来。

我和妈妈每天呆在家中，我上网课，她看电视琢磨菜谱。

一天，妈妈午饭炒了一盘河粉，那真是色、香、味俱全！我尝了尝，好像回忆起了在一个阳光明媚的午后，我和妈妈在草坪上扎帐篷，又想起无数个温馨而美好的场景——似乎上次吃河粉是我十三岁时，在我初中记忆中，初一是我最快乐的时光。

原来食物也会有记忆，它也可以带来幸福？于是我怀着一大早和妈妈吵了一架的愧疚，准备学做"卤肉饭"来表达歉意。

网上学习后，我开始行动。我拿出已准备好的五花肉，解冻后切成小肉丁放在一旁；切姜成片状，洋葱切成圈后再分别切成丁；再切香菇和葱，接着把

---

① 苏立康. 飞翔的姿态和过程的优美——评卿平海老师作文课《纸随心飞》〔J〕. 四川教育，2008（8）：23—24.

它们全部放入盘中。然后，我在铁锅中倒入适量的油，待油、锅都热后，加入姜末蒜末，中小火烧至锅底冒泡，整体呈金黄色。"挺香的嘛，"我嘀咕道，"看来我也不是'孺子不可教也'啊。"估计着差不多了，我倒入五花肉丁，依次加入香菇、蒜、姜等并不停翻炒；加老抽时视频里解释道："这是为了上色。"我想着：上色？脑海中随即浮现了美术上的颜料。我轻笑一声，哼着歌加入了开水和煮熟的鸡蛋，再关小火，盖上锅盖，炖煮了二三十分钟左右，把食材起了锅，保留了部分油，留做炒菜。

待我将卤蛋切好，菜也起锅，估摸着我妈也该回来了。正犹豫打不打电话时，就听见了钥匙转动的声音。我忙奔向门口，问道："香不香？香不香？""哪家在做卤肉饭哦，味道还可以呢！"我拉着妈妈走向厨房，极其自豪地说："我弄的。嘿嘿，好难得吃上一顿现成的吧？"待妈妈尝了味后，评价道："还是挺香的。"此时，似乎那一丝愧疚才得到了安放。

会做的菜屈指可数的我，在这特别的疫情期间，学会了做卤肉饭，更懂得了感恩之情，所幸我没有辜负这个假期的别样。

（贾焜尧，2020-03-22）

突发的疫情，宅家乐学，学会做卤肉饭，飘溢着别样的香味；疫病无情，人间有爱，懂得感恩之情。贾焜尧在抗疫的特别生活中，发现了卤肉饭中别样美的亲情，通过做卤肉饭来报答母爱深情。这样的生活写真，表现了生活中别样的美。

（一）体验细腻，练笔才具体生动

小学生练笔写不具体是一个普遍问题，原因很多。

曾有学生拿着作文本问我："张老师，怎样才能写具体？"旁边一个同学回答道："把字数多写些就具体了，这是我妈妈的老师教我妈妈的。"我当时急于处理另一件事，也没仔细分辨，就随口说："照这方法试一试，明天把改了的作文交给我看。"第二天，当我批阅作文时，发现这个学生改后的《我快乐的春游》作文，字数增加了一页，补写了春游前的快乐准备、春游回家后听爸爸说他春游往事的快乐，至于自己这次春游怎样快乐仍语焉不详，甚至连春游的时间、地点都没有[①]。

写得多就具体了吗？看来，与主题、中心无关或关系不大的具体生动，也是有问题的。

---

① 张速. 幸福语文［M］. 成都：四川大学出版社，2018：108.

写不具体可能产生理解歧义，带来生活不便。我们成都火车站有北站、东站、南站、西站，曾经有段时间，火车票上印着的"成都站"，只是专指成都火车北站，经常有乘客因不清楚车站具体地址而走错站、误了车。后来应邀去西华师大讲座，发现新版的动车票写着："二环路北三段进站，成都站 D5162 南充站，2016 年 3 月 19 日 12：19 开，02 车 17C 号，65.5 元，二等座，限乘当日当次车。""二环路北三段进站"，文字不多，清楚具体。看来，具体不具体，怎样具体，必须考虑读者需要。

学生对所写的对象观察不仔细、认识不全面、体验不深刻，写的内容就难以具体，大而化之，模糊不清，这是很突出的练笔问题。

写具体不是件容易的事情。怎样科学有效地解决学生写不具体的问题，需要我们对症下药，有创意地开展学生喜欢的活动，对学生的细致观察、细腻体验、具体表达等进行精心指导。

空话连篇、空洞无物是学生练笔比较突出的问题。怎样才能使学生练笔内容具体、言之有物？体验细腻才能写得具体，这需要教学创意。我们认为，解决学生练笔内容不具体的问题要循序渐进，低段侧重句子内容写具体，中段侧重语段内容写具体，高段侧重篇章内容写具体，而中段语段内容写具体的承前启后是关键。这也是落实义务教育课程标准的需要，能写简单的记实作文和想象作文，内容具体，感情真实；能根据习作内容表达的需要，分段表述①。它是高段的要求，必须在中段对学生进行语段内容具体的过渡性训练，否则篇章内容具体将会无法达到。

词典里的"具体"有三个义项：细节方面很明确的，不抽象的，不笼统的；特定的；把理论或原则结合到特定的人或事物上②。结合小学习作教学实际，语段内容具体需要把所叙的事、所记的人、所写的景的特点写清楚，把所蕴含的情理写动人。为此，我们在四年级从三个方面进行了语段内容具体的习作教学探索③，取得了很好的效果。

看清楚想明白后，才能写具体。

练笔是一种"倾吐"，具体化练笔首先要激发和满足学生情理倾吐的正常心理需要。包括情绪倾吐和理性倾吐。情绪倾吐这类文章大都有感而发，内容

---

① 中华人民共和国教育部. 义务教育语文课程标准（2011 年版）［S］. 北京：北京师范大学出版社，2012：13.

② 中国社会科学院语言研究所词典编辑室. 现代汉语词典（修订本）［Z］. 北京：商务印书馆，1997：684.

③ 张速. 语段内容具体的习作教学创意［A］. 四川省教育厅教师优秀论文一等奖，2009.

充实，感情真挚。理性倾吐是指作者面对某一论题或某一社会生活现象作理性思考，从而产生通过文字表达生活认识及思想感情的一种心理意识。在这种心理意识支配下写的文章，往往能对生活作概括性的提炼和总结，并由此及彼、由表及里、层层深入地剖析事理，进而表现出创造性的发现能力[①]。情绪倾吐与理性倾吐在具体化练笔中，相互补充，缺一不可。

具体化练笔需要提高学生的感受丰富度与体验的深刻度。学生练笔存在一个通病，即平淡单调、感受苍白、感情贫乏。练笔时，常常是装腔作势、无病呻吟。而练笔教学情境，让学生身临其境，增加学生对事物的感受，诱发他们的情感体验。在情境中，他们"发现事实、事理的真际"，获得"真经验知识真感受"（叶圣陶语），而不是从书上或者什么写作词典里抄来的套语、套话。练笔教学情境，使学生萌生惊讶感、向往感、自由感，产生喜、怒、哀、乐、爱、欲、恶等多种情绪体验。学生感知的敏捷性带来情感的丰富性及对事物认识的悟性、灵性。境能育情，情能造境；境生情，情生境，境与情相因相生，相得益彰[②]。活动越充分，体验越深刻，越有助于表达具体生动。

具体化练笔要以读写迁移理论为指导。认知结构迁移理论认为，认知结构即学生头脑内的知识结构。作文认知结构与阅读认知结构都包括在学生早已有的观念的全部内容及其组织中，且有着十分相似的结构内容与组织形式，是十分相近且联系密切又不完全相同的认知结构体系，两者具有相互迁移的条件，这些便成为阅读－写作迁移的心理结构[③]。读写迁移过程是一个双向互促活动，读后进行具体化仿写，使阅读更深刻；具体化练笔过程，触类旁通，学以致用。

练笔要写具体，一要观察深入，看清楚；二要分析深刻，想明白；三要借鉴写法，写详细。循序渐进，反复练习，互促共进。

（二）情趣活动，使叙事有血有肉

义务教育课程标准实验教科书北师大版语文四年级下册第9～10页的"笔下生花"语段训练，要求学生阅读比较两段话，并"看看你的习作，是不是写得生动具体、有血有肉"。张速老师发现学生对比较阅读感兴趣，而对自己习作反思兴趣不大。于是，就设计了这样一个情趣活动：今天听写，只有两个小组全对。请大家猜一猜，会是哪两个小组全对？学生你一言我一句，热烈地阐

---

① 刘永康. 语文创新教育研究［M］. 成都：四川大学出版社，2000：262－263.
② 韦志成. 语文教学情境论［M］. 南宁：广西教育出版社，1996：182.
③ 刘淼. 作文心理学［M］. 北京：高等教育出版社，2001：98.

述自己猜测的理由……最后老师告诉结果：竟是学生预料之外的七、八小组。接着，引导学生把刚才猜的过程写出来，要求写具体，尽量写生动，看谁最棒①。

有趣的猜谜游戏

星期五上午第二节课，张老师把听写本批改出来了。在发本子之前，张老师对我们说："今天听写只有两个小组全对，你们猜猜是哪两个小组呢？"同学们七嘴八舌地议论，接着又争先恐后地举手。张啸骏同学说："我猜是四小组和六小组。"张老师饶有兴趣地问："为什么呢？"那位同学说："因为他们两个小组的人都非常优秀，学习很自觉。"我想："优秀是优秀（我就是六小组的），可不能避免发挥失常呀！"然后，叶洪睿同学说："我猜是二小组和六小组。""怎么又有我们小组呀！难道我们小组在他们心目中，真的有那么优秀吗？"我心想。接着，很多同学都发了言，很多同学都选了我们小组。这时老师说："你们猜的和正确答案可能刚好相反哦！""啊？"同学们大惊失色。"好了，我要公布答案了。"老师微笑地说。同学们都紧张地看着张老师，我也很紧张。"是……"张老师像说秘密一样，我的心都快跳出来了！"他们是……七小组和八小组！掌声鼓励！""耶！"七小组和八小组的同学一阵欢呼。接着雷鸣般的掌声响彻了整个教室。我喜欢这样的活动，因为它告诉我们一个道理：好学生不一定时时都好，差学生也不一定时时都差，任何人只要努力都会有奇迹发生！

（史迦琪，2009-02-20）

为什么学生写的叙事语段会这样具体生动、有血有肉？我认为这一练笔教学有如下创意之处：

情趣活动与写叙事语段吻合。有"哪两个小组全对"这一情趣活动有三个特点：一是来自学生真实生活，有实感，有写出事情细节可能，如对话的细节、心理活动的细节、神态动作的细节；二是类似猜谜活动，有趣味，激发了学生叙写事情的欲望，如学生情不自禁地觉得"我喜欢这样的活动"；三是叙写事情的要求既明确又有选择，为学生提供了表达自己独特感受的自由空间，如三个学生不同的写作侧重点、不同的详略安排、不同的理性感悟。

练笔是一种倾吐，包括情绪倾吐和理性倾吐。情绪倾吐是指写作者受到某一种外来事件的突然刺激（像猜"哪两个小组全对"），而在内心深处激起的兴

---

① 张速. 幸福语文［M］. 成都：四川大学出版社，2018：110.

奋喜悦或悲伤抑郁等种种情绪意念时，从而产生通过文字表达思想感情的一种心理意识。像上面例子的最后一句话："任何人只要努力都会有奇迹发生。"这就是学生对猜猜"哪两个小组全对"这一活动的理性倾吐。

张速老师不仅利用了教材，还根据学生实际情况拓展补充教材，创造性设计了猜猜"哪两个小组全对"这一富有情趣的活动，并因势利导地进行把叙事语段写具体写生动的练笔，促使学生叙述有血有肉，巧妙地将语文课程标准"根据表达的需要，使用冒号、引号"这一中段习作要求和"能具体生动地讲述故事"口语交际要求落到实处[①]。

（三）情理想象，使人物有声有色

小练笔习作课《谁的眼睛在说话》教学研究的核心问题是：如何通过仿写小练笔促进学生情理想象，使记人状物语段有声有色？本课题选择考虑了两方面的需要：一是学情的需要。学生对已做过的诗歌片段仿写、课文结尾新编、对话仿写等小练笔有兴趣，学生对"眼睛"主题单元阅读很投入。选择眼睛描写的小练笔，不仅能强化仿写兴趣，还能将语段阅读成果转化为语段练笔成果，一举两得。二是教情的需要。《谁的眼睛在说话》为完成北师大版四年级下册《语文》第59页的"笔下生花"写眼睛的单元作文做铺垫，以小练笔促进大作文。将眼神描写与心理描写、想象结合，也是四年级习作教学的难点突破[②]。

《谁的眼睛在说话》的教学目标是有情趣地观察眼睛、有情味地仿写眼睛。本课教学流程为：

（1）引一引：谈话揭示课题。

（2）试一试：与同学眼睛对话。

（3）读一读：品读课文学方法。

你看，这双大眼睛，是那样明亮，那样专注。它注视着前方，生怕漏掉老师在黑板上写的每一个字，生怕漏掉老师讲的每一句话……

你看，这双大眼睛，闪烁着渴望，充满着忧郁。虽然清晨教室光线并不明亮，虽然她上学前连梳头洗脸的时间也没有，可是就连这样的学习机会她也担

---

① 中华人民共和国教育部. 义务教育语文课程标准（2011年版）[S]. 北京：北京师范大学出版社，2012：13.

② 张速. 幸福语文 [M]. 成都：四川大学出版社，2018：112.

心会失去……①

与学生一起发现课文作者观察、描写的巧妙、独具匠心：①饶有情趣地观察眼睛。突出"这双眼睛"与众不同的特点，用关键词概括，如"大""明亮""专注""渴望""忧郁"。关键词：准确。②富有情味地描写眼睛。联想、想象眼睛会说什么话，如"生怕……生怕……""虽然……虽然……可是……担心……"联想想象：合情合理，有滋有味。

（4）用一用：我也能仿看仿说。试用下面的语段结构，进行仿看仿说："你看，这双眼睛，是那样……那样……它……（想象）"

（5）写一写：我还能仿中有创。

（6）改一改：我会借鉴我会改。

（7）赏一赏：我会欣赏我会评。

小狗的眼睛会说话

我八岁那年养了一只小狗，取名为"小健"。它那双水汪汪的大眼睛经常跟我说话呢！

一天下午，我带着一张分数很低的试卷回家，心中充满着忧郁。我一开门，小健就高兴地跑过来，汪汪直叫，还不停地摇着尾巴，十分热情地给我打招呼。我闷闷不乐，小健了看我，我把自己的情况和小健交流了，小健用它那奇特的眼睛盯着我，好像在说："小主人，别灰心，这次虽然没有考好，但只要努力，一定会考好的。"我读懂了它的眼睛，只要努力奋斗就可以成功。

一个晴朗的星期天，我带着小健出去散步，走到绿荫树下，看见嫩绿的叶子，我的手不禁痒痒起来，伸出手，刚想摘几片叶子来玩，却听见小健"汪汪"直叫唤，眼睛望着我，仿佛在说："小主人，乱摘树叶是不对的，树也是有生命的呀！"我听到它的叫声，把手缩了回来，摸着小健的头说："谢谢你提醒我，要爱护花草树木。"

有一天中午，我饿得头昏眼花，想快点回家，这时恰巧碰到红灯，我左看看，右看看，红灯口没有交警，没有过往的车辆，正准备拉着小健闯红灯，小健脚却紧紧抓住地，汪汪直叫，眼睛死死地盯着我，好像在说："小主人，要遵守交通规则，闯红灯很危险啊！"我只好退出斑马线，小健看了看我，好像在夸我说："遵守交通规则，人人有责，好样的！"

---

① 渴望读书的大眼睛［M］∥义务教育课程标准实验教科书语文四年级下册. 北京：北京师范大学出版社，2002：49.

现在居民楼不许养狗，我只好把小健送给爸爸的好朋友。临别时，我看见小健眼中闪烁着不舍的泪光，仿佛在说："小主人，我要走了，你以后一定要好好学习，听大人的话，你还要经常来看我哦！"那一刻，我的泪水模糊了双眼，眼看跟自己朝夕相处的小健快走了，心里有一种说不出的滋味……

我一生一世都忘不了小健那双会说话的眼睛，因为它给了我友谊，给了我快乐。

（张嘉豪，2009－04－23）

"谁的眼睛在说话"这一练笔教学通过情理想象，使记人状物语段有声有色，该练笔教学创意运用了作文渐递律、通变律、化一律。渐递，就是渐次递进，逐步进步，就是渐变中不断突破与飞跃。通变强调"法无定法"，强调对作文之法的继承、借鉴与革新、创造。化一律则认为作文过程是物我化一、多元化一、言意化一的辩证统一①。语段仿写中鼓励创新，体现递变律、通变律；合情合理的想象，拟人化手法，使人的眼睛和动物、玩具等的眼睛会说话，体现化一律。

语文课程标准鼓励通过想象丰富作文内容。第一学段鼓励写想象中的事物；第二学段能不拘形式地写下见闻、感受和想象，注意表现自己觉得新奇有趣的或印象最深、最受感动的内容；第三学段能写简单的记实作文和想象作文，内容具体，感情真实②。"谁的眼睛在说话"这一教学创意，使课文精美语段的阅读与学生合情合理想象练笔结合，这不仅仅是教教材而且是用教材教，使读写迁移活动优质高效。

（四）情境体验，使写景有条有理

义务教育课程标准实验教科书北师大版语文四年级上册第 12 单元主题为"风雪"，《瑞雪图》课后的"金钥匙"："作者是按一定顺序观察和描绘景物的，比如时间顺序、方位顺序……"还有这样的练习：

雪后的景色，先写（　），再写人；先写色彩，再写（　）；先写静，再写（　）；先写（　），再写近处。

课堂上引导学生完成这些教学任务时，发现学生对这些写作顺序知识似懂非懂。学校旁的银杏林让我萌发了"寻找冬日银杏的美"的习作教学创意：学

---

① 李乾明. 作文教学理性的突围［M］. 成都：四川人民出版社，2002：108－133.
② 中华人民共和国教育部. 义务教育语文课程标准（2011 年版）［S］. 北京：北京师范大学出版社，2012：9，11，13.

完课文后组织学生实地观察银杏，寻找冬日银杏的美，随机对学生进行多向观察辅导，促使学生调用五官兴趣盎然地进行情境体验：

银杏的树冠——树枝——树叶——树干——树根

银杏的形状——色彩——质地——功用

银杏林的远景——近景，银杏林的动景——静景

银杏林的天空——周围建筑——人们活动——地上花草

银杏的实景感受与联想、想象（假如我是银杏）……

回到教室学生立刻投入兴致勃勃的练笔中，提醒学生注意写景的条理。当天家庭作业，再让学生对比分发给学生的写景的名家名段，如雨果《海上劳工》、朱自清《春雨》等，进一步修改练笔，努力做到不仅内容具体生动而且有条有理①。

冬天拜访银杏

星期五上午第一节课，张老师在教室里说："今天我们去四川科技馆外看冬天的银杏林……"突然，教室里十分热闹：有的同学跳了起来，有的同学欢呼起来，还有的同学在窃窃私语。

我们立即排好队离开了学校，走到了一个有斑马线的地方，极目远眺，银杏树像一座巨大的金字塔。"哇！好美啊！"同学们情不自禁地赞美起来。慢慢地走到了银杏林前面那一片空地上。近看，有的银杏光秃秃的，有的银杏树有稀少的叶子，有的银杏树的叶子密密麻麻的。有很多树叶的银杏树像一个金色的巨人，而落光了叶子的树就像很瘦的巨人。

来到银杏树下，抬头仰望，只见树冠奇形怪状：有的光秃秃的，有的叶子很多，有的不是太多。树枝也是多种多样：树干有棕色、白色，还有一个三角形支撑架。树叶是半圆形的，湿的是橘黄色，干的是青色，不湿不干的是黄色，枯了的是乌褐色。风一吹，银杏叶子像雪花似的飘落下来。有的落在草地上，有的落在地上，有的落在水沟里。

我用手在银杏叶上上下滑动，真滑，我又用鼻子闻了闻，真香，我以为很好吃，吃了一口，好难吃呀！我旁边一位女同学告诉我说："又苦又甜。"

冬天的银杏树是这样的美啊！

（戴泽昕煜，2008-12-12）

---

① 张速. 幸福语文 [M]. 成都：四川大学出版社，2018：116.

活动初衷是从读中学写，把语段写具体且有条理，可结果大大超过预期，学生竟一口气写成了一篇文章，少则四五百字，多的上千字。主要原因是情境体验起了三个作用：

一是给学生提供材料来源，解决学生练笔无米之炊的问题。学生练笔常有畏难情绪，有的学生说，"作文作文，叫人头疼"，"作文作文，好似捉魂"。他们之所以感到难，是因为无事可写，无话可说，"巧妇难为无米之炊"。没有解决学生练笔"写什么"的问题，学生作文当然就是"硬着头皮写"，东拉西扯，凑足字数，交差了事。而练笔教学情境，教师根据教学需要创设，让学生依情境练笔。学生写有依据，自感得心应手。所以，解决学生"写什么"的材料问题，是第一位的问题①。"寻找冬日银杏的美"活动，学生在"找"的过程中找到练笔的材料，情境体验丰富了练笔内容，使写具体写生动成为可能。

二是增强学生的感受与体验，提高学生表情达意的能力。学生对活动的渴盼，"我们高兴得跳了起来"。情境中调用五官，审美体验多姿多彩，如"好像自己走进童话世界里了""银杏叶纷纷扬扬地飘落下来，像一群黄蝴蝶在空中翩翩起舞""大家纷纷蹲在绵软舒适、金色海洋般的草地上""我的叶子苦甜苦甜的，蛮好吃的""冬天的银杏树是这样的美啊""科技馆的银杏树林真是太美丽了""银杏林，你是那么美丽，是那么让我着迷"。这些感受是真切的，体验是独特的，达成了语文课程标准五六年级习作目标："养成留心观察周围事物的习惯，有意识地丰富自己的见闻，珍视个人的独特感受，积累习作素材。"②

三是"寻找冬日银杏的美"教学创意符合创设教学情境的强度律、差异律、对比律、活动律，使练笔内容具体而有序成为可能。活动中的多向观察引导，写后与优美语段进行对比修改，促使学生练笔不仅要内容具体，而且有条有理。

（五）情景写生，使体验情景交融

与中小学生密切关联的情景，主要有学习情景、生活情景和自然情景。学习是中小学生的主要生活，学习体验是丰富多彩的，也是别有滋味的；随着中小学生家庭生活、社会生活逐渐增多，他们的体验也越来越深刻；而走进大自然，体验自然，又别有一番滋味在心头。中小学生情景体验随着年龄增大、自主意识增强，特别是情感的发育，他们倾诉情感体验的欲望也不断增强，有时甚至不吐不快，憋得难受。引导学生进行情景体验练笔，既有利于疏导学生的

---

① 韦志成. 语文教学情境论［M］. 南宁：广西教育出版社，1996：181.

② 中华人民共和国教育部. 义务教育语文课程标准（2011年版）［S］. 北京：北京师范大学出版社，2012：13.

情感，又有利于丰富学生的生活经验积累，还有利于培养学生情景描写、直抒胸臆的写作技能。

对于情景写真型的练笔，我把精力集中于学生写真实的情景、抒真切的情感，这类练笔的最高境界是情景交融①。

雾之感

宛如轻纱蒙上脸庞，
冰冰凉凉十分清爽。
像天空中极大的纱，
笼罩整个人间天堂。

宛如薄薄的棉花糖，
吸到嘴里徘徊荡漾。
像儿时吃过的甜食，
渴望享受点点幸福。

似若隐若现的飞毯，
将我轻轻托起观望。
擦亮明眼看这世界，
肮脏也不见了踪影。

（王玲娇，2003－10－23）

我的雨天

雨可以帮助我排除许多困扰。在我思念父母时，雨水代替了我的泪水；在我郁闷时，雨水浇散了我的郁闷；在我生气时，雨水发泄了我的不快；在我成绩不理想时，雨过天晴又给我带来了新的目标。雨，把我的生活变得丰富多彩，我喜欢雨天。

（周欣锐，2004－10－20）

这两篇练笔中的雾和雨天，已经不再是自然界中的雾和雨天，而是完全情感化、个性化的"我"心中的"雾""雨天"，成了"我"特殊的精神世界。

---

① 卿平海. 语文新课程创意教学［M］. 北京：开明出版社，2005：4.

"雾""雨"中有"我","我"中有"雾""雨","雾""雨"与"我"交融在一起靠的是"情"。当情景交融时，哪是景语，哪是情语，已经无法分清，景语就是情语，情语就是景语，而且分清景语和情语已并不重要，重要的情景交融的语境给我们以美感和启迪。

引导学生关注周围的生活重要，引导学生体验生活更重要。中小学生的生活边际是分明的，空间被繁重的学习已挤占殆尽。生活是大课堂、大学校，生活体验的缺失对学生健康成长和可持续发展很不利。当假日经济高速发展的时候，也为非毕业年级学生带来了体验社会生活的机会。在我们重视传统节日，同时西方节日逐渐进入学生生活的今天，学生练笔也得到了新机遇。每当三八妇女节、五一节、教师节、国庆节、重阳节、圣诞节、春节等到来时，我都要布置相应的练笔。由于有节日的情景和气氛，学生往往能写出真实的体验。

致老师

老师
在漆黑的夜空
您是否感受到
天空的星星正向您眨着眼
那，请搁下工作休息一下
那星星是 47 颗，对吗

老师
您是否看见
47 颗星星都在眨着眼睛
其实那都是
我们八班的 47 个同学
在诉说对您的感情

在我们一起相处的这 200 多个日夜
您付出的比我们更多
当我们已经在梦乡里
您还在孜孜不倦的工作
您还在想明天的课
应该怎样才生动

当我们已在嬉戏时

您还在批改作业

你们这样辛勤的工作

我们又该用怎样的语言来致谢

天上的星星啊

请您洒下柔和的光

窗外的噪音啊

请你歇歇气

让老师睡个好觉

（肖梦伊，2004－09－10）

在有的学生及某些学生家长对老师的尊敬已降到了令人心寒的程度这种背景下，我们教师是不是应该适时对学生进行尊师教育？爱父母需要教育，爱家乡需要教育，爱祖国需要教育，甚至爱自己都需要教育，怎么就不进行爱老师的教育？没有受人尊重的教师，是很难培养起受人尊重的学生的，也很难有受人尊重的民族。因为当晚星光闪烁，我也凝望过星空。于是，我写下了这样的批语："我在群星闪耀的夜空中，一一找到了 47 颗特别明亮的星星；我在字里行间，深情阅读了 47 颗星星；我带着 47 个动人的故事，进入梦乡。今天心情比昨天好，因为读了您的诗；今晚梦会比昨晚美，因为您的诗会驱散窗外的噪音。"

五、生活写意：促使学生抒写真情实感

（一）实践活动滋生独特感受

2020 年 4 月 1 日，一年级下期网课《制作春卷》后，张速老师布置了下列作业：

板块一　劳动起来

生活即学习，生活即交流，生活即劳动，和家人一起劳动起来，制作春卷……把自己和家人劳动的美景画在下面或拍下来粘贴在下面。

板块二　小作家

先把自己和家人宅家劳动制作春卷等的过程和感受说给家人听，然后写下来。

要求：第一句话写什么时间，谁和谁在哪里干什么；第二句话重点写制作春卷或其他菜的过程，请准确用上动作词；第三句话写自己的感受。不会写的字可用拼音代替，可请教家长，可查阅《新华字典》等。

有味的春天

今天中午，我和妈妈一起在家做春卷。

首先，在盆里倒入适量的面粉，洒少许盐，将盐与面粉调均匀，加入温水开始和面，和到柔软的状态，可以在手上甩来甩去不滴落的样子。把柔软的面团摊在平底锅里，白色的面饼变透明就说明面饼熟了。其次，把红萝卜、白萝卜和莴笋洗干净，去皮后切成丝儿，将它们放入沸水中过一次水，捞出放入盘中。最后，用面皮把红萝卜、白萝卜和莴笋丝儿包裹起来就大功告成了。

我觉得自己劳动丰衣足食的劳动果实无比美味，这就是春天的味道吧！

（卢籽燚，2020-04-01）

家长感言：疫情期间与女儿一起宅家劳动十分幸福，在家也能找到春天的快乐。希望你能一直保持对生活的热爱，只有自己动手才能收获最多。

2020年4月3日，一年级下期上完网课《春耕》后，张老师又布置了下列作业：上期末，我们把教室里的花儿带回了家，它们还好吗？结合今天学习的《春耕》，先说说寒假养花的过程和感受，然后自拟题目写下来。

我的春耕

"好痒啊，好痒啊，不要挠我了。"花盆里的土妹妹笑得"咯咯咯"的。此刻，我正在拿着花铲给绿箩松土呢！

上学期期末，教室里的绿箩被我带回了家。花儿们口渴的时候，我会为它浇水，花儿点着头说："谢谢你给我喝水。"花儿生病的时候，我会为它喷洒除虫药，花儿笑着说："感谢你给我治病。"暴风雨来的时候，我要把它们端进房间里，花儿想："为什么要把我端进来呢？"我告诉它："外面要下暴雨了，你会淋湿感冒的。"

每天照顾花儿，真的很辛苦。但是，我的心里甜丝丝的，因为花儿越来越茂盛了。

（刘昕蕊，2020-04-03）

真实活动产生真情实感，实践活动触发独特感受。酸甜苦辣都有营养，成功失败都是收获。尊重学生自己的体验，让他们走进自己的生活世界，体验生活、体验社会，即使是失败，也可能成为学生终身无穷的财富①。

中小学生不仅充满理想，充满活力，而且喜欢通过活动释放能量，展现青春风采。虽然近年为了确保学生外出安全，中小学生校外活动少得可怜，但一有活动，学生都是很投入的，体验也是深刻的。只要及时引导，学生完全可以把这些难得的活动体验，化为练笔的好素材，写出一篇篇体验生动感人的练笔来②。

"选美"队会

今天下午，我们开了一个十分有趣的班队会，评选出了我们班的"班草"（最帅的人）和班花（最美的人）。而这"班草"与"班花"也指各个方面的，比如体育、人缘以及外表等。最后，选出的"班草"是 A，"班花"是 B。他们俩可真是一对冤家啊，初一时 B 在 A 前面（和我坐在一起），而这学期他们竟坐在一起了，真是有缘啊！我希望这样的班队会活动多搞一些，让我们的生活更加丰富。

（方翔，2004—10—22）

这个班队会很有创意，别出心裁，可惜学生没有把感人的选美活动过程和精彩的活动细节写出来。从我的学生活动练笔来看，学生易于动笔，易于写生动，但难把细节写得生动感人，难写出活动的情趣和意蕴，如《班会》中"我"是怎样表演小品的，《"选美"队会》中选举的过程和情节。于是，我采取了两个措施：一是对学生写的活动练笔进行比较性评讲，把比较点放在细节是否生动感人和写的活动是否有情趣和意蕴；二是学生集体活动前，做适当的提示，提示学生注意观察细节的变化过程，注意在活动过程中感悟活动的情趣和意蕴。经过较长时间努力，学生写的活动练笔，有了写意色彩，有的活动练笔渐渐有了精彩的细节。

经典快照

项目：初一男子 1000 米。

镜头：咦，这里没有草原，哪里传来骏马的奔跑声？喔，初一男子 1000

---

① 中华人民共和国教育部《素质教育观念学习提要》编写组. 素质教育观念学习提要［M］. 北京：生活·读书·新知三联书店，2001：15.

② 卿平海. 语文新课程创意教学［M］. 北京：开明出版社，2005：10.

米比赛开始了！第一组同学已经各就各位了。"预备！砰！"随着枪声响起，选手们像离弦的箭一样"飞"了出去，带来一股飓风。第一圈下来，很明显，有的人速度慢了下来，这正是超道的极好机会。"加油！加油！"这是我们初一八班加油喝彩的声音。可是，那个同学太不争气，由于体力不支，慢了下来。不过，我们全班可不会怪他，仍然鼓足了劲儿为他加油。虽然名次不好，可我们全班都为他鼓掌。

第二组同学也准备好了。像小鹰一样冲了出去，奔向胜利！

加油！奔跑着的希望。

努力！飞翔着的雏鹰。

胜利就在前方，

欢呼就在耳旁。

不管结果如何，

你们——运动员们，

永远是最棒的！

（王玲娇，2003－11－07）

虽然镜头是扫描，但有了较大的进步。一是语速和节奏符合体育比赛活动"快"的特点。二是同样写 1000 米跑，写法也有变化，写第一组活动侧重于写自己的观感，写得比较细；写第二组活动侧重于写对运动员鼓劲的话，像运动会的广播稿。

我倡导用自己喜欢的不同文体来写活动体验，鼓励学生积极主动参与课外综合实践活动，拓展学生独特感受域，生活写意练笔也因此异彩纷呈。具体做法为"活动创意—独特感受—生活诗意—生活写意"；它扬弃传统的"社会采风"，形成基于主题型综合实践活动的生活写意，其主张是：练笔源于生活，但练笔成于诗意生活。

生活本身就是大语文，语文的外延与生活的外延相等。练笔教学只有融入真实的生活，才会充满不朽的生命力。开展主题型综合实践活动，需要教师精心安排引领路线图。首先，要与学生共建"在生活中学用语文，在活动中学写练笔"的学习观。其次，活动主题应充分利用语文新课标教材中的综合性学习设计，例如人教版初中教材 36 次"综合性学习·写作·口语交际"就是 36 次活动，高中必修教材中的 15 次"梳理探究"就是 15 次专题实践活动，用增删调改办法形成可行的主题。其三，从学情、教情、校情和当地实情出发，运用教材中的实践活动与学生需要的实践活动相结合、认知性实践活动与问题性实践活动相结合、被动性实践活动与主动性实践活动相结合、模拟性实践活动与现实性实践活动相结合、重复性实践活动与创新性实践活动相结合的"五结合"策略，自主开发活动主题。其四，主题活动要活字当头，活动题材要鲜活，活动设计要灵活，活动主体要激活。专题活动要变单一为多样，不仅要指导学生积极投入课堂演讲、交流、讨论、辩论、竞赛、实验，还要鼓励学生自觉抽时间逛书店、听讲座、看画展影展、网上搜索，调适生活胃口；节假日，倡导学生结伴户外采风，拥抱大自然，游览名胜古迹，探寻乡土文化。尝试通过观察、调查、访谈、阅读、思考等多种途径搜集专题活动资料，促使学生在玩中学，在学中玩。最后，练笔要动起来、做起来、写起来，变静写为动写，变死写为活写，写出主题活动的独特感受与情趣。

当然，要使主题体验活动更有效、生活写意练笔质量更高，进行"任务驱动教学"很有必要。上海大学李白坚教授主张练笔教学应从"前作文"开始，要教会学生"摄取生活素材"的活动本领。如人教版四年级上册第四组练笔要求学生写一写自己喜欢的动物，要具体写出动物的特点，表达自己的真情实感。老师在练笔前1至2个月布置了这样三项任务[①]：①观察体验：根据家庭情况和个人爱好，选择合适的小动物来饲养。②写观察日记：把小动物的生活习性和饲养期间发生的故事记录下来。③资料收集：查一查书报、网络，或者与饲养同一种小动物的同学交流，记录整理有用的资料，以丰富和补充自己的观察体验。无独有偶，李希贵先生曾亲见美国洛杉矶约翰中学的一节戏剧课，教师给学生一个咖啡杯，要求学生编一个戏剧情节并表演出来，同时把咖啡杯推销出去。学生异常活跃，每位学生都编出了情节各异的戏剧小品，富有个性而毫不雷同。可见，练笔前活动的明确任务、相机诱导是非常重要的。

有些同学对生活的体验真实独特却"只可意会，不可言传"，由意会到言传是化无形为有形的过程。各个感官的体会有时是共通的，调动自己全部的感官去体验生活，将慧眼与慧心结合，我们会发现世界原来如此美丽，生活写意表达如此精彩。也不必说李清照《武陵春》里的"只恐双溪舴艋舟，载不动许多愁"；也不必说林清玄《温一壶月光下酒》中的"将月光装在酒壶里，用文火一起温来喝"；更不必说歌德《浮士德》里那"生命的黄金树是绿色的"；仅仅学生小诗《妈妈》就别有生活意味："我每天放学回家/第一件事是找妈妈/看到妈妈/才算真正回家。"题材虽是生活中的平凡小事，但经过纯真的童心过滤，童心看世界，生活便情趣盎然。

---

① 黄莉莉. 习作教学应从"前作文"指导开始［J］. 小学语文教学，2008（9）：53-54.

（二）成长日记珍藏美好记忆

人民教育家于漪老师说："从事写作教学，要引导学生读无字书——身入生活，心入生活。"中小学是梦幻的花季，青春似火；中小学是激情的岁月，生活如歌；中小学如打翻的五味瓶，酸甜苦辣。一个梦就是一首诗，一段情就是一篇文，一个学段就是一部成长小说。于是，我倡导学生写成长日记，每天把自己生活的浪花用一句话或一段话真实地描述下来，成长日记珍藏着学生日常生活的美好记忆。这既满足了青春期中有闭锁心理学生的倾诉需求，又锻炼了写作能力。坚持这样做一年左右，班上往往就会有十多个学生产生把成长日记整理为成长小说的愿望，我很高兴地答应他们寒暑假就可以仅做这一项作业[①]。

最棒的我

时光匆匆，到现在我还没认识真正的我。直到这一次，我成功了，我找到了一个真正的我。

几天前，张老师给我一张表。什么？竞选大队长！我的心扑通扑通跳起来，我胆儿小，一上台就紧张得连话也说不出来。望着张老师那满眼的期待和鼓励目光，我只好怀着忐忑不安的心情一五一十地填上去。

过了好几天，通知来了，我预入选了！我的心卡在喉咙里，怎么也吞不下去。我心想：还是放弃吧！总比在大众面前出丑好。可是，看着同学们那一张张期盼的脸……我不能辜负同学们对我的期望呀！我一定要为班级争光，加油！我点了点头，慌忙跟着同学们去阶梯教室了。

来到那里，三位老师坐在台上，神情严肃，我不停地冒冷汗，再看看其他同学，也是一个个心情激动。我咬紧牙关，上了讲台。"如果我是大队长，我会管理好楼道安全……"呀？原本压抑的心情忽然轻松了许多，面对着刚才还严肃、现在却笑容满面的老师，我流畅地说了起来，仿佛我身边没有任何人……我正站在一座朝气蓬勃的花园里，看着那一朵朵粉嫩的小花，一棵棵高耸入云的大树，我的血液在沸腾，我不再惧怕胆小，在我胸前满是自信！讲演结束后，我激动万分，但没有说什么，便回到教室。

今天，结果公布了，我落选了，只有两位同学入选。其他同学脸上浮现出失望，而我反而有一种自豪感涌上心头，我为他俩喝彩，也为我自己喝彩。因

---

① 张速. 幸福语文［M］. 成都：四川大学出版社，2018：123.

为——我从胆小的阴影中走了出来，面对的是一个崭新的我，自信的我。虽然他俩是学校的大队委，但我是我自己的大队委。我心中有一座自信的城堡，它将伴我一起走向辉煌的未来。

没错，我，就是一个最棒的我！

（江岸学，2010－09－16）

落选，对一个胆小内向的小学生来说也许是一场灾难。我原意是想给她锻炼自己、改变自己的机会，这几天一直忐忑不安。看见这篇日记，我如释重负。于是，我给她写了几句话："自信是人生的不竭动力，自信是生活的灿烂阳光，自信是个性的最美衣裳，祝贺你拥有了自信！老师还要说你真是最棒的，因为你落选不落志气，反而从中找到了自信。"

周末真快乐①

每到周末，我最快乐了，因为我要痛快地放松自己！

周末的早上不用调闹钟，翻翻身，唉！再睡一个小时又怎样！

翻来覆去，实在睡不下去了，才慢吞吞地实施我新发明的周末蜗牛式"早起"运动：慢慢地起身，慢慢地伸懒腰，慢慢地穿衣，慢慢地洗脸，慢慢地吃饭……反正没人催我，也不记迟到。当然，学习也不能忘，早晨记忆棒。泡一杯麦片，背背单词，读读课文，看看新闻。

吃完午餐，去逛逛超市，买点文具。回家泡杯咖啡，吃些点心，看一个半小时的书，再看卡通到晚餐。

吃完晚餐，就去参加舞蹈训练。

冲完澡，进入梦乡……

（王玲娇，2003－11－10）

中学生如此生活，你会怎样评价？慵懒，进取？提倡，反对？城市里的中学生，上学时负担不轻，周末才艺训练往往少不了。但周末毕竟是周末，究竟怎样过才好，这确实值得好好探讨。这篇练笔虽然短，但写出了她丰富的周末生活；虽然有点慵懒，睡懒觉，但进取是主旋律，学习没放松，练舞蹈照样坚持，看新闻、看卡通、逛超市也不懈怠，这些真实的生活，叙述简明也不乏生动。我说点什么呢？"充实而健康的白天生活，晚上就会得到好梦的嘉奖，祝你晚晚有好梦相伴。"这善意提醒可能会比"睡懒觉不好，应该改正"还好。

---

① 卿平海. 天天练笔：使学生享受诗意生活［J］. 教育科学论坛，2004（6）：22.

我这良好的祝愿，相信学生会乐意为之。

让我们一起去拾贝壳
—— 赠我的小学同学

思念是锁

锁住了我

锁住了时空

美丽如昨

同窗是缘分

分离是折磨

也是一种快乐

跟往事说再见

纵然起起落落

也让我们一起追逐

在人生的大海

拾起贝壳

拾起收获

（肖某，2008－10－01）

　　这是成长日记里令老师和家长特别关注的问题——学生对异性同学的情感体验。伴随身体发育而来的对异性的关注乃至爱恋，"哪个少女不怀春，哪个少年不钟情"，青春情思自然而然。是死堵，还是疏导？我们鼓励学生在练笔里尽情抒发。为了让学生写有安全感，要求学生未经本人许可不许偷看其他同学的成长日记，我还向学生承诺：不告诉班主任，不告诉家长，不告诉当事人。以尊重信任，引导学生抒发真情实感。这实际上也有心理发泄、心理疏导的作用，用阳光心态调适青春躁动，用成长日记记录青春情思，利于学生贮藏青春美好记忆，益于学生身心健康发展。

　　学生的成长日记犹如成长相册，贮藏着生命历程中美好的瞬间，摄下了奏响生命进行曲的大事和小事，也有装点的自然风光和社会风情，更有那浸润生命、刻骨铭心的情和爱。它是学生生活智慧的冶炼炉，精神财富的聚宝盆。正如叶圣陶先生曾强调的那样："作文这件事离不开生活，生活充实到什么程度，才会做成什么样子的文字。"他还指出"生活充实"的具体涵义应是"阅历得广，明白得多，有发现的能力，有推断的方法，情性丰厚，兴趣饶富，内外合一，即知即行"①。学生要使日常生活充实，要使成长日记成为他们取之不尽、用之不竭的作文素材库，学生必须"身"入生活、"心"入生活，用"眼"看，用"耳"听，用"心"感受，学会观察方法，能见别人所未见，闻别人所未闻，获得发现的乐趣，及时笔录，形成习惯。

促使学生成长日记持之以恒的动力源，就是魏书生先生所说的"扶植新我"。每个学生心中都潜藏着一个积极、乐观、进取、勤奋、坚强、勇敢、豁达、自信、舍己为公、好学、善良、理智、聪明的自我，我们要善于发现这些真善美的种子、幼芽、小苗、小树，使之萌芽，使之破土，使之成长，使之壮大。这需要我们尽可能地找出可操作性强的措施来。我引导学生进行成长日记的做法是"阳光生活—健康成长—心灵写诗"，它一改记流水账似的日记为写成长日记，这不仅仅是说法不同而已，更承载着的是我们关于学生作文本质的诉求：作文应追随学生的成长历程，成长日记珍藏着学生日常生活的美好记忆，它是"文学即人学""文如其人"的一种生动的注释和具体的实践。

（三）青春诗语积淀真挚情感

学生作文为了什么？不同写作目的观深深影响着作文教学。代圣人立言、为时代高歌，从古而今为应试的悦人之作，"伪圣情结"滋生泛滥成灾的虚情假意作文，急功近利催生言不由衷的伪君子，人格分离老让范进、孔乙己之类的人不断重生。作文教学怎样才能促使学生抒发真挚情感？我尝试鼓励学生写青春诗语，用青春诗语积淀学生日常生活的真挚情感，这对小学六年级学生来说，既切合他们渐入青春期的心理需求，又符合当下他们言语发展的年龄特点。因我是鼓励学生从小学低年级就口头或书面写小诗的，高年级再鼓励学生写青春诗语，学生自然热情很高，佳作不断，有些学生的诗歌还在报刊上发表了②。

2007年2月1日，临近春节，二年级学生张沐平同学伫立窗前，看见小鸟，即兴赋诗《我愿是只幸福鸟》。2007年4月7日，写下《捉雪花》，童趣童真，情意深切：

① 叶圣陶. 作文论［M］//叶圣陶语文教育论集. 北京：教育科学出版社，1980：352−363.
② 张速. 幸福语文［M］. 成都：四川大学出版社，2018：126.

捉雪花

风来了
雪花飘
风停了
雪花掉
落到弟弟的帽子上
逗得弟弟拍手笑
片片雪花片片好
捧起一片给我瞧
拿起来看没有了
伸手一接又来了……

我非常高兴的是，该学生年龄长大了，情感越来越深厚、博大，但始终保存了可爱的真挚情感。

学生的青春诗语，是一个多姿多彩的真情世界。钟璐媛同学的诗语是色彩缤纷的：

我爱金黄的颜色

因为——
麦子是金黄的
秋天的叶子是金黄的
我生活在乡村里
连我的家
也是金黄的

我爱翠绿的颜色
因为——
大树是翠绿的
大山是翠绿的
我生活在山寨里
连我的心
也是翠绿的

我爱洁白的颜色

因为——

纸张是洁白的

书本是洁白的

我生活在城市里

连我的梦

也是洁白的

在青春诗语里，学生的任何真情实感都可以入诗，学生的任何真实生活都可以入诗，学生的青春生活就是青春诗语。

叶圣陶先生很早就认为："练习作文是为了一辈子学习的需要，工作的需要，生活的需要，并不是为了应付升学考试，也不是为了当专业作家。"[①] 这强调学生的言语生命动力，促使学生言语内驱力与基于交流互动的言语外驱力的辩证统一，并指向学生自我实现的人生[②]。马克思说："任何一种解放都是把人的世界和人的关系还给人自己。"[③] 在语文新课程写作教学面临诸多问题正寻求突破的当下，我们要站在解放学生把人的世界和人的关系还给学生、促使学生主动生动和谐发展的高度，为了使学生变苦于练笔为乐于练笔，我们主张练笔应写"学生自己的话"的本体话语，要强化学生"练笔是咱自家事"的主体意识，倡导"我的练笔我做主"的生本价值。青春诗语就是促使学生积淀并自由抒发真挚情感的一种可行途径，一种有效的尝试。

（四）生活写意跟进诗意生活

陶行知先生认为，没有生活做中心的教育是死教育，没有生活做中心的书本是死书本。毫无疑问，没有生活做中心的作文也是死作文。世事洞明皆学问，人情练达即文章，说的也正是这个道理。离开学生的生活世界，作文就成为无源之水。教师要拓展学生的生活领域，让学生的视野冲破课堂的局限而扩展到宇宙万物中去，引导学生发现那些具有生命形式的事物，体验和感受那些多姿多彩的生活世界。在耳濡目染中发展学生的感知力，当外物的完整、均衡、对称、节奏等运动形式完全内化为学生自身的活动模式和习惯后，学生的

---

① 叶圣陶. 中学作文指导实例·序［M］//叶圣陶序跋集. 上海：生活·读书·新知 上海三联书店，1983：262.

② 潘新和. 写作：指向自我实现的人生［M］. 成都：四川科学技术出版社，1999：1.

③ 中共中央马克思恩格斯列宁斯大林著作编译局. 马克思恩格斯全集：第1卷［M］. 北京：人民出版社，1956：443.

审美感知审美创造就会变得更加细腻精巧。作文就会有更多更深的生活写意，学生生活世界也会更加绚烂多彩、美丽动人。

生活写意需要对活动感悟其多元价值。我们或引导学生感而悟其情。人之感于事，则必动于情。活动感悟伴随生活情感活动，生活情感累积产生表达欲望，而且情感将成为文章的主脉，如范仲淹《岳阳楼记》里"先天下之忧而忧，后天下之乐而乐"的旷达情怀，这是"情动而辞发"的精彩表述。情感永远伴随着生命，伴随着体验。愈是体验的，就愈是真实的；愈是真实的，就愈是动人的；愈是浸染了真实感情的思想，就愈是鲜活的。写作有了真实的情感，就获得了鲜活的生命。

我们或引导学生感而悟其趣，如沈复《浮生六记》里写儿童的"物外之趣"。

我们或引导学生感而悟虚，如李白《望庐山瀑布》由"瀑布"到"九天银河"的联想，郭沫若对"天上的街市"的联想、想象、幻想。

我们或引导学生感而悟其喻，如契诃夫《变色龙》的比喻，高尔基《海燕》的象征。

对于中小学生而言，比较难的是感而悟其理。如苏轼《水调歌头·明月几时有》的"人有悲欢离合，月有阴晴圆缺，此事古难全"的深邃哲理趣味。

那么，如何多角度地体味事物、感悟生活呢？一要用联系的观点体味事物，如"踏花归来马蹄香""深山藏古寺"。二要用发展的眼光感悟事物，如"人间四月芳菲尽，山寺桃花始盛开"。三要用求真的态度体味事物，从这个角度看，写作的实质就是对自身储蓄的一种综合调用。要想有一双善于观察的眼睛、有一颗敏于感受的心灵、有一个娴于思考的头脑，只是纸上谈兵、坐而论道是不够的。需要学生做有心人，脚要勤，踏遍青山；手要勤，多记多写；嘴要勤，多问多读多说；耳要勤，多听；特别重要的是脑要勤，多思多悟。

假话骗人，虚假作文昧良心。改善学生生活，引导学生写生活的喜怒哀乐，用生活写意记录生活的诗意，珍藏生活的美意，使作文与做事、做人协同发展①。

六、生活感悟：促使学生抒发真知灼见

（一）学生练笔为什么难见思想

我们有这样的感受：学生天天在生活，作文里却往往难有对生活的独特感

---

① 张速. 生活写意：珍藏成长的多味香［A］. 四川省教育厅教师优秀论文一等奖，2012.

受和独到的见解。

有问卷调查显示，某市初一、初二语文教师中，能以奥运火炬传递为素材指导学生写日记或随笔的占被问卷教师的 48.1%，能以汶川大地震为素材指导学生写日记或随笔的占 68.1%，但有不少教师却熟视无睹，有意无意地拒绝了这些与学生紧密相关的具有震撼性的大事。

学生不是没有生活，而是在考试和分数的重压下，不注意去观察生活、体会生活、感悟生活，甚至对日复一日的平凡生活产生了一种麻木感。学生没有生活的独特感受感悟，作文就难免写空话、大话、套话。针对这种弊病，我们就提倡学生进行生活感悟练笔，以引导学生关注生活、感悟生活、创造生活和享受生活，不仅使学生练笔具有浓厚的生活气息，而且使练笔因感悟而鲜亮起来。

（二）特别的活动诱发特别感悟

2020 年 3 月 26 日网课《颠倒儿歌》后，张老师布置的作业是：仿照今天学习的《颠倒儿歌》，如"颠倒歌，说颠倒：太阳从西往东落，地上石头滚上坡，大树长在蓝天上"，自己仿创一节以上的颠倒儿歌，看谁创编的颠倒儿歌既搞笑，又有情趣。

颠倒歌，说颠倒：白天月亮当空照，夜里太阳西边升。水往高处流，白云地上飘。（邹子森）

颠倒歌，说颠倒：青蛙长大变蝌蚪，冬穿短袖夏穿袄，白天月亮夜太阳，绿色花朵配红叶。（郑彦承）

颠倒歌，说颠倒：小鱼儿飞在蓝天里，小鸟儿游在大海里。公鸡生鸡蛋，母鸡喔喔叫。你说奇怪不奇怪？（刘钦正）

颠倒歌，说颠倒：老鼠吃小猫，骨头啃小狗，飞机水里飞，轮船天上开，爸爸上学校，我来把班上。（刁晓阳）

颠倒歌，说颠倒：老鼠丛林称大王，鱼儿漂亮天上飞，鸟儿灵活水中游。蚂蚁扛大树，大象没力气。公鸡会下蛋，母鸡喔喔啼。（邝语桐）

颠倒歌，说颠倒：自行车骑在蓝天上，西瓜长在大树上，鱼在陆地游啊游，人在天花板上走啊走。/颠倒歌，说颠倒：花儿长在天空上，草儿长在汽车上，水杯长在马路上，月儿长在大海里。（杨雨瑄）

颠倒歌，说颠倒：月亮日升夜里落，树木结果再开花，飞机从此地下飞。（刘昕蕊）

颠倒歌，说颠倒：飞机水里行，轮船天空飞。白云在地上，小草长天上。

（李宜熹）

颠倒歌，说颠倒：跳着歌唱着舞，抱着祖祖去散步，书包背我去上学。
（谢炘好）

颠倒歌，说颠倒：太阳从东向西落，地上石头滚上坡。水里骆驼能下蛋，
山上鱼儿搭个窝。冬天炎热出大汗，六月冷得打哆嗦。（刘格非）

颠倒歌，说颠倒：红灯行绿灯停，耳朵说话嘴巴听，地上汽车天上飞，天
上云朵地上走。（陈雨辰）

颠倒歌，说颠倒：乌龟天上飞，老鹰水里游。兔子吃小鱼，小猫吃萝卜。
八哥会爬树，小猴会说话。（邓诗雷）

颠倒歌，说颠倒：房子在天上，云朵在地上。小猫吃竹子，熊猫吃小鱼。
（李怡妍）

颠倒歌，说颠倒：咬牛奶，喝面包。鱼在天上飘，云在河里游。背着山腰
上背篓，拿着青草割镰刀。（耿钦垣）

颠倒歌，说颠倒：书包背我，我生妈妈。小鸡捉老鹰，燕子捉我，你说好
笑不好笑。（朱静萱）

颠倒歌，说颠倒：小猫不吃鱼，狮子怕老鼠，鱼儿天上飞，小鸡会游
泳。/颠倒歌，说颠倒：春天结果子，夏天下大雪，秋天发嫩芽，冬天热烘烘。
（侯俊彤）

颠倒歌，说颠倒：飞机地上飞，车在天上跑。夏天穿皮袄，冬天穿 T 恤。
海水淡河水咸，兔子吃肉狼吃草。春天树叶黄，秋天树叶绿。（李桐颉）

颠倒歌，说颠倒：太阳下雨天上笑，杨树飞到虫子上，看见上岸燕子了，
春风吹得雪花飘。（冯馨燚）

颠倒歌，说颠倒：鱼儿展翅天上飞，鸟儿快活水中游。大红苹果地上长，
南瓜结在大树上。（刘迁乔）

颠倒歌，说颠倒：夹着牛奶喝皮包，出门看见狗牵人。鸟在水里游，鱼在
空中飞。房在天上建，云在地上飘。蚂蚁扛起大象走，你说搞笑不搞笑。（卢
晓范）

颠倒歌，说颠倒：吃稀饭喝馒头，跳着歌儿唱着舞。刮大雨下狂风，地上
下雨天上湿。（卢籽燚）

颠倒歌，说颠倒：吃牛奶喝面包，夹着火车上提包。东西街南北走，出门
看见人咬狗。（马语泽）

颠倒歌，说颠倒：六月寒冷直发抖，腊月炎热汗直流。有个老头才十九，
喝着肉吃着酒。（孟子墨）

颠倒歌，说颠倒：乌龟天上飘，白云地上爬。裤子戴头上，衣服穿脚上。（年泓睿）

颠倒歌，说颠倒：哑巴大声在说话，聋人听见在吵骂，盲人看见在打架，你说好笑不好笑。／大雨从地上落下，小狗跑着说人话，下雨啦！下雨啦！你说好笑不好笑。（漆汐汇）

颠倒歌，说颠倒：电灯挂在地板上，宝宝开车去上班，书包背着爸爸去上学。（阙赫成）

颠倒歌，说颠倒：笔滚上了桌子，水从低处流高处，猫怕老鼠满街跑。（尚陶然）

颠倒歌，说颠倒：飞机水里游，大船天上飞。公鸡孵蛋，母鸡打鸣。小鸟水里游，鱼儿天上飞。老鼠称大王，狮子害怕它。（孙若曦）

颠倒歌，说颠倒：夏天穿棉袄，冬天戴草帽。走路用小手，吃饭用小脚，你说可笑不可笑。（王舒瑶）

颠倒歌，说颠倒：人在天上飞，鸟在地上走，太阳围绕地球转，鱼儿长在大树上。（肖思远）

颠倒歌，说颠倒：腊月炎热直流汗，六月寒冷打哆嗦。树梢不动刮大风，满天月亮一颗星。（徐菡遥）

颠倒歌，说颠倒：方的滚得动，圆的滚不动。有盾来攻击，有矛来防御。（鄢子喧）

颠倒歌，说颠倒：稀奇稀奇真稀奇，乌龟跑得比兔快，蚂蚁个子比人高，鱼儿长翅天上飞，弟弟比我大三岁。（阎梓豪）

颠倒歌，说颠倒：公鸡下蛋，母鸡打鸣。老鼠吃猫，青草吃羊。（杨甫君）

颠倒歌，说颠倒：鱼在地上走，猫在水里游。夏天堆雪人，冬天百花开。（于宸欢）

颠倒歌，说颠倒：鱼儿树上爬，八哥水里游。乌龟来跳舞，鼠追猫儿跑。飞机水里游，潜艇天上飞。哈哈，你说多可笑！（余佳泽）

颠倒歌，说颠倒：橡皮写铅笔擦，我帮宝宝带妈妈，妈妈坐在宝宝身上，嘴巴拿来擦纸巾。（余子壹）

颠倒歌，说颠倒：带着飞机上字典，千万将军一个兵。（郑翔天）

颠倒歌，说颠倒：鼠吃猫，草吃马。羊在水里跳，鱼在地上跑。书包背我上学校，你说好笑不好笑！（何知予）

特别的疫情，特别的教学。仿创颠倒歌，特别的活动激发了学生发现生活中不同事物之间的颠倒关系，说颠倒歌、写颠倒歌诱发了学生特别的感悟，学生情趣盎然。

我们对活动感悟练笔的追求是：活动体验—活动感悟—生活智慧—智慧人生。活动感悟练笔是对生活讽喻、生活寓言的继承发扬，意在通过特殊的活动鼓励学生坚持不懈地进行生活智慧的积累与分享。

（三）升华生活感悟为生活智慧

书籍是我们生活的朋友，生活是我们生活的导师。学富五车的可能是连生活都难以自理的书呆子，目不识丁的可能是生活的智多星。书本里有他人的生活智慧，而我们的生活智慧主要源于自己的生活感悟①。

不幸之幸

今年五一节，我与爸爸妈妈一起去泸沽湖旅游。在苦不堪言的颠簸中，我对坐车有了更加深切的体悟。

坏处	好处
每天坐七八个小时的车，屁股痛得要命。	"无限风光在险峰"，坐完车就可以看见如诗如画的美景了。
坐车太久很无聊。	可以长时间欣赏沿途风光。
车子走的路太差（山路）。	有些人还没有车坐呢，徒步去要花一个多月；我算是幸福的了。
这样坐车好危险，是在拿生命赌博。	这样才体会到了生命可贵，平时更要珍爱生命、敬畏生命。

（敬雨薇，2004-05-08）

有人说，旅游是拿钱买罪受，还给游客画了一幅连环画：大包小包去旅游，七嘴八舌砍房价，叫苦连天坐长途，景点一到快拍照，东挑西拣纪念品，回到车里睡大觉，回家一问啥也不知道。我们这位同学可不一样，她对难熬的长途坐车进行了辩证性思考，对这样坐车的坏处和好处进行了一番对比性感悟，不仅增加了旅途情趣，更体悟到了平时不可能体悟到的东西。特别是体会到生命的可贵和对生命的敬畏，这是平时老师和家长苦口婆心的教训不能企及的。

---

① 卿平海. 天天练笔：使学生享受诗意生活［J］. 教育科学论坛，2004（6）：22.

无题

当我写下"失败"

其实我已胜利

当我写下"忧愁"

原来我已快乐

当我写下"充实"

结果我已无聊

当我写下"辛苦"

孰料原来甘甜

（刘烁，2004－11－24）

这篇感悟来自一个积极向上的学生，可以说是她生活现状的概括，排比的运用使练笔读来有气势、有广度；而用对比手法构成诗节，内容耐人寻味。我给她的批语是："勤奋让你更加聪慧，坚毅让你更有气质，活泼会使你更有活力。"

（四）提炼生活感悟成真知灼见

法国思想家帕斯卡曾说：人不过是一株芦苇，是自然界中最脆弱的东西；可是，人是会思考的。人是能思考的高贵生命，悟是"思考的我"的过程与形成"我的思考"结果的高度统一。悟是人的一种生命运动，悟是人的一种生命姿态，悟是人的一种生命对话。会思考是学生高素质的要素，一个有思想的人才是一个真正的力量无边的人。而生活感悟练笔有助于学生学会思考，生长思想，发表真知灼见。

经验告诉我们，生活感悟若要深刻丰富，不仅需要指导学生运用生活辩证法，更要引导学生持之以恒地感悟生活，做生活体悟的马拉松运动。

无题

（一）鱼儿说："你感觉不到我的眼泪，因为我在水里。"

水说："我感觉到了你的眼泪，因为你在我心里。"（刘美龄，2004－10－02）

（二）如果一个人的观点是正确的，那么他的世界也就会是正确的。如果想改变你的世界，首先就应该改变你自己。生活亦是如此，如果你的参照标准错了，那么你眼中的整个世界也就错了。（刘美龄，2005-05-03）

（三）当我们处境艰难、四面楚歌的时候，不要用同样的冷漠和不满去回应周围的人。不要忽视每一个，小小的富有人情味的细节和举动，那正是人际关系和事业成功的关键。（刘美龄，2006-01-18）

这是从刘美龄的三个练笔本里节选出来的。能用含有哲理的诗句把自己的生活感悟形象生动地表达出来，这是创造性的劳动。我热切期望她随着生活的丰富而不断提炼出更深刻的语言来。我对她第一次练笔的批语是："生活日新月异，感悟与时俱进，练笔坚持不懈。"可能她接受了我的建议，三年坚持的结果是练笔里时时闪现生活智慧之光，现在她已经是高校哲学系的优秀学生。

"有的人说不上哪里好，但就是谁都替代不了。"肖梦伊同学虽仅一句话，却道出了生活的一些规则。

当思考成为习惯，我们的生活就可能感性与理性相映生辉。我们对生活感悟练笔的追求是：生活体验—生活领悟—生活智慧—智慧人生。生活感悟练笔是对生活讽喻、生活寓言的继承发扬，意在鼓励学生坚持不懈地进行生活智慧的积累与分享。

哲理性考题是2009年中考作文的一个亮点，如湖南长沙的命题作文"一步，一步，再一步"，似乎呈现的是小孩走路的情景，可是却给人丰富的联想空间：不断地积累，踏踏实实地做事，持之以恒地努力，绝不放弃的精神，向着目标不断前进……

吕型伟先生主张"人云亦云不云，老生常谈莫谈"，怎样才能使学生生活感悟有真知灼见？方法策略不少，我们认为基于综合实践活动的研究性学习，有助于学生"炼识"，而基于探究活动感悟的练笔有益于学生提炼观点。

有节"炼识"公开课①，讨论一则新闻：圆明园兽首拍卖，佳士得公司对中国政府严正交涉置若罔闻，一意孤行，拍卖照常进行，并开出2800万欧元的天价；蔡铭超拍而不买。课堂上先后有21个学生用一个字概述了自己的观点，比较好的有10个，特别出彩的有4个。一是"虚"字说："蔡的这种做法虚有其表，没有内涵，虚晃一枪，没有意义，是一个虚假的爱国行为。"二是"争"字说："只要是一个中国人，文物流失海外，我们要用最好的方式将它争取回来。无论是花上几个月、几年、几十年时间，只要有可能，我们都要用全

---

① 罗晓云. 作文炼识的新课型［J］. 语文教学与研究（教师版），2010（2）：20-22.

部力量把文物争取回来。"三是"错"字说："纵观整个事件，当年英法联军抢了文物对吗？佳士得公司拍卖圆明园兽首讲道义吗？也许它合法，但是不讲道理。蔡铭超的行为是错的，参加拍卖是错，违约也是一个错。中国保利公司用买的方式追回兽首，而不是法律手段，这更是一个错误。整个事件就是一连串的错误。"四是"悲"字说："以前，中国因为不够强大，被外国人掠夺，这已经够可悲的了。到现在，终于有一个有爱国心的人站出来，可是却有这么多人反对，我觉得挺可悲的。"赞成与反对方各持己见。先说后写成练笔，表达的就是学生的真知灼见，有助于学生提高作文炼识能力。

若平时没有相应训练，考场上是难以立意准确、深刻、新颖的。我们如果引导学生在生活感悟中利用"放射性思维——思维导图"①，就能大力提高学生感悟的技巧和智慧的水准，让学生深刻体验智力自由和发现乐趣，有助于提炼出真知灼见。

生活感悟练笔追求这样的真情实感：写身边事，说平常理，情之所至，思之所至，亦文之所至。用练笔抒发人生感悟，表现人情冷暖，展示人性善恶。陶行知先生认为："没有生活做中心的教育是死教育，没有生活做中心的书本是死书本。"毫无疑问，没有生活做中心的练笔也是死练笔。"世事洞明皆学问，人情练达即文章"说的也正是这个道理。离开学生的生活世界，练笔就成为无源之水。

教师要拓展学生的生活领域，让学生的视野冲破课堂的局限而扩展到宇宙万物中去，引导学生发现那些具有生命形式的事物，体验和感受多姿多彩的生活世界。在耳濡目染中发展学生的感知力，当外物的完整、均衡、对称、节奏等运动形式完全内化为学生自身的活动模式和习惯后，学生的审美感知审美创造就会变得更加细腻精巧。练笔就会有更多更深的生活感悟，学生生活世界也会更加绚烂多彩、美丽动人。

---

① 〔英〕托尼·巴赞. 思维导图——放射性思维〔M〕. 李斯，译. 北京：作家出版社，1998.9.

第四章　基于练笔怎样写的自主写作实践

▶▶▶▶ 创意练笔心语

　　学生练笔为什么套话多、新意少？这与教师限制多、学生自由表达机会少有很大关系。

　　教师在教学过程中应与学生积极互动、共同发展，要处理好传授知识与培养能力的关系，注重培养学生的独立性和自主性，引导学生质疑、调查、探究，在实践中学习，促进学生在教师指导下主动地、富有个性地学习①。

　　创意练笔怎样写？它是生命拔节，要真实写出生活烂漫；它是仿创结合，要入格升格破格循序渐进；它是心灵写诗，要率性写出心里话；它是自主写作，要用我手写我心。

　　低段微仿写使学生为雅言而写，看图写新话使学生为言美而写，天天勤练笔使学生学习规范表达；语段巧仿创使学生为雅意而写，写读书随感使学生与作者心贴心聊天；率性练笔使学生为了有创意表达而自主练笔……这样通过入格、升格、破格"三阶递进"，促使学生练笔由文从字顺向自由表达向创意表达循序渐进发展。图4-1是创意练笔自主写作实践"三阶递进"的问题解决思维导图。

图4-1　创意练笔自主写作实践"三阶递进"的问题解决思维导图

---

① 中华人民共和国教育部. 基础教育课程改革纲要（试行）[Z]. 教基〔2001〕17号，2001.6.8

一、学生练笔为什么缺乏新意

练笔教学常常走极端：要么过于随意，认为练笔无章可循；要么过于呆板，无视练笔灵动个性。

如何建构基于"怎样写"的科学而有效的练笔序列？语文前辈为之做了不懈探索，取得了不少有借鉴意义的成果。如藤昭蓉老师的小学低段童话引路实验，吴立岗老师的小学中段素描作文教学[①]和以儿童语言交际功能为主线构建小学作文训练序列[②]，李吉林老师的情境作文教学[③]，丁有宽老师的读写结合训练法[④]，张田若老师的分步训练方法，潘自由老师的言语交际方法，东北农垦总局的作文分格训练法[⑤]等。新中国成立以来小学作文训练序列探索的特点是：继承发展了先放后收、读写结合等传统作文教学成功经验，将发展语言同发展思维结合，开始运用系统方法分析作文问题。

中学作文教改比较有影响的有刘朏朏、高原的观察—分析—表达三级训练体系，杨初春的实用快速作文法[⑥]，李忠义的以训练项目为单元组织作文教学的实验等。而读与写结合是外语写作教学的主要方法之一，国外当代作文教学采用通过控制性写作、引导性写作和自由写作三步骤，逐步培养学生的写作能力[⑦]。

练笔教学要解决"怎样写"的问题，并不是照搬这些方法就可以取得满意的教学效果，而应有古今中外视野，从实际出发，学各家之长，创立一家之法。纵观国内外练笔训练序列发展历史，可以看出两个趋向：一是探索建立既与阅读有密切联系，又保持相对独立的科学的练笔训练序列；二是以学生心理能力发展规律、练笔知识技能逻辑体系、社会需要为基点，以学生活动为着手点，以语文素养为着眼点，以练笔能力生长为着力点。本章所述的个性化随笔和仿创性练笔，就是基于此的新探索新实践。

---

① 李乾明. 作文教学理性的突围 [M]. 成都：四川人民出版社，2002：220，221.
② 李海林. 语文教育研究大系（1978—2005）·理论卷 [M]. 上海：上海教育出版社，2005：277—293.
③ 教育部师范教育司. 李吉林与情境教育 [M]. 北京：北京师范大学出版社，2006：254—257.
④ 教育部师范教育司. 丁有宽与读写导练 [M]. 北京：北京师范大学出版社，2006：19—122.
⑤ 李乾明. 作文教学理性的突围 [M]. 成都：四川人民出版社，2002：226，222—223.
⑥ 杨初春. 实用快速作文法 [M]. 桂林：漓江出版社，1995.
⑦ 左焕琪. 外语教育展望 [M]. 上海：华东师范大学出版社，2002：213，217.

有人把我国练笔训练总结为以应试教育为主的模式化操作和以偶发顿悟为主的自由写作，并称之为公式主义与自觉主义。长期以来，大多数中小学生不喜欢练笔、写不出好练笔，我们中小学主要在模式化练笔中挣扎，难以走出套话连篇的困境。对此，语文新课程提出了为学生的自主写作提供有利条件和广阔空间、减少对学生写作的束缚、鼓励学生自由表达和有创意的表达、鼓励写想象中的事物，加强平时练笔指导，改进作文命题方式、提倡学生自主选题，还重视对写作过程与方法的评价、鼓励有创意的表达①。可是实施新课程近二十年的今天，宿构、抄袭、公式化和无病呻吟等现象在中考作文仍然多见②。张志公先生早就指出：我们不能有意无意之间替学生的作文制造出框子。如果那样，对于提高学生的思想、开拓学生的思路、培养学生的写作能力，是没有好处的；对于确切了解学生的思想实际，从而有效地进行教育，也将是不利的。因此，如何克服作文模式化增强作文生长性、个性、创新性，是当前作文方法研究的一个重要课题。

创意练笔怎样写？我们认为，创意练笔是生命拔节，要真实写出生活烂漫；创意练笔是心灵写诗，要率性写出心里话；创意练笔是自主写作，要用我手写我心。

▶▶▶▶ 创意练笔寻道

二、练笔课《神奇的词语游戏》实录

上课背景：中国教育学会中育教育发展研究中心 2005 年 4 月 22 日至 26 日在成都举办"初中学校管理创新与新课程改革研讨观摩活动"，要求我为来自全国各地的中学校长和教师提供一堂课。上课时间为 2005 年 4 月 26 日上午第二节课，而学校半期考试从 27 日开始，这时学生已进入紧张的复习迎考。选上阅读新课，与学生心境不符；选上复习课，这时靠学生自主复习，全班复习效果往往不佳。于是，选择课堂练笔《神奇的词语游戏》，既积累词汇，又提高作文能力；既用快乐作文舒缓复习紧张心理，又借此机会交流我班学生天天练笔的成果。当天上课前，四川教育学院中文系书记李德树教授还带领 80 多名本科学生来听课。其教学过程如下：

---

① 中华人民共和国教育部. 义务教育语文课程标准（2011 年版）[S]. 北京：北京师范大学出版社，2012：23，30.

② 杨华. 把握命题特点，研究备考策略，提升写作能力——2010 年中考作文命题趋势及备考策略 [J]. 语文学习，2010（2）：46—47.

（一）写词游戏，快乐积累

"上课前，我们大家一起来做一个游戏。请坐左边、右边的校长和老师分别出 10 位参加游戏，愿意参加游戏的请举手。"我环视整个会场，满怀希望的目光却没有发现一只响应的手。

"只好请坐在前边的 20 位教师参加了，请都站起来。"右边齐了，左边差一位，我只好指着一位来宾，请他参与。

"我们的游戏规则是：每个老师在黑板上随意地写一个词语或成语，后边的老师注意不要与前边老师写的重复，看哪一组先写完。同学们要仔细观察，猜想老师写的词语的意思。好，现在开始！"

参加游戏的老师很投入，一个接一个写；学生们全神贯注，有的还边念边为老师鼓掌加油。一会儿，黑板上出现两列词语，左边写的词语有："尘埃落定、神奇、宁静致远、春暖花开、自信、明媚、诚实守信、三人成虎、七步成诗、百尺竿头、更进一步。"右边写的词语有："驷马难追、得天独厚、山清水秀、万水千山、跑步、成功、努力、有志者事竟成、马到成功。"

"看了我们老师的写词语游戏，同学们有什么感想？"我即兴发问。

唐文天："我觉得他们写得好，可惜写了一个错别字。"

我有点惊讶，立马在黑板上寻找："哪一个错别字？"

唐文天："'尘埃落定'的'尘'字先少写了一横，可能是由于紧张，后面的老师给他补上了，可见有团队精神。"

肖梦伊："我们每一个老师都写出了自己的个性，有的词语很有文学修养和文化积淀，不过右边老师写的整体上看有点乱，有一个老师竖行写，其他老师都横行写。"

"下面请同学们以小组为单位，讨论不理解的词语，请大家选用多种方式解决不懂的词语。同学之间可以相互帮助，可以请教听课老师，带了词典的可以查。"学生马上投入词语意思的理解活动。

过了一会儿，我问："还有不理解的词语吗？请提出来。"

曹炳梵："'三人成虎'是什么意思？"

"谁知道？"大家都摇头，我把手一摊，"那怎样办？"

"解铃还须系铃人。"张瑞琨小声支招儿。

"好，有请刚才写这个词语的老师！"学生鼓起掌来。

一个瘦高个的老师站起来："这个成语源自一个古代故事：一个人在街上跑着说，老虎来了；第二个人跟着跑着说，老虎来了；第三个也这样做。结果，其他人便都以为真有老虎来了。"

我接过话："这就是三人成虎的来历。比喻谣言传播多了，就会使人信以为真。谢谢这位老师。"学生感激地鼓掌，"还有不懂的词语吗？"

武昊东："'百尺竿头，更进一步'怎样理解？"

李芊杉："不满足于已有成就，继续努力，以取得更好的成绩。"

（词语游戏意在激发兴趣，舒缓紧张情绪，促使学生在快乐中积累词语。）

（二）选词练笔，创意表达

"这些词语我们已了解意义。但学习词语重在运用，同学们能正确运用这二十个词语吗？"我顿了顿，"下面，请同学们选用这些词语进行练笔，或者编一个故事，或者写一首诗，或者写一段话，十分钟之内看谁准确运用的词语最多，看谁的练笔最有创意。"然后，环视会场，微笑着说："欢迎来宾也试着写一写。"

绝大多数学生马上进入写作状态。但我发现有三个同学或四处张望，或盯着词语发呆。我依次与他们轻声交流，帮助解决他们的问题，鼓励他们赶快试一试，肯定能行，他们也进入了写作状态。然后一组一组随机地抽看学生的练笔，有的学生写了开头，也有的学生基本完成。下面辑录我看过的几个同学的练笔。

刘炬明同学编写了一个故事：

勤劳的人民

森林边上，有一个不起眼的小国。这里的人们自信、勤劳，努力工作。但由于科技落后，所以辈辈代代的生活条件都十分简陋。

一个阳光明媚、春暖花开的上午，几个陌生人来到了这个山清水秀的小国，看看能不能帮助他们。他们与小国里的人们谈判，签订了驷马难追的协议。只要分给他们少许食物，便给他们许多投资。相信一定会马到成功，因为这些都是诚实守信的人。

果然，短短几年，他们靠着勤劳的双手和先进的科技，打造了一座繁华的大城市。这真是有志者事竟成。

我提醒他注意"驷马难追"是否恰当，可不可以把第二自然段丰富一些？

赵丽萍向我挥手，我赶紧走到她身边，她用笔指着标题，疑问写在脸上。我一看，乐了："再继续，至少再照此写一段。"

是否继续

春暖花开，到处一片明媚，每个人脸上都挂满了自信的笑容。山清水秀，神游四方。这一年，我感受到了大自然的神奇景色。转眼间又是一个五彩缤纷的春天，我是否也应该尘埃落定呢？

万水千山，我游览。万紫千红，我观看。世间万物变化多端，何时我才能游完呢？是否该停止了呢？

谢亚可心满脸通红，我看她的练笔，她赶快用手罩住。她低声说："只要不在班上念，我就给您看。"我郑重其事地点了点头。看完后，我笑着点点头，做了一个鬼脸和 OK 的手势。

那　月

那月又比昨晚消瘦了些，使我的心有些微微地疼。

她还是那么静静地悬浮在夜空的一角，淡淡的月光，散一地惆怅。

我爱怜地望着她。一到天明，她便没有踪影，如此神奇，如此飘荡，教我如何不想念她呢？

她给远山蒙上缥缈的轮廓，黑的灰的，似上了黑色。她大概从未看过雨后天晴时的山清水秀吧；她大概没望见过正值三月，春暖花开时花儿鸟儿的蓝衣红襟吧；她也大概没见过明媚阳光下人们熠熠生辉的笑颜吧。

她所见的，只是黯淡的万水千山，只是沉睡的花鸟鱼虫。她，也为此落泪吗？看不到呀，她悄悄把泪融进自己的光芒中了。

她又见证过多少历史呢？不堪回首还是光鲜荣耀？她把它们写在眼睛里。指鹿为马的凶狠奸诈，三人成虎的人云亦云……哦！还有那兄弟相残的旷世悲情！我看见她的唇在颤抖，但那七步成诗的绝世之才又解开了她紧锁的眉头。

人们向往的天堂，是她出生的地方，多少人艳羡她的得天独厚，但又有谁知道她多么想做一个人世间平凡简单的女子。

宁静致远，多少文人墨客把这个词赋予她，又会有谁真正了解她内心的荒凉？

到底是谁？在天空刻下她忧伤美丽的容颜。

我不知道呵。

我只知道，就算有一天，一切都尘埃落定，她仍将留在这冰冷的天空，演绎寂寞。

我刚一转身，李芊杉同学就把练笔塞给我：

找一个下雨的下午，坐在阳台上，塞上耳机，听着自己最喜欢的音乐，这是最舒适的感受。往往此时，心灵才能够自由地飞翔。雨点打在屋檐上的声音，混合着音乐声，能使我宁静致远。从音乐中能找回自信，不怕被绊倒；从雨中能找回明媚的笑容。

我虽然没有七步成诗的才华，但我有百尺竿头、更进一步的精神；我虽然没有得天独厚的环境，但我有一颗努力的心；我虽不相信神奇，但我期待着奇迹的发生；不用等到尘埃落定之时再来为自己后悔，因为自己已经做得最好，相信成功是属于自己的。

耳边，悠扬的音乐还在飘荡；屋外，宁静的雨还在淅淅沥沥地下着……

"缺一点什么？"我摸着他的头说。他恍然大悟，提笔写上题目《随想》，他冲我呵呵一笑。

（选词练笔意在放飞想象，鼓励学生有创意的表达）

（三）评改练笔，互助更新

时间未到，但写好练笔的同学已自行修改或与他人交换修改。"请没有写完练笔的同学注意，文章结尾的方法很多，其中有一种叫戛然而止。请把现在正写着的话写完就停笔。"待学生都抬头看我时，我说："下面请按照我的提示进行自评：仔细阅读练笔，凡正确运用黑板上所列的一个词语，得5分；找出一个写作优点得10分；找出一个写作缺点或不足也得10分；用自己的话做一个简明的自评。然后相互提意见，或请来听课的老师给你当面批改。时间为10分钟。"

同学们迅速进入修改状态，我又开始随机看学生评价自己的练笔。董霄同学把练笔给我看：

寻找世界

我曾拥抱成功，让自己对生活充满自信；我曾拥抱自信，让自己看到生命的神奇；我曾拥抱神奇，但是却看不到世界的美丽。

春暖花开，我却看不到世界的生机；阳光明媚，我却感觉不到世界的呼吸。努力睁开双眼去欣赏这个世界带给我的不可思议，但是当尘埃落定，我才发现我的眼前一片狼藉。内心的好奇却得不到答案，一味宁静致远便可以将那渴望已久的答案想出来，但现实却又再一次令我失望。

每个人都有得天独厚的灵魂，但世界的灵魂又是什么样子呢？踏遍万水千山去寻找这种神秘的灵魂，但它似乎有意在躲避着我们。是不是因为我们做错了什么，让它如此惧怕我们？

用词：40 分。

优点：1. 用顶针排比的手法写文章的开头；2. 有自己对世界的独特认识，追寻了世界变化的原因。20 分。

缺点：构思时间较久，而且文章中有许多地方有点用词不当，词语运用也不太多。20 分。

（董　霄）

"开头确实很好，可以再加 10 分。'一位宁静致远便可以将那渴望已久的答案想出来'是病句，'得天独厚'用得不当，再改一改。"

思想空间

明媚的阳光，
散落在神奇的大地上，
春暖花开的季节，
给人宁静致远的空间。

三人成虎与七步成诗的故事，
让人回味无穷。
人类单纯又丰富的思想，
让世界得不到应有的安宁。

可是，
人类正跨步在科学中，
自信的笑容，
总挂在嘴边，
有志者事竟成，
人类应具有这样的思想，
造福人类的日子将不再遥远！

自评：用词 35 分。有自己的观点，10 分。最后一节诗的句数与前面的不相同，10 分。

他评：联想丰富，有意境，有理趣，语言流畅；诗题与内容吻合度小，"跨步"不恰当。

（杨礼艺）

琴之恋

看着远处明净的天空
一朵云慢慢飘远
风里带些叶子的清香
温暖而醉人

我的心
像明媚阳光下翩飞的
紫荆花瓣
在风里轻盈舞蹈

落日的余晖
在手指与琴键间跳跃
感受心逃离了繁华与喧闹
便得宁静致远

手指间流淌出神奇的音乐
简单却又极致的美丽
像一只温柔的手
拂动内心深处温柔的心弦

阳光消释
夜幕缓缓降临
琴声余音回绕
一切都尘埃落定

愿这多情的琴声
能冲破黑夜的束缚
越过万水千山的阻挡
传入他的耳中

自评：用词 25 分；抒写了自己独特的感受，10 分；我没有为了用词语而损害意境，10 分；用词语太少，10 分。

他评：这篇练笔太美了，意境美，情感美，语言也美。对我们初二学生来说，她可以得100分。

（刘美龄）

（评改练笔意在共生共荣，激励学生互助更新）

（四）练笔交流，分享欣赏

由每个学习小组推荐一个同学来交流，交流顺序由举手先后来确定。先学生朗诵，接着自评和小组同学补充评价意见。然后其他小组的同学谈评价意见或来宾点评，最后我随机点评。交流中掌声不断，学生和来宾互动，气氛热烈，形成本节课的一个意外的高潮。不少来宾把这精彩的镜头录下来，有些来宾还要求我把下面的练笔通过邮箱发送给他们，以进一步分享学生的写作成果。限于篇幅，只录学生的练笔，省略了学生的自评、互评和来宾以及我的点评。

美丽人生

人生不可一帆风顺
有挫折的人生才能精彩
成功、努力是人们的希望

我们常常祈祷上天
让我们的事业马到成功
然而有志者事竟成
靠自己奋斗才能美化人生

在拥有万水千山的世界中
在这个春暖花开的时节里
阳光洒向我们的人生道路
等着我们去开拓

即使我们没有诸葛亮的智慧
没有孔子的满腹经纶
但是我们拥有自己的才能
我们也可以有一个传神、美丽的人生

（周文婷）

一个男人一场戏

天依然那样蓝，依然明媚，依然为我们放飞着理想。

她还是那样美丽，还是天真活泼，还是为我们的爱祈祷。

我有些颓废，有些玩世不恭，有些年月的日子不堪回首。

记得是那时候，我们认识在寒冬，飞雪冽冽飘，我们依然手牵手，在山清水秀的年华中，我们没有对爱诚实守信，却深深相信我们还会再牵手。那是春暖花开的日子里，我们都为了成功而努力，在理想彼岸与爱的现实，我们只能放手。淅沥的雨中，我们没有在一起，深深回忆理想给了我们并不得天独厚的条件……

人有几多时光，我们能有几分得意？雨是我们对万水千山般爱情的诠释，我们没有卡莎的激情，也无《魂断蓝桥》的经典，更无再别康桥中徐志摩所刻画的荡气回肠，但是我们却拥有淡淡的微笑。在这个冷雨夜中，我们没有理由哭诉，为了彼此所谓的脸面，却永远放弃了神奇的爱恋。雨过天晴，我们好聚好散。在曾经属于我的冷雨夜中，你的手牵到了他的手上。这个现实，是残酷，似无情。我知道我们都会记得春天到来之际，在记忆中我们永恒，路上天气正好，是我们放弃的日子。

（张瑞琨）

我自信，我拥有

静静地，
尘埃落定，
我不祈求喧闹的春天，
我不祷告明媚的阳光。

悄悄地，
七步成诗，
我拥有得天独厚的生机，
我拥有独一无二的自信。

慢慢地，
宁静致远，
我相信有志者事竟成，

我相信百尺竿头，更进一步。

天笑了，
春暖花开，
我知道神奇的含羞草的寓意，
我明白三人成虎的道理。

云笑了，
小草不再徘徊，
树叶为我鼓掌，
大海为我歌唱。
我幸福，因为我拥有大自然的使命。

（王玲娇）

（练笔交流意在互动点评，诱导学生分享欣赏。课在经久不息的掌声中结束）

这节课取得了比我预想还要好的效果。学生投入，发挥好；来宾反响热烈，交口称赞。一位北京的校长、语文特级教师说："好久好久没有听到这么好的真实的课了，今天遇见高人了！"几个地区的同仁邀请我去讲学。

我自认为比较正常，还有些遗憾。一是我对来宾的自觉性估计太高了，请他们随便写一个词语竟非常难，我反复动员才勉强凑齐参与游戏的人员。二是要求学生用 10 个以上词语的练笔事实表明要求高了，有的学生本来写得不错，但由于没有用上 10 个词语而自责，就连代表小组交流的武昊东同学的自评也说："不管怎么说，总算用够了 10 个词语，总算完成任务了。"三是限于时间，学生与听课教师互动的机会少些。

课后读学生的课堂练笔，平时练笔较差的李柏杨同学的练笔内容，既是他成功的感悟，也引起了我的共鸣："我深信有志者事竟成的这个说法，要有自信，成功就要付出代价。要身经百战，到七步成诗的地步。你不能，因为不懂而不问，所谓学而不思则罔，思而不学则殆，要有成功的信心，才可能成功。如果连成功的信心都没有，如何取得成功？不能三人成虎，三个人都信口开河，就没有救了。最神奇的时刻是在经过了不懈努力之后，才得来的。"

像这样的公开课做不做假，课前排不排练？在"作课"愈演愈烈的时候，其实，我当时也有压力和顾虑，最后还是坚持自我诚实上课的一贯原则，学生的课堂练笔和来宾的肯定就是对我诚信的褒奖。这让我明白：上课也是教师做人原则的体现，上真实的课不仅是尊重听课者，更是尊重自己的人格。

▶▶▶▶ 创意练笔论道

三、低段微练笔：为雅言而写

练笔体现学生综合素养，确是难事。练笔关涉立德立功立言，实乃大事。"天下难事必作于易，天下大事必作于细。"练笔怎样化难为易？低起点，仿创微练笔，智慧语用创美，绽放童心童语。练笔怎样玉汝而成？小步子，课堂微练笔，依标扣本求真，探索文心文理。

微有道。《说文》曰："微者，隐行也。"微练笔，有大作用。微言蕴含大义，浓缩的才是精华。见微有助知著，管中窥豹有洞天。妙语尚可言传，细微之处见精神。

低段微练笔是小学生与大世界的认识呢喃、自我教育的心灵对话、书面表达的守正立新，是求真、至善、尚美的诗意生活，乐美是低段微练笔的神韵所在。语与文同源，读与写共进，雅言雅行，习得幸福语文，低段微练笔滋养乐美生活、孕育乐美人生[①]。

（一）巧用教材尝微仿创

比较而言，教材是最基本最重要的课程教材资源。许多小学低段语文教材，内容丰富多彩，诗歌短文精美，练习设计新颖，图文并茂，受到师生欢迎。教师用好教材是务本，滥用教参是逐末。巧用教材靠教师智慧，提升学生语文素养是教学的核心追求。

小学一年级语文教材的课文编选、练习设计围绕着识字写字的主要目标，学生有创意的表达能力是可以通过开发利用好教材的微仿写活动来培养的。开展课堂微仿创活动，一要精选教材中被仿写的短文、诗歌、练习题等；二要千方百计激发学生有创意表达的兴趣，促使学生相互启发，不断超越；三要以有趣、有效为原则[②]。

1. 巧用教材短文，由读句到仿说仿写句

课文是语文教材的主体，而短文的数量较大。新课标北师大版教材，一年

---

① 张速. 幸福语文［M］. 成都：四川大学出版社，2018：36.

② 张速. 巧用教材：培养小学一年级学生仿创表达能力［A］. 四川省教育厅教师优秀论文一等奖，2012.

级上册有 8 篇短文，下册有 23 篇短文。短文这一重要的教材资源，仅仅用作阅读教学资源太可惜了。我变"教教材"的观念为"用教材教"的观念，对所教教材进行合理的开发，尝试利用短文进行说话和写话训练，发展学生有创意的表达能力①。

（1）巧用教材短文，引导学生由阅读句子到仿说句子。

语文课程标准对第一学段阅读，要求"阅读浅近的童话、寓言、故事，向往美好的情境，关心自然和生命，对感兴趣的人物和事件有自己的感受和想法，并乐于与人交流"②。怎样才能将阅读与说话结合起来呢？我尝试开发利用短文资源，引导学生由读句子到仿说句子，把阅读成果转化为说话成果，培养说话能力。

义务教育课程标准实验教科书北师大版语文一年级上册有短文《家》："蓝天是白云的家。树林是小鸟的家。小河是鱼儿的家。泥土是种子的家。我们是祖国的花朵，祖国就是我们的家。"在理解了短文之后，我把每句话"是"字前后的词语打乱顺序写在黑板上，做找朋友的游戏，把相对应的词语用线连起来。然后老师先仿说几个句子，启发学生举一反三。最后鼓励学生试着仿说，学生和老师及时评价，结果不仅每个学生都仿说了一句，而且内容丰富多彩：

"教室是学生的家。"

"红领巾是少先队员家。"

"操场是运动员的家。"

"办公室是老师的家。"

"垃圾筐是垃圾的家。"

"书包是书的家。"

"花瓶是花的家。"

"衣柜是衣服的家。"

"鞋子是脚的家。"

"公路是汽车的家。"

"飞船是航天员的家。"

"宇宙是航天员的家。"

"地球是人类的家。"

……

---

① 张速. 幸福语文 [M]. 成都：四川大学出版社，2018：37.

② 中华人民共和国教育部. 义务教育语文课程标准（2011 年版）[S]. 北京：北京师范大学出版社，2012：8.

像上面的仿说句子，结构没有变，修辞手法没有变，但句子的内容变了，融入了不同学生各自的生活感悟，抒发了学生的真情实感，句子内容有了新意。从某种程度上讲，这也是低水平的创新，可以称之为仿创[①]。

（2）巧用教材短文，引导学生由阅读句子到仿写句子。

语文课程标准第一学段写话，要求"对写话有兴趣，留心周围事物，写自己想说的话，写想象中的事物"，"在写话中乐于运用阅读和生活中学到的词语"。这些要求在小学二年级是可以做到的，能在小学一年级起步吗？

这是有争议的问题。我的教学实验表明是可行的，问题的关键是如何起步。我认为巧用短文，引导学生由读句子到仿写句子，小学一年级学生是可以进行句子仿写的。

义务教育课程标准实验教科书北师大版语文一年级下册有篇短文《快乐的小公鸡》，在理解怎样做才能快乐的文意基础上，引导学生表达自己对快乐的不同见解。我分三步进行教学：

第一步，引导学生细读课文，用笔画出课文中对快乐不同认识的四个句子：

老牛说："帮助人们耕种田地，就快乐了。"

青蛙说："为庄稼捉害虫，就快乐。"

蜜蜂说："飞来飞去给花儿传播花粉，就快乐了。"

爸爸笑着说："帮助别人，你就会得到快乐。"

然后引导学生连起来反复朗读，体会句子内容，感受"谁说：……（做什么事），就快乐"的句式特点。

第二步，引导学生根据四个句子的特点进行仿说。开始学生不知道说什么，你看我，我看你。我便启发学生，日光灯说："为同学们提供照明，就快乐了。"啄木鸟说："帮助老树捉虫子，就快乐了。"

学生一下活跃起来了，七嘴八舌说开了：

小闹钟说："帮助喜欢睡懒觉的人报时，就快乐了。"

铅笔说："帮助小朋友写字，就快乐了。"

小猫说："帮大家捉老鼠，就快乐了。"

春雨说："给花草树木解渴，就快乐了。"

广播说："给大家传播信息，就快乐了。"

---

① 张速. 幸福语文［M］. 成都：四川大学出版社，2018：39.

书包说："帮助同学装书本，就快乐了。"

汽车说："给人们带来方便，就快乐了。"

太阳说："给人们带来温暖，就快乐了。"

椅子说："帮助人们休息，就快乐了。"

......

第三步，引导学生仿写句子，鼓励学生抒发对快乐的不同见解。以《寻找快乐》为题目，按照刚才的句式进行仿写，看谁写得又多又与众不同。全班学生又激动又迅速地写起来，竟然又仿写出了几十个新句子：

上课铃说："催促学生上课，就快乐了。"

彩笔说："帮助人们涂色，就快乐了。"

牵牛花说："帮助丁丁实现愿望，就快乐了。"

公鸡说："为人们报时，就快乐了。"

蚯蚓说："为种子松土，就快乐了。"

风儿说："送人凉爽，就快乐了。"

蜜蜂说："请人吃蜂蜜，就快乐了。"

镜子说："帮助妈妈化妆，就快乐了。"

雨伞说："帮助小朋友挡雨，就快乐了。"

建筑师说："帮助人们有房子住，就快乐了。"

国旗说："保卫祖国，就快乐了。"

......

虽然有些字学生用拼音代替，但读来还是童趣横生，鲜亮感人[①]。

2. 巧用教材诗歌，由读诗到仿说仿写诗

小学低段课文以诗歌为主。义务教育课程标准实验教科书北师大版语文一年级上册有诗歌 29 篇，下册有诗歌 24 篇，诗歌是最主要的教材资料。语文课程标准第一学段阅读要求："诵读儿歌、儿童诗和浅近的古诗，展开想象，获得初步的情感体验，感受语言的优美。"[②] 怎样将诗歌阅读的收获，转化为表达能力的提高，促使表达有诗意？

---

① 张速. 幸福语文 [M]. 成都：四川大学出版社，2018：40.

② 中华人民共和国教育部. 义务教育语文课程标准（2011 年版）[S]. 北京：北京师范大学出版社，2012：8.

（1）巧用教材诗歌，引导学生由阅读诗歌到仿说诗歌。

古有吟诗之说："熟读唐诗三百首，不会作诗也会吟。"小学一年级学生可以吟诗吗？古有神童吟诗至今流传，现在的小学生可以吗？

我的教学尝试让我确信，小学一年级学生也可以仿说诗歌。

义务教育课程标准实验教科书北师大版语文一年级上册《我的家》是一首诗："我有一个幸福的家。爸爸爱我，妈妈爱我，我也爱爸爸、妈妈。在温暖的家中，我快乐地长大。"在阅读理解以后，我引导学生仿说诗，诗题是《一年级二班，我的家》。大家你一句我一句，异常兴奋，反复修改后，前五句诗很快完成了，只是最后一句有三种意见，我让学生自己选择吟诵：

一年级二班我的家

我有一个幸福的家。

老师爱我，

同学爱我，

我也爱老师和同学。

在温暖的家里，

我快乐地学习。

（我开心地生活，我健康地成长……）

看到这些六七岁的孩子，摇头晃脑地吟诵集体创造的诗歌，他们那得意的样子，真让我喜出望外，也促使我深入思考：学生说诗需要一个环境，学诗后集体仿说诗歌，就创设吟诗的环境。而教材诗歌的原型启发，教师的相机诱导，学生之间的相互激励，学生的诗意和灵感就容易激发出来。因此，一年级学生不是不能吟诗，关键在于方法，独立创作诗歌困难大，但集体口头仿诗可以大大降低难度，并非不能①。

（2）巧用教材诗歌，引导学生由阅读诗歌到仿写诗歌。

小学一年级学生学写话都比较困难，可以仿写诗歌吗？

义务教育教科书部编版语文一年级上册《四季》第1、2节诗：草芽尖尖，他对小鸟说："我是春天。"/荷叶圆圆，他对青蛙说："我是夏天。"2019年11月1日学完后，张老师指导学生创编《四季》儿歌，要求学生仿照下列格式，写一写生活中自己看到的事物。

---

① 张速. 幸福语文［M］. 成都：四川大学出版社，2018：41.

_____ (事物名称) _____ (特点)，

_____ (谁) 对 _____ (谁) 说："我是 _____ (季节)。"

生1：<u>桃花红红</u>，<u>她对树枝</u>说："我是<u>春天</u>。"

生2：<u>荷花粉粉</u>，<u>她对青蛙</u>说："我是<u>夏天</u>。"

生3：<u>花儿朵朵</u>，<u>她对蝴蝶</u>说："我是<u>春天</u>。"

生4：<u>银杏树叶黄黄</u>，<u>他对大地</u>说："我是<u>秋天</u>。"

生5：<u>柳树绿绿</u>，<u>他对燕子</u>说："我是<u>春天</u>。"

生6：<u>柳条绿绿</u>，<u>他对燕子</u>说："我是<u>春天</u>。"

生7：<u>荷花粉粉</u>，<u>他对鱼儿</u>说："我是<u>夏天</u>。"

生8：<u>大雪飘飘</u>，<u>他对大地</u>说："我是<u>冬天</u>。"

接着，学习《四季》第3、4节诗：谷穗弯弯，他鞠着躬说："我是秋天。"/雪人大肚子一挺，他顽皮地说："我就是冬天。"然后，又引导学生按照下列这种格式，仿写自己生活中的美景。

_____ (事物名称)，_____ (动作)，

_____ (谁) _____ (怎样) 说："我就是 _____ (季节)。"

生1：<u>荷花轻摇</u>，<u>她扭扭腰羞涩地</u>说："我就是<u>夏天</u>。"

生2：<u>雪花飘飘</u>，<u>她温柔地</u>说："我就是<u>冬天</u>。"

生3：<u>红枫叶摇摇头</u>，<u>她招招手</u>说："我就是<u>秋天</u>。"

生4：<u>迎春花眨着眼</u>，<u>他顽皮地</u>说："我就是<u>春天</u>。"

生5：<u>雪花手舞足蹈</u>，<u>他骄傲地</u>说："我就是<u>冬天</u>。"

生6：<u>雪花在天空中跳舞</u>，<u>他温柔地</u>说："我就是<u>冬天</u>。"

生7：<u>枫叶在树枝上摇摆</u>，<u>他红着脸高兴地</u>说："我就是<u>秋天</u>。"

一年级孩子仿写的诗句，因生活不同而多姿多彩。而词语填空仿写诗句，降低了难度。分两次仿写，巩固提高，强化技能。

2020年4月10日，义务教育教科书部编语文一年级下册《操场上》："铃声响，下课了。操场上，真热闹。跳绳踢毽丢沙包，天天锻炼身体好。"网课教学后，张老师布置的作业是：仿照课文格式，当个小诗人。要求一二行诗句不变，创写第三四行诗句，把第三行诗句写具体，用上课文前面的词语或自己喜欢的其他运动项目，第四行表达锻炼身体的好处。

铃声响，下课了。

操场上，真热闹。

打球拔河踢足球，(做操跳圈打篮球　跳高跑步踢足球　跳高拔河踢足球　跳远赛跑打篮球　跳远游戏打篮球　跳高跳远打篮球　拔河跑步拍皮球　跳绳跳高踢毽子　跳高拔河打篮球　打球拔河接力跑　散步奔跑踢足球　跳高投篮掷铅球　跳绳跑步拍皮球……)

天天运动身体好。(大家锻炼身体好　坚持运动体育好　快乐健身心情好　热爱运动身体好　人人运动真健康　预防病毒好方法　天天锻炼最健康　坚持锻炼身体好　每天锻炼棒棒哒　坚持锻炼身体棒　天天运动好开心　天天锻炼不感冒　天天锻炼好长高　爱上运动真正好　身体强壮有力量　天天运动更强壮　每天运动长得高　大家玩得真开心　天天运动真快乐……)

学生喜欢的运动项目不同，仿创的第三句诗就不同。学生对锻炼身体好处的认识不同，仿创的第四句就不一样。这样，每个同学仿创的诗就与众不同了。

义务教育课程标准实验教科书北师大版语文一年级下册有一首诗《雨铃铛》："沙沙响，沙沙响，/春雨洒在房檐上。/房檐上挂水珠，/好像串串小铃铛。/丁零当啷……/丁零当啷……/它在招呼小燕子，/快快回来盖新房。"我通过三个教学环节引导学生仿写这首诗：首先，学生同题仿说诗，师生共同修改，营造仿诗氛围。刘茂冰同学开了一个好头：

> 沙沙响，沙沙响，
> 春雨洒在荷叶上。
> 荷叶上，挂水珠，
> 好像串串小珍珠。
> 丁零当啷……
> 丁零当啷……
> 它在招呼小青蛙，
> 快快回来捉害虫。

接着又有几个学生仿说了自己的诗，赢得了阵阵掌声，大家跃跃欲试。我因势利导，让学生在小组内进行吟诗交流，相互启发，相互借鉴。

然后，学生独立仿写诗，教师巡回指导。不会写的字，用拼音代替。

最后，同桌互评互改后，全班交流。王朝林同学先念他仿写的诗：

> 沙沙响，沙沙响，
> 春雨洒在柳树上。
> 柳树上，挂水珠，

好像串串小项链。

丁零当啷……

丁零当啷……

它在招呼小蚂蚁，

快快回家搬东西。

热烈掌声后，史迦琪同学接着念自己仿写的诗：

沙沙响，沙沙响，

春雨洒在小草上。

小草上，挂水珠，

好像串串小锣鼓。

丁零当啷……

丁零当啷……

它在招呼小青蛙，

快快出来做运动。

虽然是同题仿写，但全班同学所写的诗没有完全相同，各有情趣，令我回味无穷。

3. 巧用教材练习，由读词句到仿说写词句

"结合上下文和生活实际了解课文中词句的意思，在阅读中积累词语。"[①]这是语文课程标准第一学段阅读的要求之一。词语积累的目的在于运用，怎样将课文中所学词语用到学生的说话写话中，促使表达有意趣呢？

（1）巧用教材练习，引导学生由阅读词句到仿说词句。

新课标小学语文教材的练习有很大改进，练习题出得好，我们可以进行开发式的利用，以产生多种功效。

义务教育课程标准实验教科书北师大版语文一年级上册有这样一道练习题："读一读：幸福—幸福的家—一个幸福的家—我有一个幸福的家。"先老师教读，再让学生读熟，然后指导学生仔细观察这些词语、短语、句子之间的相同点和不同点，最后引导学生仿说词句，学生越说越有劲，越说越有新意：

生1："可爱—可爱的家—一个可爱的家—我有一个可爱的家。"

生2："和睦—和睦的家—一个和睦的家—我有一个和睦的家。"

---

① 中华人民共和国教育部. 义务教育语文课程标准（2011年版）[S]. 北京：北京师范大学出版社，2012：8.

生3："快乐—快乐的家—一个快乐的家—我有一个快乐的家。"

生4："温暖—温暖的家—一个温暖的家—我有一个温暖的家。"

生5："温馨—温馨的家—一个温馨的家—我有一个温馨的家。"

生6："美好—美好的家—一个美好的家—我有一个美好的家。"

生7："甜蜜—甜蜜的家—一个甜蜜的家—我有一个甜蜜的家。"

这样，本来只是一道枯燥无味的词句积累练习题，通过上面的仿说拓展训练，不仅使积累词句活动有趣有味、妙趣横生、省时高效，而且激活了学生平时积累的词语，对学生口语表达的准确性进行了有效训练，更增强了学生对自己家的情感认同。把一道单一的词句积累的练习题，变成了生动活泼的知识与能力、过程与方法、情感态度价值观有机融合的综合素养提高题①。

（2）巧用教材练习，引导学生由阅读短语到仿写短语。

义务教育课程标准实验教科书北师大版语文一年级下册有这样一道练习题："仿照句子填空：（踢）毽子、（　　）积木、（　　）广播、（　　）皮筋、（　　）小狗、（　　）喇叭。"我引导学生联系前面学过的课文《大家都快乐》来完成练习。

（老师先让学生默读课文，用"＿＿"符号，勾画出一个人玩、两个人玩、三个人玩、许多人玩的具体活动，同桌相互检查，然后集体订正。）

生1：体现一个人挺快乐的活动有折纸船、纸马，踢毽子，听广播……

生2：体现两个人真快乐的活动有下象棋、打乒乓、讲故事、说悄悄话。

生3：体现三个人很快乐的活动有跳皮筋、掰手腕、过家家、学唱歌。

生4：体现许多人更快乐的活动有丢手绢、赛拔河。

师：请同学们分析一下这些活动名称，如"折纸船""听广播"，它们结构上有什么特点？

生5：前面是动作，后面是事物名。

生6：动作＋物名。

师：两个同学概括得很准确。请同学们动笔，完成第98页的练习题。

（学生很快完成，集体订正。）

师：下面，我们来做一个仿说游戏，仿照课文活动名称的说法，说我们知道的其他具体活动名称，看谁说得对，说得多，说得快。

生7：跳沙坑，爬楼梯，赛跑步。

---

① 张速. 幸福语文［M］. 成都：四川大学出版社，2018：44.

师：哪个说得不符合日常习惯？

"赛跑步。"几个学生高声说道。

师："那应该怎样说？"

"赛跑。"

……

师：下面，我们再做一个更有挑战性的游戏，请同学们动笔，仿照练习题"动作＋事物名"的结构，联系自己的生活，写三个及以上的短语，看谁写得又对又快。

（接着，学生的交流让我激动不已。）

生8：摘桃子，洗衣服，洗袜子。

生9：看课外书，看电视节目，看时钟。

生10：抱小狗，逗小狗，搭积木，吹喇叭。

生11：做早操，翻双杠，学溜冰，荡秋千。

生12：跳大绳，学唱歌，学跳舞，弹钢琴。

生13：打篮球，打网球，打游戏，踢足球，学游泳，编花篮，丢沙包。

生14：读英语，说相声，放风筝，猜谜语，读儿歌，听故事。

……

这样，一道简单的填空题就变成了对学生进行听说读写能力整体训练的系列活动，死板的教材焕发出生命的活力，由积累扩展到运用，由模仿性运用扩展到迁移性运用，甚至仿创性运用，由知识、方法掌握扩展到能力、情意水平的提高①。

2020年4月13日，网课学习义务教育教科书部编语文一年级下册《春夏秋冬》中有短语"春风吹、夏雨落、秋霜降、冬雪飘"，张老师引导学生分析这些短语组合的共同点，"春风、夏雨、秋霜、冬雪"都是事物的名称，"吹、落、降、飘"都是描写动作。然后，要求学生仿照"名称＋动词"的短语格式，联系自己的生活，创编2个以上短语，看谁写得又多又好。

卢籽燚：柳枝摆、青蛙叫、秋叶落、梅花开

李宜熹：小鱼游、鸟儿飞、花儿开、雪花飘

习晓阳：北风吹、青蛙跳、蜻蜓飞、雪人笑、荷花开、树叶落

刘昕蕊：太阳升、狂风吹、桃花开、落叶飘

---

① 张速. 幸福语文［M］. 成都：四川大学出版社，2018：45.

孙若曦：小狗跑、老虎吼、鱼儿游、青蛙叫、河水流、花儿笑

漆汐汇：春雨落、冬风吹、大风刮、雪花飘、花儿开、鸟儿飞、大门开

杨雨瑄：燕子飞、小蛇爬、小狗跑、大熊吼、小兔跳

李桐颉：白云飘、袋鼠跳、蜘蛛爬、狮子吼、蝴蝶飞

刘思妙：大风吹、鸟儿飞、小马跑、小狗叫、猫儿扑、老鼠跑

安嘉谦：暴雨落、燕子飞、赛车跑、小苗长、小猫叫、秋叶落

杨睿可：白云飘、小鸟飞、旭日升、夕阳落

沈子涵：飞机飞、花儿开、汽车跑、闹钟响、月光照

范析典：花儿摇、虫鸟鸣、鱼儿游

于宸欢：桃花开、知了唱、落叶飘、雪人笑

崔瀚文：太阳照、花儿笑、鲤鱼跃、仙鹤鸣

康皓钧：汽车开、金鱼游、铅笔写、直尺量

郑彦承：红花开、青蛙跳、斑马跑、星星闪

阚赫成：北风吹、红旗飘、太阳升、风筝飞、鱼儿游、蝴蝶舞

孟子墨：公鸡鸣、小鸟飞、虫子爬

谢炘妤：铃声响、秋叶落、冬风吹、百花开

学生生活感受不同，写出的主谓短语也不同。短语仿创，短语要精选，可以从课文或练习中选择典型短语，如动宾短语、主谓短语、并列短语、偏正短语，年级越高，短语由简单到复杂。仿创短语，既能使学生在仿创中理解短语结构和意思，又能丰富短语积累，还能弥补传统"字词句段篇"训练体系缺短语的不足。

（二）练笔绽放童心童语

仿创微习作，绽放童心童语。

小学低段的仿创微习作，犹如课堂精读课文之后的文字游戏，让学生在欲罢不能中习得语言文字的使用规则，在不断修改中养成语感文感，在创意表达中潜滋暗长童心童语，心灵飞翔，诗意生活，幸福成长。

义务教育课程标准实验教科书北师大版语文三年级上册《国徽》最后一节是这样的："有一天，/我走过天安门，/我看见：/我们的国徽和太阳在一起，/照耀着我，/也照耀着祖国辽阔的大地。"反复诵读理解之后，我引导学生结合自己生活，仿照"什么时间，我干什么，我看见什么，我想到什么"进行联想和想象。下面是2007年9月2日学生课堂交流的仿写诗歌：

国　徽

有一天，
我坐公交车回家，
车上非常拥挤。
这时上来了一位老爷爷，
我看见：
一位武警战士微笑着
把位子让给老爷爷坐，
他帽子上的国徽
在灿烂的阳光下，
更加闪耀、夺目。

（吕润峰）

国　徽

有一天，
我走过花园，
扶起一朵斜着的花，
我看见：
花儿那美丽的样子，
把我心中的国徽
映照得更美丽。

有一天，
我走过家门口，
扶起一辆
斜着的自行车，
我看见：
警察叔叔甜甜的微笑，
把他帽子上的国徽
打扮得更美丽。

（吴雨欣）

学生念完后，谈构思，快乐洋溢在自信的脸上；其他同学谈启发，仿写诗的兴趣高涨。2007年10月16日，上完义务教育课程标准实验教科书北师大版语文三年级上册中的《我愿是只幸福鸟》这篇自读课文后，我又引导学生展开想象的翅膀，进行同题仿写诗歌，学生想象新奇有趣，教室掌声不断，令我高兴不已[①]。

我愿是只幸福鸟

我愿是只幸福鸟，
张开翅膀去实现梦想。
花儿向我点头，
白云向我微笑。

哈哈……我要飞到香港，
和小伙伴们快乐玩耍。
我要和他们一起去亚洲，
去看看那里的太阳是否和我们这里一样灿烂。

我要飞到周恩来爷爷的老家，
去请周爷爷教我怎样爱国。
我要飞到非洲，
和小朋友们一起探索幸福的奥秘。

（张悦悦）

　　每每读学生的想象性习作，特别是诗作的时候，我深深地感到想象的魅力无穷，一是学生的想象令我陶醉，二是想象在习作教学中作用巨大。

　　这没错，但有人也许会质疑：三年级学生进行再造想象就不错了，能进行创造想象吗？回答是肯定的，古今中外都有例证，我上面引用的学生诗作也可以佐证。但有人会说我的学生基础好，我认为关键是我在小学一年级就进行了仿写诗歌训练，二年级进行了想象性习作的专门训练。不过，我引导学生的创造性想象是一种仿创，这是由中低段学生的心智特点决定的。这种基于写语段的仿中学创，化物象为意境，是创造性想象的起步；不拘形式地写下想象，是

---

① 张速. 幸福语文［M］. 成都：四川大学出版社，2018：47.

创意表达的开始，其目的是催生学生习作个性，进而促进学生个性发展①。

（三）微练笔凝成大合力

小学生练笔仿写的突破，需要丰富的有指导的实践活动。小学语文课程标准要求"能在老师的指导下组织有趣的语文活动，在活动中学习语文，学会合作"，将练笔与综合性学习要求有机结合，根据练笔训练需要，精心组织有趣味的家校联动实践活动的教学创意就形成了②。

"白色的贺年片，/是蓝天送给我的。/那是一片洁白的云朵。/蓝天呼唤我，/把白云当作翅膀，/变成一只飞翔的白鸽……"是二年级上册儿童诗《贺年片》③ 的第二节，全诗共四节，分别从绿色的、白色的、蓝色的、红色的贺年片，写不同的新年祝愿。每节结构基本相同，句式一样，读来朗朗上口，孩子十分喜欢。适逢周末，我便要求学生和家人一起进行综合实践活动：给自己最敬佩的人做贺年卡。

小巧手：一边做贺年卡，一边把自己的新发现和感受跟家人交流，边说边给贺年卡配图，看谁的贺卡画得最漂亮。

小诗人：（1）模仿教材《贺年片》，写一首相同题目的儿童诗。（2）看谁仿写得更恰当，谁的词语用得更准确。（3）至少仿写2个小节。（4）不会写的字，用拼音代替或查字典，或请家长帮助。

周一交流展示贺年片，真是五彩缤纷、美不胜收；而学生仿写的诗虽然题目相同，但新年祝愿各不相同：

贺年片

白色的贺年片，

是孩子们送给老师的。

那是一片吉祥的云，

是孩子们对老师深深的谢意。

是您让孩子们在知识的海洋中畅游……

红色的贺年片，

---

① 张速. 幸福语文［M］. 成都：四川大学出版社，2018：49.

② 张速. 幸福语文［M］. 成都：四川大学出版社，2018：37.

③ 郑国民，马新国. 义务教育课程标准实验教科书语文二年级上册［M］. 北京：北京师范大学出版社，2014：104－105.

是同学们送给老师的。

那是一颗颗火红的心，

是同学们对老师衷心的祝福。

同学们在老师的抚育下茁壮成长……

家长感言：孩子做贺年片送给自己敬爱的老师，感谢老师对孩子们的付出和辛勤的教诲，我们家长非常感谢，老师您辛苦了！

（郑诚睿，2014-12-30）

（四）母语养成的微仿创

我国语文有重视仿写的传统，古有属对、对对子、八股文应试等训练，今有各种仿写测试。在广大语文教师仿写教改探索中，涌现了不少优秀成果，如广东潮安县六联小学丁有宽老师的《桂林山水》片段读写导练设计[①]，江苏南通师范第二附属小学李吉林老师《春姑娘的大柳筐》的观察仿句说话[②]，清华大学附属小学窦桂梅老师《看图说话写话》的看图仿句式说话写话设计[③]，姚德垚老师的语段仿写的系列训练[④]。

仿写教学也面临诸多问题。比如，仿写无灵气，死搬硬套应付；仿写缺新意，空话套话不少；口语仿说与书面语仿写的分与合，单独细化与结合转化死；小学仿写起步的后置与前移；课堂仿写的随机随心与循序渐进……这些不可回避的真问题，怎样切实有效地解决？10多年前，我进行了从一年级开始课堂仿写的新尝试，效果不错。近年，聚焦低段的微仿创，从儿童视野，探索母语仿创表达能力养成的课堂微活动创意设计与灵动实施。

对于"巧用一年级教材，尝试课堂微仿写"的实践，工作室进行了磨课讨论。认为该探索最有价值的，是低段习作的微课堂立意："儿童视野的微习作，母语养成的微仿创。"在课堂里践行立德树人，在微习作中促进儿童母语发展，人立则课立。母语习得自有养成机理，母语习得应遵循儿童言语发展规律。以儿童视野来进行读写结合的微习作设计，以儿童言语生命动力激发来实施由仿到创的微言语活动，有利于"有创意的微阅读、有创意的微生活、有创意的微表达"互促共进，不断增益学生有创意的人生体验。这是我参加磨课沙龙的最大收获，进入习作教研的新境界。

① 教育部师范教育司. 丁有宽与读写导练［M］. 北京：北京师范大学出版社，2006：179-181.
② 教育部师范教育司. 李吉林与情境教育［M］. 北京：北京师范大学出版社，2006：254-257.
③ 窦桂梅. 听窦桂梅老师讲课［M］. 上海：华东师范大学出版社，2006：287-297.
④ 姚德垚. 中学语文段落教学［M］. 北京：光明日报出版社，1988：32-41.

微仿创的设计创意，难在被仿点的精选、创作点的激发与其转换点的催化的融会贯通。为了突破这一难点，我从低段教材的短文、诗歌、练习中，精心选择了规范精美的词语、短语、句子甚至句群、语段，通过理解语言特点、感受语言魅力、唤醒生活体验、激发联想想象、相互仿说启发，引导低段学生借用规范精美的语言形式表达自己诗意的生活，将书里的言语生活转化为自己生活的表达言语。

虽是微仿创，但对小学一年级学生而言，有阅读量很小、语言积累很少、识写字刚开始、生活体验不多、语言表达力薄弱等诸多问题，课堂微仿创之难可想而知。我从三方面努力，进行化难为易的尝试：一是用"仿说"过渡，促进语言有效转化。巧用教材短文时，由读句到仿说仿写句，促使学生表达有创意；巧用教材诗歌时，由读诗到仿说仿写诗，促使学生表达有诗意；巧用教材练习时，由读词句到仿说仿写词句，促使学生表达有意趣。这样，不仅充分利用了教材，降低了仿写的门槛，还尊重了"由说到写"的儿童言语养成的一般规律。"读—说—写"的微仿创活动，有效促进了小学生课堂学得言语能力的三次转化：通过阅读理解，将教材的书面语言转化为学生的内部言语；通过仿说，将学生的内部言语转化为外部口头言语；通过仿写，将学生的口头言语转化为学生的书面语言。二是引导学生体验、发掘有创意的生活。如有趣味的学习游戏，有情趣的课外活动，把时代活水引入课堂，用规范精美的语言表达自己诗意的生活，促进学生言之有物、言之有情、言之有理、言之有味，使微仿创形神皆备。三是用辅助办法解决写不出字的问题。儿童母语发展，口语优先于书面语。让学生先口头仿说，再记录下来，写不出的字注拼音，或查字典，或请家长帮助。

仿创应"尚古"而不"泥古"，"趋时"而不"拘时"，仿创微习作也不应浅尝辄止。工作室老师还给我指出了一些值得改进的问题。如，被仿对象的丰富性问题，除了短文、诗歌、练习，低段教材还有童话、寓言、故事、儿歌和浅近的古诗，课外阅读也可适当利用，以丰富性满足学生的差异性需求。课堂微习作活动，可适当增加学生交流仿写体会、互评互改的微活动。一年级巧用教材仿写，二年级想象性仿写，三年级仿扩中心词句，四年级把语段仿写具体，高年级不同文体写法仿写，循序渐进，这是儿童视野的微练笔，母语养成的微仿创。但怎样将仿创体系细化、微活动化……这些都是我们今天教改探索非常有价值的课题。

（五）扣本求真语用创美

下面是四川省教育科学研究院义务教育研究所副所长、小学语文教研员、四川省特级教师刘晓军做的专家评课：

低段微习作创意教学实践，扣本求真，语用创美，应该点赞。

母语教育是零起点吗？低段语文教学是否恪守于识字写字而不能越雷池半步？习作指导和训练是不是非得从三年级开始？从读学写怎样突破机械模仿的桎梏？低段语文课堂教学应该如何充分挖掘和利用文本资料优势，助推主动语用能力的提升？……种种质疑，促进了习作教学研究的不断深入。成都市实验小学张速老师团队直面尴尬，勇于实践，勤于反思，勇于创新，开创出了"以人为本，依标扣本，智慧语用"的低段语文理想教学场景，其主要特点如下。

1. 梳理研究，条分缕析，自成一体

该研究专题文本按照"问道—寻道—论道—悟道"之序列精心配置，从一年级到二年级进行梯级递进，尤其是"想象性微习作指导"，遵循儿童天性，为孩子的语感和语用插上了诗意烂漫的翅膀，展示出为文者独有的逻辑架构，彰显出"发现问题—分析问题—解决问题—分享成果"之科研精神，妥帖地回答了"怎样利用文本""怎样夯实双基培养语用""如何遵循心智建造理想语文课堂"等诸多难题。这是一种"舍我其谁"的担当，是一种高度自觉的梳理和统整，点上深挖，学以致用，知行合一，观点集中，论据鲜活，自成一体，自圆其说，物化成果特色鲜明。

2. 依标扣本，智慧语用，策略优化

该研究聚焦低段核心语用问题，借鉴课标新精神，改革旧教学中的诸多弊端，遵循母语教学非零起点的现实，赋予教材文本以足够的尊重，把"例子功能"发挥到极致，从短文、诗歌到练习，精选文例，巧搭架子，有效提升学生"简单句子""复杂句子""句群"到"固定模式类篇章"的表达能力，充分利用"语例"提供的"可模仿结构"，从说到写，从仿到创，在充满童趣的"文字游戏"中，唤醒生活和阅读，激活丰富思维，不断注入学生自我的生活、情感、思维和创意，展开联想，自由模仿，激励创造。许多课例设计和教学尽显执教者的从容不迫、游刃有余，通过"召唤式的完形结构"激活学生的内容选择和个性化表达，完成"夯实入格"，期待"自由破壳"，学生获得足够的肯定，把学习语用融入现实生活中。在此过程中，渗透、体验和习得了遣词造句策略、个性化思维的学习乐趣和独特魅力。

3. 突出思维，呵护想象，为孩子插上创新翅膀

张速研究团队没有浅尝辄止，难能可贵的是他们对于"想象性微习作"的不懈探索。因为科学模仿不仅是习作入格的前提，更应该是创意表达的垫脚砖

和助推剂。我们要培养的不是"套中人"，而是具有社会主义核心价值观、科学思维方法和良好道德情操的，具有开放胸怀、创意无限的气质高雅的中国人。创造性想象一直是创造性研究中的热点问题之一，其中儿童创造性想象的发展特点是研究最多的一个问题。早在1900年，柯克帕特里克（Kirkpatrick）运用几个创造性想象测试（其中包含有墨迹图），研究了500名小学儿童，结果发现小学前三年级的创造性想象比四年级之后的儿童要多得多。此后，辛普森（Simpson）编制了创造性想象测试，从流畅性、独创性、变通性三方面计分，结果得出，小学三年级儿童创造性想象水平最高，四年级后逐渐下降。这被研究者称为创造性的"四年级下降"现象。该团队善于学习借鉴脑科学、心理学研究成果，适时、恰当地在低段语文教学中有选择地运用"奇思妙想""形散神聚""情景交融""物我相通""形神兼备"等策略，指导"仿词、仿句、造段、意识流式的篇章"，很大程度上激活了学生主动表达的情感，收获了自由创意表达的成功。方法和策略是最有价值的知识，智慧的教育者善于把策略性知识转化为能力。

著名诗人、翻译家余光中说过："我以身为中国人而自豪，以能使用中文而幸！"中文有着丰富而美丽的想象力，有着无穷的表现力。中国的语文教师应该肩负起这种使命感，去净化、纯正我们的本民族的语言。

我想，张速老师和她的精英教师团队正是这样做的。[1]

四、写读书随感：与作者心贴心聊天

一千个读者眼中就会有一千个哈姆雷特，读的感受本是因人而异的，学生的读后感却往往千篇一律。原因很多，主要原因是老师统一要求过严过多，学生读不自主、写不自由，模式化突出。

语文新课标要求小学生课外阅读不低于145万字；初中学生广泛阅读各种类型的读物，课外阅读总量不少于260万字，每学年阅读两三部名著[2]。不少学生不愿意读，也不愿意写。于是，我们进行语文课堂探究性阅读习惯养成实验，尝试写读书随感等多种方法，指导学生在课外阅读后写读书随感，促使学生自觉、深入地进行课外阅读，发展学生语文阅读个性[3]，发表了初一学生课

---

① 张速. 幸福语文 [M]. 成都：四川大学出版社，2018：53—54.

② 中华人民共和国教育部. 义务教育语文课程标准（2011年版）[S]. 北京：北京师范大学出版社，2012：13，16.

③ 卿平海. 发展学生语文阅读个性 [J]. 四川教育，2001（2—3）：44—45.

堂探究性阅读习惯养成策略的实验研究成果[①]。

写读书随感的灵魂在"随"，随趣而读，随意而感，随心而写。写读书随感，学生若有感而发，率性为文，把练笔写得自然流畅、情感真切，不无病呻吟，也易于动笔，易于练笔习惯的形成。写读书随感使读书和练笔成为一种自娱自乐、乘兴而为的享受，打破了"引、议、联、结"的写读后感的僵化模式，让学生在课外阅读和练笔中进入诗意境界，飞翔心灵。

歪批考试杂诗

其一：作业

作业几时无？把笔问青天。不知北京时间，今夕是几点。我欲上床睡去，又恐明日挨训，恶语似毒箭。无限凄凉情，真想离人间。手发酸，身乏力，脑罐铅。不敢有恨，此身不知何处。爹是望子成龙，娘是望女成凤，此事古难全。

批语：没有作业学生干啥？作业多了老师也累，希望大了失望也大。不如我们一起减负。

其二：出考场有感

前不递答案，后不传纸条。悔平生之碌碌，独怆然而交卷。

批语：大考大耍，小考小耍，人人可为；不考不耍，才是精髓。

（李丹，2005－03－06）

这是一种批语式的读后感写法，学生把自己感兴趣的抄写下来，抄写一部分便用精练的语言点评，仿佛与作者面对面对话，直截了当，入情入理。这种方法，可以给学生推荐，在自己的书里，边读边批注。甚至可以在第二次、第三次阅读时，对前面的批语进行批注、再批。特别是课堂自读、课文预习和课后复习中都可以用批语式读后感写法，将读书的不同收获记在书里，将自己读书的感悟、疑惑与作者文字融合在一起，使自己的思想与作者的思想碰撞出新的火花。学生如果养成这种边读边批语的习惯，将有助于阅读的深入，会使学生终身受益。

最近把《朝花夕拾》看完了。书中几篇都是鲁迅对生活的感悟，虽然很多是生活中的滴滴点点、平凡的琐事，但因此也可以了解鲁迅的学习生活、了解

---

① 卿平海. 初一学生课堂探究性阅读习惯养成策略的实验研究［J］. 教育科学论坛，2002（6）：37－39.

生活、享受生活。对生活的丝毫都不放下，都抓牢。对民间的鬼怪故事，虽是喜欢，但不迷信；对求学，虽是执着，但不盲目；对朋友，虽是尊敬，但也敢爱敢恨。

书里记载很多鲁迅先生的梦境。虽是梦境，却有一种不可忘却的真实。他将自己完全融入进去，把自己比喻成梦境里的那个人物，再向"自己"输入自己的理想、志愿、想法。

（敬雨薇，2004－07－05）

怎样引导中学生阅读中外文学名著？这是一个值得探讨的问题。但有一个事实是无法回避的，就是不少学生不喜欢读名著。敬雨薇同学在暑假里自觉读名著、自觉写读书随感这件事，引起了我的重视。我专门与她聊过读名著的感受，她说最先也不想读，有时也读不懂，但要完成读书任务，母亲也督促她，她便开始应付。因为读后要求写随感，所以不得不认真点。后来，她发现读名著时，就像自己听名人在给自己讲故事，练笔时便成了名人在陪自己聊天。她还说，读名著和写随感时，她不需要仰视名人，名人也没有装模作样，挺融洽的。后来，暑假里就有一种读名著的渴望，读完后情不自禁地要写上几句。我知道这是她的心里话，因为她本可以像有些同学那样应付，没有必要隐瞒。而且，从上面两篇读后随感看，她写得非常自然，或者集中谈自己在文学技巧方面的感悟，或者只分析作品主要人物思想变化的根源，但都是用自己的话在说，说的都是自己的心里话。我们还可以从上面两篇读后随感里，看到这样一个事实：学生语言表达技巧的提高、思想情感的提升都与名著的滋养有密切联系。

（一）变苦读为随心读书

读书是随笔风景独好的别材。英国哲学家培根说："读书使人渊博，辩论使人机敏，写作使人精细。"[①] 书是生活的艺术呈现，是人类智慧的美丽结晶，读书无疑开辟了写作的另一番天地。尤其是随笔，其意可撷取书本，其材可直取书本，其言可化用书本，其法可随意而写，其论可自由恣肆。宋人陆游的《老薛庵笔记》、今人孙犁的《耕堂读书随笔》，淡而有味，活而不泛，由书文而人生，由读书而放言，别具一格，自成一家。

《美国大百科全书》指出："对于许多小孩子来说，写作的急切性可能出现在阅读之前。因为这些孩子与其有兴趣看别人写的符号，还不如自己动手去作

---

① 赵阳. 名人名言［M］. 北京：人民日报出版社，2005：93.

符号。"① 这对传统的读写关系提出了一个新的解释和设想。写随感，既易于学生有感而发，率性为文，把练笔写得自然流畅、情感真切；也易于学生动笔，养成练笔习惯。

新课标要求初中学生广泛阅读各种类型的读物，课外阅读总量不少于 260 万字，每学年阅读两三部名著②。鉴于此，我们指导学生在课外阅读后写读书随感，既促使学生自觉、深入地进行课外阅读，又及时把阅读感受写下来。实践表明，写读书随感比写读后感对中小学生更有益。

（二）变套写为随兴而写

读《致加西亚的信》有感③

我敢说，这篇文章是我认字以来给我印象最深刻的。它虽不长，却给了我极大的震撼。

现在的年轻人，不缺健康，不缺智慧，也不缺热情，最缺的是一种敬业精神。他们需要的不仅仅是学习书本上的知识，也不仅仅是聆听他人的种种教诲，而是更需要一种敬业精神。对上级的托付，立即采取行动，全心全意地去完成任务——"把信送给加西亚"。

懒懒散散、漠不关心、马马虎虎的工作态度，对于许多人来说，似乎已成常态。除非苦口婆心、威逼利诱地强迫他们做事，或者请上帝创造奇迹，派一名天使相助，否则，这些人什么也不做了。

我钦佩那些无论老板是否在办公室都努力工作的人，我敬佩那些能把信交给加西亚的人。无论世界怎样进步，他们都是时代最需要的人。

我能不把信交给加西亚吗？

（谢亚可心，2004-06-18）

如果以规范的读后感文体写作要求来看，这是一篇有明显缺陷的短文。他没有在短文开头引用《致加西亚的信》的内容，而一开头便劈头盖脸地说出了自己读文章后最深刻的感受："我敢说，这篇文章是我认字以来给我印象最深刻的。它虽不长，却给了我极大的震撼。"这没有传统读后感的稳妥和渐进，却能一下子抓住读者的心。更重要的一点，这样写练笔符合阅读后及时写读后

---

① 朱绍禹. 美日苏语文教学［M］. 长春：吉林文史出版社，1991：79.

② 中华人民共和国教育部. 义务教育语文课程标准（2011 年版）［S］. 北京：北京师范大学出版社，2012：16.

③ 卿平海. 语文新课程创意教学［M］. 北京：开明出版社，2005：165.

感的心理规律。从正反两个方面谈敬业精神，又使这篇短文有深度。结尾一个反问句，由他人推及自己，拓展了议论空间。一句话结尾，如豹尾，短而有力。本文是学生率性而为的，是学生读后的自然感受，没有雕琢和伪饰，只有直抒胸臆，写得痛快，读来过瘾。我们认为写读后感最重要的是随兴而写，如果顾及太多，就不会这么简洁明快了。

于是，我们形成了这样的反思：写读书随感的做法"随心读书—随意感悟—随兴而写"；读书随感是读书笔记、读后感等作文传统的继承与创新，写读书随感是学生与作者心贴心的聊天，有利于学生自由而充分地表达自己的读书心得，享受精神分享的乐趣。

（三）变网聊为雅读文聊

中国出版科学研究所于 2008 年公布的第五次国民阅读调查结果显示，中国户均年消费图书不足两本。传统图书阅读率呈持续走低态势，阅读率仅为34.7％，比 2005 年降低了 14％。至于不读书的原因，49.4％的人归结为"没有时间"，42.8％的人说"没有习惯"。互联网阅读率持续上升，首次超过图书阅读，数字化阅读已成全球性趋势。如果有几小时闲暇，大部分人更愿意看一部网络小说或搞笑帖子，这是国民精神生活蜕变的折射。

于是有人开始担忧，网络阅读渐成人们的阅读习惯，可能造成国民思维能力的弱化。对此，我们语文教师能做点什么？我们可以努力让写读书随感成为学生惬意的书香生活的一部分，变苦读为悦读，使与书聊天成为学生最美妙的时刻：沐浴之后，燃一烛清香，守一盏灯光，捧一本书，放一段悠扬的曲子。遇到雨天，细雨敲打窗棂，任思绪随文字飞扬。悲伤读书，悲泣落泪奋笔疾书后伤自好；快乐读书，怡情之乐笑颜滑落文字之间；烦躁读书，宠辱不惊文有波澜心变幽；无聊读书，灵魂荡涤水更清文更美……渐渐地，让学生体会到陶渊明"好读书，不求甚解；每有会意，便欣然忘食"的悠然之乐，也让学生体会到"腹有诗书气自华"的淡定之雅，让学生在经典与时文的交响乐中快乐成长。

五、语段巧仿创：为雅意而写

先入格后破格，升格是重点，由仿而创是关键。课文是仿写例子的首选，语段巧仿写是仿词句向仿篇章的桥梁，是正确地表达与有创意表达的中介。由仿到创，由必然王国走向自由王国，是蜕变的必须，苦并快乐着，痛并幸福着①。

---

① 张速. 幸福语文 [M]. 成都：四川大学出版社，2018：94.

（一）无法仿的构思，亦是模仿来的

传说春秋时期，越国美女西施，不仅有沉鱼落雁之容、闭月羞花之貌，而且平时所做的任何一个动作，都是非常美的。因此常有些姑娘模仿她的衣着装束，也常有些人有意无意地模仿她的行为举止。有一天西施患病，心口非常痛。她出去洗衣服时，皱着眉头，用一只手捂着胸口，走在路上虽然非常难受，但旁人看来西施却又别有一番风姿。西施有一邻居东施容貌长得很丑，见西施人长得美，她就常常暗地里观察，看看西施到底与别人有什么不同之处。这一天，她看到西施用手捂着胸口，皱着眉头的样子后，感到非常美。于是她就跟着学起这个样子来了。东施本来容貌就丑，又皱起了眉头，本来形体就含胸弓背，却又捂住了胸，显得更加丑陋不堪。

后人就把这个典故说成是"东施效颦"。王维的诗句"持谢邻家子，效颦安可希"，使东施效颦这个寓言故事广为流传。于是，有人一提及模仿，就联想到东施效颦、邯郸学步，往往带有贬义，说难听点就是剽窃。一说起仿写，就担心是否会使作文变成"照葫芦画瓢"的机械制作，甚至产生"画虎类犬"的负效果。

其实，模仿是人天生的学习能力。在古代，完全照抄榜样，是学习的基础，受到人们的尊敬。古罗马时代，据说学徒们从背诵、临摹到改变说法、解释说明等，都努力进行模仿训练。当时认为模仿是追求独创性和创造性不可或缺的活动，会慎重地选择模仿对象。东洋的抄经也是一样，在日语中"学习"的语源就是"模仿"。回溯历史，模仿一直都被人们看作是一种美德。法国作家夏多布里昂用下面这句话揭示了模仿的本质：所谓独创的作家，不是不模仿别人，而是无法被人模仿。

别人无法模仿的构思是模仿而来，这就是所谓的模仿悖论。

古往今来，名家仿效的名作不胜枚举，如王勃"落霞与孤鹜齐飞，秋水共长天一色"之句仿拟的是北朝文学家庾信的"落花与芝盖齐飞，杨柳共春旗一色"，鲁迅的《狂人日记》是模仿果戈理《狂人日记》的杰作，冰心的《春水》借鉴了泰戈尔的《飞鸟集》，等等。模仿是创造之母。不会模仿，何以创新？模仿打基础，创新促提升。

模仿是需要高度智慧的理性行为。为何模仿？在什么时候，应该模仿谁，怎么模仿呢？这都是非常难以解答的问题。资生堂的创始人福原有信强调："肤浅的模仿是不行的，要从根本开始彻底的模仿。"智慧正是解释模仿悖论的关键。正如哲学家蒙田所说："聪明人向傻瓜学习的东西，比傻瓜向聪明人学习的东西更多。"我们更应该成为智者。

小学语段仿写，什么时候开始？仿写什么？怎样仿写？

按照语文课程标准的要求，三年级是习作教学的开始。经历了低段的写话教学后，习作教学应围绕什么展开呢？我国传统作文教学经验是语段写作，但语文新课标中段习作要求并没有明确提出语段写作要求。是语段写作不重要了吗？显然不是。

我们都知道，句子有句法，文章有章法，写句写篇训练都不可少；语段有结构，是写句过渡到写篇不可或缺的中介，无数经验证明三年级是进行写段训练的最佳时期，语段仿写是写段训练效益显著的方式之一。近年习作教学出现的一些问题，与忽视语段习作教学不无关系。教学实践让我坚信：不管是旧课程还是新课程，三年级习作教学不仅要重视语段训练，而且要落实语段仿写；仿写教学创意是语段仿写优质高效的前提和保证。下面，是我在三年级进行语段仿写的教学创意的经验总结①。

（二）仿扩中心词句，化抽象为具体

仿写是读写结合的有效形式之一。三年级语段仿写从哪里做起？语文新课程标准中段阅读要求，体会课文中关键词句表达情意的作用，积累课文中的优美词语、精彩句段；中段习作要求尝试在习作中运用自己平时积累的语言材料，特别是新鲜感的词句②。因此，读写结合的契合点之一是中心词句。总分语段是最常见的，中心句是理解段意的钥匙，总分语段仿写是语段习作的基本功之一。于是，仿扩中心语句的教学创意油然而生。

义务教育课程标准实验教科书北师大版语文三年级上册课文《小镇的早晨》的第 2 段是总分语段："小镇的早晨是安静的。淡淡的霞光下，河面闪烁着一片片银鳞。河水清得透明，静静地和街道并行穿过小镇。沿街的河边停满了各式各样的小船，一只紧挨着一只。两座拱形的石桥遥遥相对，坐落在镇两头。不时有一只小船从半月形的桥洞中悄悄钻出来，从河上轻轻漂过。船驶远了，但船工哼的小调，还在河上轻轻荡漾。"第 3、4 段也是总分语段，只是更换了中心语句："小镇的早晨又是热闹的"，"小镇的早晨更是忙碌的"。我指导学生理解这三段内容后，侧重引导学生分析三个语段的总分结构的表达特点，然后诱导学生调用自己生活体验，观察课本 66 页的图《集市》，以"集市是热闹的"为首句，进行仿扩中心语句的语段练习，学生的当堂习作兴致高，写出

---

① 张速. 三年级语段仿写教学创意例谈［A］. 四川省教育厅教师优秀论文一等奖，2008.

② 中华人民共和国教育部. 义务教育语文课程标准（2011 年版）［S］. 北京师范大学出版社，2012：10，11.

的语段长短不一、良莠不齐，但富有教学研究价值。

　　集市是热闹的。一个大叔拉着一车白菜在集市上喊："卖白菜啰！又香又甜的白菜，快来买哟！"旁边有位卖牛的老大爷，他用苍老的声音说："卖牛啦！这头牛吃的草料少，产奶又多，是名副其实的好牛，机会不可错过。"一旁的阿姨用白布搭了一个棚子，卖起蔬菜来，有脆脆的黄瓜、红红的西红柿、色如翡翠的大青椒、大大的南瓜、紫紫的茄子、圆圆的冬瓜和水灵灵的大白菜。她叫着："新鲜菜！快来买啊。"一位大娘走过来问："西红柿多少钱啊？""一元五角一斤。""来一斤，给你两元。""来，找你五角。"看热闹的母鸡、大鹅也在唧唧唧唧、嘎嘎嘎地叫。卖早点的铺子里的食物可真多，有油条、包子、肉饼。大家都吃得很香，有位叔叔抬起头说："这家饭馆真不错。"

　　　　　　　　　　　　　　　　　　　　　　　　　（史迦琪，2007－09－20）

　　集市是热闹的。卖白菜的叔叔对过往行人大声说："白菜白菜！大家快来买，刚从田里拔上来的，刚洗过的，新鲜美味，快来买呀！"这么一喊，刚到集市口的人眼睛都注视着白菜，好像特别想买。有位老爷爷带来了他要卖的牲口，向来来往往的人称赞道："瞧这牛，多壮呀，没有一点问题，空着牛圈的人，快来买呀！"这么一说，很多人都围上来，心想："真有这样的牛？"有一个人上前去问："多少钱一头？"老爷爷说："1500元。"那人付了钱牵着牛走了。旁边搭起了白凉棚，桌子上摆满了各种蔬菜。还有一座小房子，里面只有两个人，房子外是靠房里两人的一双灵巧的手做出的扫把、拖把、木制家具、菜篮、铁铲等各种用草编的东西。早点铺里有油条、包子、面条等，有位叔叔喝了一口汤，脸上露出了满意的笑容。尖刺的黄瓜、红彤彤的大苹果、青绿色的青椒……篮子里有茄子、冬瓜、南瓜、白菜……篮子下面还有羽毛黄黄的公鸡、雪白的母鸡和大鹅，有位先生正和店主讲价钱。

　　　　　　　　　　　　　　　　　　　　　　　　　（江津果，2007－09－20）

　　集市场是热闹的。走近集市场，到处都是菜农的喊声，家禽的叫声。那刚开业的小吃店，生意热火朝天。到处尽是做买卖的，买东西的人也塞满了街道。

　　　　　　　　　　　　　　　　　　　　　　　　　（张啸骏，2007－09－20）

　　第二天，我将上面有代表性的三段话请同学们评析，和学生一起总结出仿扩中心词句的语段习作的注意问题：一是中心句位于段首，用句号。通过这样的读写结合，以利达到三年级掌握句号用法的教学要求。二是中心词统率全段，扩展开的每句不能偏离中心词意。如例二的"旁边搭起了白凉棚，桌子上摆满了各种蔬菜。还有一座小房子，里面只有两个人，房子外是靠房里两人的一双灵巧的手做出的扫把、拖把、木制家具、菜篮、铁铲等各种用草编的东西。早点铺里有油条、包子、面条等，有位叔叔喝了一口汤，脸上露出了满意的笑容。尖刺的黄瓜、红彤彤的大苹果、青绿色的青椒……篮子里有茄子、冬瓜、南瓜、白菜……"几句话偏离了中心词"热闹"，应删去。三是扩展的句子要根据写作意图有详有略，详略适宜。如例三显得过于简略，应加些描写；而例一和例二中有的句子显得过于详了，可根据需要删去些与中心词关系不大的细节描写词语，否则与看图写话要求不吻合。

仿扩中心词句的语段教学创意，化抽象为具体，形散神聚，这不仅将总分语段的阅读与习作结合起来，还是一种很有效的思维训练。理解和提炼中心词句，有助于抽象概括思维能力发展；理解和扩写中心词句，有益于发散思维能力发展。阅读时，理解总分思维模式；习作时，运用总分思维模式。从上面例子可以看出，这有利于学生思维学习的继承与创新。这与小学三年级学生思维发展特点吻合，在变抽象为具体、形散神聚中，能促使学生形象思维与抽象思维协调发展。从教学来看，有了低段的写话训练基础，三年级通过仿扩中心词句，促使由写句向写段过渡，促使口语向书面语发展，促使感性学习向理性学习进步。这种语段训练起步，既科学又有效①。

（三）催生情化观察，化景语为情语

观察不仅要客观仔细，也要主观感悟。语文新课标对三四年级学生不仅要求留心观察周围世界，能不拘形式地写下自己的见闻、感受和想象，注意把自己觉得新奇有趣或印象最深、最受感动的内容写清楚②。学生观察中普遍存在景与情相离、物与意相异、物与我相悖的状况，为解决这一问题，便产生了催生情化观察的教学创意。结合所学课文语段，我引导学生对自己喜欢的动物、玩具等进行情化观察尝试，取得了事半功倍的效果。

义务教育课程标准实验教科书北师大版语文三年级上册的《翠鸟》有这样的语段：

翠鸟喜欢停在水边的苇秆上，一双红色的小爪子紧紧地抓住苇秆。它的颜色非常鲜艳。头上的羽毛像橄榄色的头巾，绣满翠绿色的花纹。背上的羽毛像浅绿色的外衣。腹部的羽毛像赤褐色的衬衫。它小巧玲珑，一双透亮灵活的眼

---

① 张速. 幸福语文［M］. 成都：四川大学出版社，2018：98.
② 中华人民共和国教育部. 义务教育语文课程标准（2011年版）［S］. 北京：北京师范大学出版社，2012：11.

睛下面，长着一双又长又尖的嘴。

该段围绕"鲜艳"一词，分别从头部、背部、腹部作具体描写，描写颜色的词语不仅准确而且含有丰富的情感。为了让学生真正理解本段的情化观察方法，我先引导学生图文结合，边观察边指导学生说出翠鸟外形的"可爱"：

翠鸟的颜色非常鲜艳：头上的羽毛像_____。背上的羽毛像_____。腹部上的羽毛像_____。翠鸟小巧玲珑：一双_____的眼睛下面，长着一张_____的嘴。

再放"相思鸟"的幻灯片，引导学生集体仿说。最后，要求学生按这种方法观察自己喜欢的一种鸟，用情化观察，写一段话。学生很投入，据家长说，有的学生反复观察家里养的鸟，有的学生通过各种途径查找鸟的图片资料，有的还缠着家长再到"鸟语林"去观察，写出的语段也各有味道，从下面所选案例可见一斑。

我家有一只鹦鹉，它有一双红色的小爪子，像一双红色的树杈一样。它的颜色非常好看，头上的羽毛像黄色的头巾一样，背上的羽毛像浅绿色的外套，腹部的羽毛像深绿色的肚兜。在一双灵活的眼睛下面，长着一张弯弯的小嘴。

（徐一丹，2007-10-18）

画眉鸟喜欢停在树枝上，一双黄色的小爪子用力地抓住树枝。它的颜色很鲜艳，头上的羽毛像褐色的帽子，背上的羽毛像褐色和白色相间的短袖，腹部像褐色的毛衣。它小巧玲珑，一双机智灵活的眼睛下面，长着一张黄色的又长又尖的嘴。

（周祺熙，2007-10-18）

鸽子喜欢停在白色的房子上，一双红色的小爪子紧紧地抓住房子。它脚的颜色非常好看，头上的羽毛像象牙白色的头巾，绣满雪白色的花纹，背上的羽毛像乳白色的外衣，腹部的羽毛像雪白的衬衫。它调皮可爱，一会儿飞这里一会儿飞那里，随时用一双机灵的眼睛找食子。一双明亮灵活的眼睛下面，长着一张又短又尖的嘴。

（柳胜宇，2007-10-18）

古往今来，情化观察对艺术太重要了。王冕放牛时醉心观察荷花，齐白石从小到老钟情观察虾子，石涛"搜尽奇峰打草稿"，吴承恩三年遍游云台山观景绘水……他们"观山则情满于山，观水则情溢于水"，最终才成为大画家、大作者。

催生情化观察，化景语为情语，物我相通。情化观察对学生练笔乃至成长的作用也是不言而喻的，它能促使学生观察和练笔时化景语为情语、物我相通、心物同构，用大自然的灵气哺育练笔和做人的灵气。当然，三年级学生由于身心发展特点所限，这种情化观察尚处于起步阶段，所以要借助课文精彩语段做情化观察和练笔的样板，引导学生从精读中仿学观察、仿学表达，也仿学情感怎样寄于景、融于物……正因此，我感到学生练笔的快乐和又好又快不是偶然的，而是情理之中的①。

（四）引导创造想象，化物象为意境

小学三年级练笔需要培养学生想象能力吗？语文课程标准有明确要求：观察周围世界，能不拘形式地写下见闻、感受和想象，注意把自己觉得新奇有趣或印象最深、最受感动的内容写清楚②。怎样才能促进学生想象练笔呢？我在教学中尝试了引导创造想象的教学创意，也取得了较好效果。

诗歌是训练学生创造想象的最有效的材料。在上义务教育课程标准实验教科书北师大版语文三年级上册的《我愿是只幸福鸟》这篇自读课文后，引导学生展开想象的翅膀进行同题仿写，学生想象新奇有趣，令我高兴不已。

我愿是只幸福鸟

我愿是只幸福鸟，
张开翅膀去实现梦想。
花儿向我点头，
白云向我微笑。

哈哈……我要飞到香港，
和小伙伴们快乐玩耍。
我要和他们一起去亚洲，
去看看那里的太阳是否和我们这里一样灿烂。

我要飞到周恩来爷爷的老家，
去请周恩来爷爷教我怎样爱国。

---

① 张速. 幸福语文［M］. 成都：四川大学出版社，2018：102.
② 中华人民共和国教育部. 义务教育语文课程标准（2011 年版）［S］. 北京：北京师范大学出版社，2012：11.

我要飞到非洲，

和小朋友们一起探索幸福的奥秘。

（张沐平，2007－10－16）

我每每读学生的想象性练笔，特别是诗作的时候，我深深地感到想象的魅力无穷，一是学生想象令我陶醉，二是想象在习作教学中作用巨大。

有人会说我的学生好，我认为关键是我在小学一年级就进行了仿写诗歌训练，二年级进行了想象性练笔的专门训练。不过，我引导学生的创造性想象是一种仿创，这是由中低段学生的心智特点决定的。引导创造想象，化物象为意境，创意表达。这种基于写语段的仿中学创，化物象为意境，是创造性想象的起步；不拘形式地写下想象，是创意表达的开始，其目的是催生学生练笔个性，进而促进学生个性发展①。

（五）组织趣味活动，化意愿为意味

小学生练笔仿写的突破需要丰富的有指导的实践活动。小学语文课程标准对三四年级的综合性学习提出：能在教师指导下组织有趣的语文活动，在活动中学习语文，学会合作②。将练笔与综合性学习要求有机结合，根据练笔训练需要，精心组织有趣味的实践活动的教学创意就形成了。在三年级教学中，从实际出发，我组织了"玩溜溜球——动作观察与描写""观察喜爱的动物——情化观察与描写""品尝水果——连段成篇""放风筝——自由表达""游长城——自由表达"五次趣味活动，前面已介绍了两次，下面侧重总结后三次趣味活动练笔。

义务教育课程标准实验教科书北师大版语文三年级下册课文《我爱故乡的杨梅》中的下面三段话很有从读中学写的教学价值：

杨梅圆圆的，和桂圆一样大小，遍身长着小刺。等杨梅渐渐长熟，刺也渐渐软了，平了。摘一个放进嘴里，舌头触到杨梅那平滑的刺，使人感到细腻而且柔软。

杨梅先是淡红的，随后变成深红，最后几乎变成黑的了。它不是真的变黑，因为太红了，所以像黑的。你轻轻咬开它，就可以看见那新鲜红嫩的果肉，嘴唇上舌头上同时染满了鲜红的汁水。

没有熟透的杨梅又酸又甜，熟透了就甜津津的，叫人越吃越爱吃。我小时

---

① 张速. 幸福语文［M］. 成都：四川大学出版社，2018：98.

② 中华人民共和国教育部. 义务教育语文课程标准（2011年版）［S］. 北京：北京师范大学出版社，2012：12.

候，有一次吃杨梅吃得太多，发觉牙齿又酸又软，连豆腐也咬不动了。我才知道杨梅虽然熟透了，酸味还是有的，因为它太甜，吃起来就不觉得酸了。吃多了杨梅再吃别的东西，才感觉到牙齿被它酸倒了。

学完本课后，我组织了"品尝水果"活动，学生带来各种各样的水果，选自己喜欢的水果，在老师引导下调用多种感官去品尝水果，然后学习上面课文的写法，仿写三段话，把自己品尝水果的收获写出来。学生对此饶有兴趣，写得津津有味，仿得有板有眼：

好吃的桑椹

桑椹是椭圆的，和腰果一般大小，遍身长着凹凸不平的小包。摘一颗放进嘴里，舌尖触到那小包，使人感到细腻而且柔软。

桑椹先是青色的，然后慢慢变成淡红的，最后变成紫黑的了。如果你轻轻地咬上一口，嘴唇上、舌头上、牙齿上都会染满紫色的汁水。我对着镜子照了照，我已经变成了一个妖怪，十分难看。

没有熟透的桑椹又酸又甜，而熟透之后就是甜蜜蜜的了。我现在知道了一个事实，桑椹虽然熟透了，但酸味还是有的，只不过因为它太甜了，所以我们一点也不觉得酸了。

（周琪慧，2008－04－14）

美味的樱桃

樱桃圆圆的，像一个刚挂在枝头上的小苹果，也像小孩子玩的一个漂亮的小蛋珠。

樱桃有的是黄色的，有的是橙色的，有的是淡红的，有的是深红的，还有的是紫红色的。没成熟的樱桃是青色的，它就很硬；成熟的樱桃是深（紫）红色的，它就很软。

樱桃闻着很香，吃起来有的很酸，有的很甜，有的又酸又甜。轻轻一咬，就可以看见它那金黄的果肉，同时，樱桃里面的汁水喷了出来。如果你不咬，它会在你的嘴里滑来滑去，十分逗人开心。

软软的樱桃一摸，汁水就被挤出来了，水干了，手上黏黏的，像抹了很多胶水一样。

樱桃真美味啊！我喜欢美味的樱桃！

（郑菱霏，2008－04－14）

可爱的火龙果

火龙果的外形像一个火球，它的颜色非常鲜艳——火红。火龙果的身上长出了一片一片像花瓣一样的东西，形状非常好看。

我用刀切开了一个火龙果，没想到里面居然是白色的，上面还有许多像黑芝麻一样的小黑籽。咬一口，有一点甜和一点微酸的味道。它很柔软，入口化渣，含有较多的汁水。

据介绍，火龙果含有丰富的维生素、天然纤维、葡萄糖及人体所需矿物质。多吃它，对人有许多好处。

火龙果，你真可爱啊！

（吕润峰，2008-04-22）

这次趣味活动及其练笔，给我一些有益的教学启示：①趣味活动与趣味练笔是互促互补、相得益彰的。②读写与活动的同旨同构，仿写效果可能最好。③语段的文序、活动的顺序与练笔的思路最好一致，这对提高小学中低年级学生仿写教学的有效性，不失为一个好的教学策略。④如何实现由写单段向多段甚至篇章的突破，多向观察、多感官调用是前提，写并列语段是一个有效的突破点①。

仿写语段进行了一段时间之后，学生仿写的语段类型越来越多，如何促使学生将各种语段的写法综合运用，为实际表达需要服务？我尝试用课外实践活动来催发，特别是符合学生实际的趣味活动来促进学生语段练笔由仿到创的质变。

爬洛带长城

老师宣布，谁愿意去爬洛带古镇长城，请到家委会那里去报名。同学们听到这个振奋人心的消息，可高兴啦，大家纷纷报名参加，我以为长城很短，于是也踊跃报名参加这次活动。

出发了，路上开车开了一个多小时，到了吃午饭的地方，我和同学们说："多吃点，才有精力和体力，比赛看谁能爬上长城的顶峰。"吃完饭，不幸的事情发生了，天空下起小雨，我对大家说："不用担心，我们在路上注意安全，相互照顾，相互鼓劲，不就爬上去了啦。"

---

① 张速. 幸福语文［M］. 成都：四川大学出版社，2018：104.

不一会儿，我们到长城的山脚底下，抬头望了望，长城好高呀，抬头望不见顶，天一直下着又细又密的春雨，雨越下越大，心想："爬长城的时候，会不会摔跤呢？我们会不会爬不到顶哟？"我正在沉思时，忽然我的好友拉着我的手说："不用担心，不用害怕，有什么可怕呢？我们一起爬吧。"我毫不犹豫地回答她说："好！"一路上我们手拉手，不断往上爬，爬了一段路程，有点爬不动了。我在心里暗暗责备自己："我们冒雨爬长城有什么好处？"我的好友看出我的心思："曙光就在前头，不用怕，我们一定能爬上去的。"听了她的话，我们相互鼓励说："坚持就是胜利！"

天空中的雨下得更大了，雨从我的脸颊流过，汗水从额头上滴下，觉得全身都是雨水和汗水。但我没有管它，因为我们的心思和长城的最高处在一起呢！

时间一分一秒地过去了，我们一步一步地往上爬。终于，我们看见长城最高处。说心里话，我再也没有力气往上爬了，我和班上其他同学商议，我们是否还往上爬。正在讨论时，家长叫我们："孩子们不要放弃，走呀，加油！胜利就在前方，不到长城非好汉！我们无论什么原因都要爬到长城的顶端去，你们说行不行？"听到家长们的话，我们有气无力地回道："能爬上去。"

在家长们的鼓励和加油下，我们坚持着，忍受着，终于达到长城的顶端，我们到顶端不断地欢呼、不断地跳跃，我们几个拥抱在一起，大声说："我们胜利了，我们成功了！"

爬长城让我明白了：做什么事只要坚持到底，永不放弃，就一定会有成功。

（周超然，2008—03—15）

家长感言：这次踏青活动虽然天公不作美，但同学和老师及家长都能一鼓作气地爬上山顶，其间陡坡连连，大家都在不断地为对方加油，互帮互助，这种不放弃的坚持精神，我想会在孩子以后的学习和人生中发挥到极致。

（六）升级语段仿写，创作潜滋暗长

"模仿说"是现实主义反映论的蓝本，这个在欧洲文学史上逾千年而不衰的文学原则，是在古希腊时期形成的。

思维科学认为：相似块大量存在于客观事物和认识主体的思维活动中，所有的创新都是一个相互套在一起、由小到大、由低级到高级的综合相似形或更大的体系。正如贝弗里奇所说："独创常常在于发现两个或两个以上研究对象或设想之间的联系或相似点。"阅读，就是贮存和丰富学生大脑中的相似块。

写作中的模仿，就是大脑中大量相似块的自动汇合、接通、激活的过程，从中产生的同中异变、推陈出新的思维结果。

心理学研究证明：中小学生的思维发展，处于一个由具体到抽象、由低级到高级的过程。学生思维中的形象或表象通过积累将逐步让位于概念，并由经验型的抽象逻辑思维逐步向理论型的抽象逻辑思维发展转化。这一发展转化都离不开具体的形象，即离不开模仿。

人在掌握语言和各种技能的过程中，以及艺术习作的最初阶段，都要借助于模仿。自觉地仿效先进的榜样，可以吸收别人的经验，扩大自己的经验，作为进一步发挥创造性的基础。写作是一种技能，这种技能的获得必须借助于现有的经验迁移，并在实践中发展和提高。陆机《文赋》所说的"袭故而弥新""沿浊而更清"；刘勰《文心雕龙》中的"夫青出于蓝，绛生于茜，虽逾本色，不能复化"，都是指模仿中的创新。

学书法要临帖，学绘画要临摹，学演戏需模拟。同样，练笔离不开模仿。

叶圣陶说："课文无非是例子。"从阅读走向写作，举一反三，触类旁通，模仿能起到桥梁的作用。仿课文内容，培养观察能力；仿课文语言，培养学生语言感受力；仿课文技法，培养具体的表达技能；仿课文思路，拓展学生的思维空间。

升级语段仿写，让学生的创作意识、创作能力在仿创练笔中潜滋暗长。小学三年级习作起步对学生写作能力发展有奠基作用。仿扩中心词句，能化抽象为具体，形散神聚，扩句成段，科学起步；催生情化观察，能化景语为情语，物我相通，读段写段，又好又快；引导创造想象，能化物象为意境，创意表达，仿中有创，发展个性；组织趣味活动，能化意愿为意味，自由表达，扩段成篇，分享生活。前文不仅对四个教学创意的产生动因、实施过程、理论意义进行学理阐述，还选用典型案例对教学创意的发展效果、教学机制进行生动诠释，力求融创新性、实效性、可借鉴性和科学性于一体。

逆向思维的仿写，避免同质化。当我们有了砰然出现的灵感，还要有举一反三的革新能力。

▶▶▶▶ 创意练笔悟道

六、为了创意表达的自主练笔

（一）用仿创使入格升格破格循序渐进

学习书法要描红、临帖，学习绘画要临摹、素描。"他山之石，可以攻玉",学习写作也需要仿写。教科书精选的名篇为学生的仿写提供了范例,仿写解决入格问题,若仿写多了,或过于强调形似,就会机械模仿,因此需要把仿写入格与鼓励仿中破格有机结合起来。仿创性练笔能将学生的阅读与写作结合起来,从读课文中学习优美语言及其表达技巧,不仅能加深对课文的理解,也能从读中学写,使学生读写互促共进。我们采用三种形式引导学生进行仿创性练笔:学生自选优美句子或语段仿创,按照课后练习要求进行仿创,教师提出仿创要求。

不同学生对同一篇课文的喜欢程度是不一样的,同一篇课文,不同学生喜欢的句子或语段也是不一样的。尊重学生这种阅读欣赏的差异,是学生自觉进行仿创性练笔的动力源泉,也影响学生仿创性练笔的质量。经验告诉我们,学生对自己喜欢的句子或语段模仿的水平较高,往往还会在模仿中有创新。如在学习了刘成章《安塞腰鼓》后,我们要求学生自选句子进行仿创性练笔,有一个学生把文中的"骤雨一样,是急促的鼓点;旋风一样,是飞扬的流苏;乱蛙一样,是蹦跳的脚步;火花一样,是闪射的瞳仁;斗虎一样,是强健的风姿"这个句子仿创成了一首诗:

美丽多彩的大自然①

流星一样,是急促的雨点;

丝绸一样,是飞流的瀑布;

精灵一样,是叮咚的溪流;

微笑一样,是五彩的花朵;

彩桥一样,是绚丽的长虹。

(刘美龄,2003-04-28)

由散句到诗句,看似简单,但对于一个初一学生来说,特别是对于一个小学没写过诗的同学来说,这是一个了不起的创造。何况,这首诗不是文字游戏,而是抒发了学生对大自然独特的感悟和情感。我们有理由相信,通过这一练笔,学生对这种特殊的比喻句式的了解会更深,对比喻作用也会体会得更深,以后仿创的意识也会更强。当我在班上念完这篇练笔时,学生自发地鼓起了热烈掌声。

随后,我们惊喜地发现,越来越多的学生自觉选择课文里的优美句子进行

---

① 卿平海. 天天练笔:使学生享受诗意生活 [J]. 教育科学论坛,2004(6):19—22.

仿创了。义务教育课程标准实验教科书人教版语文教材的练习题里专门设计了仿写性练笔题目。如语文七年级下册《从百草园到三味书屋》课后第二题的第一小题是这样的:"不必说碧绿的菜畦,光滑的石井栏,高大的皂荚树,紫红的桑椹;也不必说鸣蝉在树叶里长吟,肥胖的黄蜂伏在菜花上,轻捷的叫天子(云雀)忽然从草间直窜向云霄里去了。单是周围的短短的泥墙根一带,就有无限的趣味。('不必说……也不必说……单是……'中哪个内容是强调的重点?请你仿写一段话。)"我们充分利用这类教学资源,引导学生进行当堂练笔训练,鼓励学生仿中创新。

语段仿写

(一)不必说海南的海边美景,金黄的沙滩,碧蓝的海水,层层的波浪,高大的椰树,暖和的气温;也不必说五彩的贝壳,湛蓝的天空,洁白的云朵,神秘的海底,刺激的海上项目,美味的海鲜。单是海南热情好客的人们,就能让你打心眼喜欢上这个地方。

(二)不必说云南的过桥米线,帅气的阿山哥,热情的姑娘;也不必说云南壮丽的群山,千变万化的石林,有悠久历史文化的丽江古城。单是一杯云南特产的名茶,就能让你记住这个美丽的地方。

(李芊杉,2009-02-11)

这是李芊杉同学一口气仿写的两段话,不仅有诗情画意,而且情趣盎然。像这种用关联词语造句写话,不仅能够激活学生的生活经验和情感,而且促使学生在十分愉悦的心境里捉摸逻辑结构关系,体验情感抒发与语言结构的协调一致,还为练笔提供了一个魅力无穷的创造空间,让学生享受着与名家平等交流创作的快乐。

当前仿创性练笔普遍存在两种极端倾向:有些教师反对模仿,认为这是机械式学习,会僵化学生思想,妨碍学生创新,一开始便要求学生创造,这无疑就像抓住学生的头发想上天。而另一些教师却过分依赖大剂量的仿写,学生个性和灵性在无可奈何中被销蚀。其实,模仿是创新的必要基础,是学习的必经阶段。怀特赫斯和瓦斯托认为,儿童学习语言不是机械模仿成人,而是根据自身理解和表达需要进行选择性模仿,随着年龄增大语言掌握的主动性和创造性也增强。

　　其实，模仿着写的"拟作"从汉代就有了①，名篇名家也有仿创的先例，鲁迅《狂人日记》借鉴过果戈理的作品，曹禺《雷雨》从奥斯特洛夫斯基的剧作《大雷雨》中汲取过营养。因此，教师在阅读教学中要精心预设仿创范本，充分调动学生的仿创热情，努力构筑阅读教学与写作教学的有效共享空间，有效促进生成性仿创练笔活动有序开展，在精心指导过程中提升学生的仿创品位。

　　指导学生正确地理解和运用祖国语言是语文课程的核心价值之一，能具体明确、文从字顺地表述自己的见闻、体验和想法，能根据需要运用常见的表达方式写作②，是义务教育语文新课程写作的总目标之一。吕叔湘先生曾讲过，使用语言是一种技能。掌握技能的方法很多，而模仿是最有效的方法之一。模仿是量变到质变的心理过程，心无旁骛志自远、不待扬鞭自奋蹄是模仿的内驱力，操千曲而后晓声、观千剑而后识器是模仿的积淀丰厚，遍觅金针辟蹊径、取他山石自成体后峰回路转渐佳境、水到渠成开镜天是模仿的蜕变更新，千江有水千江月、万里无云万里天是模仿的至善至美。叶圣陶还强调："写作，和阅读比较起来，尤其偏于技术方面。凡是技术，没有不需要反复历练的。"③仿创性练笔站在名家肩上激扬文字，不仅遵循模仿的量变到质变的心理过程规律，也符合叶老写作需要"反复历练"的思想。

　　仿创，模仿人格是基础，仿中创新是追求，"习得进程中创造"反映了写作教学发展的本质特性。新课程实施中伴随"淡化文体"而出现话题作文的盛极一时，考试常见文体不清的"四不像"作文大量出现，主要原因是平时忽视了对文体的入格训练。"淡化文体"是不是要取消文体训练？"文体自选"是不是没有文体规范要求？这些都是新课程写作教学反思回避不了的焦点问题。我们认为，学生写作是为了自我表达和与人交流，有效的"与人交流"需要尊重利于人们交流的心理模式和阅读接受习惯，仿创性练笔以利于与人交流为核心价值取向，将利于与人交流与利于自我表达有机结合起来，是解决新课程写作新问题的一种有效策略。

　　张志公先生曾言：一个好的教练训练运动员是有严格的训练计划的，计划的安排是很科学的，否则就要影响运动员出成绩。语文训练也应当有并且可以有科学的方法。学习不是循序渐进吗？那么就需要有一个明确的，合乎科学的

---

　　① 张隆华，曾仲珊. 中国古代语文教育史［M］. 成都：四川教育出版社，2000：173.

　　② 中华人民共和国教育部. 义务教育语文课程标准（2011年版）［S］. 北京：北京师范大学出版社，2012：7.

　　③ 叶圣陶. 叶圣陶语文教育论集［M］. 北京：教育科学出版社，1980：127.

"序"，教和学才有所遵循。循着这个序，一步一步，踏踏实实地教下去，学下去，才有可能有好效果。叶圣陶先生认为这个序和"对教学的要求也不明确，任教的老师只能各自以意为之"①。作文教学无序，是作文低效的根源之一。

"熟读唐诗三百首，不会作诗也会吟"强调读对写的正向迁移作用，"天下文章一大堆，看你会借不会借"肯定读中学写的有效方法。古人谓学文有三偷，浅者偷其字，中者偷其意，高者偷其气。这种"偷"就是模仿。模仿绝不是简单的"克隆"与"拷贝"，更不是简单的抄袭，而是有意识地进行学习，从模仿到创造是作文教学的原则之一。苏轼的"明月几时有，把酒问青天"，就是从李白"青天有月来几时，我今停杯一问之"仿创来的。我们认为，仿创性练笔的步骤是："精选范例—仿中求真—创中求新—仿创求美"，仿创是对传统仿写的继承与创新，是练笔共性与个性的统一。仿创性练笔遵循由入格进而升格最后破格的轨迹，是"形似→神似→形神皆异"的循序渐进。

文无定法，并不意味着为文无法；定体虽无，大体则有。任何文章总有一个或显或隐的格式，对于中小学生来说，格式写作很重要，有格比无格强，"破格"不是无格，而是创造新的格式，是高级创作，非人人能做到，学生拥有格式越多，文感就越强，越利于升格和破格。但要旗帜鲜明地反对作文格式化倾向，那种用僵死的框框让学生作填空式的作文，必然戕害学生灵性。而一味地否定作文知识的指导，学生一味兴致勃勃地在胡同里摸索，走得通走不通各听天命，同样不是科学的。

仿创性练笔主张视情况各有训练侧重点。对于常用应用文，如通知、启事、倡议书、申请书、介绍书、慰问信、表扬信、感谢信、贺信、贺词、电报、海报、消息等，侧重"仿"，入格为要；对于记叙文、说明文、议论文等，侧重用思维导图进行升格；对于诗歌、散文、微型小说、小话剧以及扩写、改写、续写等，侧重"仿中有创"，鼓励破格。

教师要努力把每一个学生都领进书籍世界，培养起对书的热爱，使书籍成为智力生活的指路明灯；让学生在所有阅读的书本中，找出可以把自己引到深处的东西。我们要引导学生倾听言语发出的细微声响：寻找文眼，牵一发而动全文；语无惊人处，情也千千结；关注矛盾处，道无情却多情；拓展与延伸，巧借东风得风流。引导学生个性化阅读与个性化练笔互相促进，厚积薄发，在丰实的寂寞中仿创练笔。

仿创性练笔要注意选好仿创点，可仿创内容，也可仿创语言，还可仿创技

---

① 叶圣陶. 叶圣陶教育文集（第3卷）［M］. 北京：人民教育出版社，1994：218.

法或思路；其次要对范文的内容或形式进行变动，或缩写、或扩写、或续写、或改写；特别要探讨怎样使练笔既仿范文而又不为范文所羁绊，保持在似与非似之间……以促使学生练笔不断由形似向神似转变，努力实现由仿写向创写的质变。

（二）率性练笔促学生充分自我表达

只待繁花盛开

在 2019 即将结束之时，我们每个人都幻想着自己 2020 年的模样，都幻想着 2020 年的春天应是怎样一番光景。鸟语花香，生态和谐，笼罩天际的雾霾消散殆尽。

一月二十二日，我们在家规划着该如何庆祝爸爸的生日。去年因为妈妈工作原因，我们并没有在一月二十三日这天齐聚一堂，所以今年妈妈打算给爸爸一个补偿。妈妈提出出去闻闻花香，赏赏风景。爸爸想就在家里吃一顿大餐，邀请一些亲朋好友小聚一番，喝喝酒，唠唠家常。讨论好不热闹，"要不我们就去重庆路赏赏花，喝喝茶，晚上回来一家人搓顿火锅？"我最后说道，"投票表决，三二一！"好，一致通过。

敲定了方案，便开始准备攻略了。我拿起手机打开浏览器，标题上一行红色加粗的字体吸引了我的眼球。

"截至 2020 年 1 月 22 日 8 时，24 省报告新增确诊病例 131 例，新增死亡病例 8 例。"我顿时呆住了，并立刻叫来了爸爸妈妈，一脸严肃且遗憾地告诉他们："重庆路去不了啰，火锅也吃不了啰，这次肺炎可比 2003 年的 SARS 严重多了，传染率相当高。安全起见，我们还是尽量不外出，与政府打好配合，明天再往家里置办一些口罩和消毒用品吧。"爸爸好像很失落，我一脸忐忑。"好好一个生日，怎么就赶上这趟了呢？哎，好吧，安全起见。"我顿时松了一口气。

第二日早晨，睁开双眼，拿起手机，锁屏上浏览器的推送消息在我心里敲响警钟："二十三日上午二时，武汉市政委宣布，武汉交通全部停运，武汉市人民不得擅自离市，外来人员不得进入武汉。"

这让我们所有人都警惕起来，我和妈妈赶忙收拾出门。事实比我们想象的更严重啊，巷道里家家关门闭户，街道行人寥寥无几，这可是正月初一都不曾有过的场面呐，一夜之间这座城市仿佛失去了生气。

好不容易在角落找到一家诊所，却被告知口罩卖完了。我和妈妈不由得又震惊了一下，诊所医护人员仿佛看出了我们的心思，"哎呀，现在外面呀囤货的多得很呐，少说都是几个几十个的买，哪里还有存货呀！现在好多诊所的医护人员都去报名参加志愿者了呢！哎，你看。"说着她拿出手机的一张照片给我们看，照片中的年轻姐姐眼球微微凸出，肉眼可见的黑眼圈与冒着碴的头发，但是眼里有光，笑得灿烂，脸上口罩压迫的红痕愈发夺目。同样的年纪也许有些女生就在家里怨天说地，抱怨不能出门，而那个姐姐却愿意剪去头发，褪去粉黛，用自己柔弱的双手去安抚一个又一个的病人。哪里有什么白衣天使，不过都是些半大点儿的孩子，换了一身行装与死神抢人罢了。

"就她呀，去的时候可劲儿让我们帮她打掩护，瞒着爸妈呢！"诊所的阿姨继续说道。感慨万千，我们此刻拥有的岁月静好，只不过是因为有人替我们负重前行，我们应向他们致以最崇高的敬意。

2020 年注定是一个不平凡的年份，在春天到来之际，我们却经历了这样一个冬天。冬天已然结束，春暖花开已近在眼前。防疫阻击战，我们必将取得胜利！武汉加油！中国加油！只待繁花盛开之时！

（王茜彤，2020－03－14）

这是王茜彤同学在 2020 年 3 月 14 日写的周末练笔。我们能从这篇练笔，感受到率性随笔的魅力：学生由着性子地尽情抒写，率直的态度、率真的情怀、率先的发现、坦率的告白，尽兴而不任性，尽情而不轻率，尽意而不草率。

这是怎样的一种生活？随笔前的诗兴盎然，随笔中的诗情画意，随笔后的诗篇美文，这是学生在享受德国诗人荷尔德林憧憬的"充满劳绩，然而人诗意地栖息在这片大地上"的生活。诗意生活，心灵飞翔，这是学生率性随笔的审美追求。

2001 年新编高中语文教材增加了随笔写作要求。顾名思义，随笔为"随意而笔"，意到笔随，言尽笔止。随笔没有具体的体式可循，不拘形式，可以是日记、札记、手记、放胆文等；不囿题材，小事一桩，闲趣一缕，灵思一点，付诸文字即为随笔。随笔在于信手写来，如风行水上，自然成文。因而广义而论，随笔即为玲珑之散文，精悍、灵活，充满灵性与灵气。古代笔记、近代小品文、现代美文均属此类。

随笔的写作，一要真实，所写内容真实，所表达的情、理、意、趣真实；二要自然，不为文造情，不矫揉造作，不苦心经营，不卖弄技巧；三要灵活，内容不避雅俗，手法不拘一格，有话则长，无话则短。一言以蔽之，随笔写作材料宜实，角度宜小，手法宜活。

个性化随笔是生命体式文章，只要真实表达学生自己的所见所闻、所感所想或内心独白就可以了。这种随笔对培养写作习惯、激发写作兴趣、保护写作个性等都具有重要意义，所以越来越受到人们的重视。新课程忽视交际体式，强调生命体式，所以通常淡化文体……个性化练笔"为生命自由而写"，旨在满足自我的某种需要或提升自我，是一种生命存在状态。个性化练笔往往没有具体的写作对象，有时就是写给自己看的，自己愿意也可以给别人看，有时甚至连自己也不需要看。练笔无非是一种习惯，每天不管高兴还是伤心都得写一些，练笔成了一种生命存在的状态和生命的需要。个性化练笔的诉求，就是尽力满足这种生命需要，让学生充分地表达自我、实现自我、提升自我。

着眼于语文素养的整体提高是语文新课程的目的所在，发展个性，培养创新精神是语文教学的重要目标之一[①]。个性化随笔针对学生的年龄和心理特征、注意力保持特点、认知发展水平和综合考虑学生的客观差异[②]，意在通过随笔教学策略，对学生个性发展给予积极影响。这种积极影响，以对学生个性的尊重、呵护和引导为标志，以学生自我表达与良好个性互促健康发展为教学目标。

个性化随笔的突出特点是随心所欲，随笔而书。学生能我笔写我想，我手写我心，我文表我意，以个性化随笔促使学生充分自我表达。写自己的话，叙自己的事，抒自己的情，自主地练笔，写真实的文章，写有创意的作文。个性化练笔的指向，不仅仅是练笔结果的个性化，也不仅仅是练笔方法或过程的个性化，还是练笔教学教育结果的个性化。这就意味着，指向练笔结果个性化的创作性练笔、指向阅读过程科学性的探究性练笔，并不必然是个性化练笔。个性化练笔的主要目的是学生充分自我表达，促使学生良好个性在自主性练笔过程中快乐成长。

"似曾相识燕归来"是练笔个性弱化的素描，主要表现为选材重复化、结构公式化、表达单一语言贫乏化、情感虚假化。而没有源头活水，生活体验匮乏是练笔个性弱化的重要因素。世界上没有无源之水、无本之木，生活的根底厚了，作文才有起飞的基石。建构主义教育理论认为：知识是主动建构的，而不是被动接受的。知识的意义不能机械地灌输给学生，必须靠学生根据其个人先前的知识经验主动建构。因此，率性随笔的源泉在于学生的日常生活，生活意义建构蕴涵在不断积累、思考、感悟之中。

---

① 中华人民共和国教育部. 义务教育语文课程标准（2011年版）[S]. 北京：北京师范大学出版社，2012：6.

② 史爱荣. 教育个性化和教学策略 [M]. 济南：山东教育出版社，2001：172—175.

生活是随笔写作生机盎然的不竭源泉。自然界的一草一木，生活中的一事一人，情感世界的一波一折……春有繁华秋见木，一枝一叶总关情，只要学生留意观察，用心品味，就会发现一切的一切均可成为别有一番滋味的随笔素材。南宋洪迈的《容斋随笔》、清人俞樾的《春在堂随笔》，皆取身边事，状眼前景，抒心中意，无所不谈，可谓散淡、简洁的原生态呈示，充满生活气息、人生智慧。

《红楼梦》"世事洞明皆学问，人情练达即文章"和苏轼"凡物皆有可观，既有可观，皆有可乐"启发我们，引导学生从生活中丰富情感，从生活中学会思考，从生活中磨炼敏捷思维，在生活中提高审美能力，这是率性练笔的前提和基础。比如，有人发现了考试的有趣现象——不抬头定律：抄别人答案时，千万别抬头张望，一抬头，老师就来了。附加题鸡型定律：老师把它当作鸡肋骨，弃之有味，食之有肉；好学生把它当作鸡胸肉，香、肥、美；差生把它当作鸡屁股，根本不可考虑①。本书前面所论及的生活写意练笔、生活感悟练笔以及想象性练笔、思考性练笔、游戏性练笔等的素材无不源于生活，练笔所建构的是蕴含其中的生活韵味、个性魅力。

我们注意到一些备受关爱的独生子女对生活熟视无睹，对深爱他们的人漠然置之，对自视清高的自己知之甚少。率性练笔是新课程写作的有效策略，有益于学生留心周围事物，乐于书面表达，有利于表达学生对自然、社会、人生的独特感受和真切体验，有助于学生不拘形式地写下见闻、感受和想象，特别有助于学生自由表达自己觉得新奇有趣的或印象最深、最受感动的内容，这些都是学生诗意生活建构的核心要素。

率性随笔怎样表达学生自己生活的诗意？20世纪30年代兴起的日本生活作文能给我们有益启示。它主张以儿童青少年日常生活及在集体中的体验、感受、所作所为等有关题目作文，山村俊太郎以了解生活、发现题材的方式，指引学生在关注自我生活中寻求自由发表意见的时机，芦田惠之助通过生活的自我确立克服自我缺失，将培养作文能力与形成主体性人格紧密结合起来；它还主张阅读之方法即是读自己，写作之方法即是写自己，听话之方法即是听自己，讲话之法即是讲自己。日本生活指导模式的另一代表人物小砂丘忠义指出，每个人的作文之法就是他的修身、他的历史，即他的"个我"的发现②。日本生活作文特别强调根据时代的特点，把学生语言能力的培养扩展到课题研

---

① 唐军. 考试 10 大经验定律 [J]. 语文世界，2001 (11)：25.
② 方明生. 日本教育中的"生活作文"教学思想 [J]. 外国教育资料，1998 (2)：3.

究能力的培养上，倡导写表现自己的文章，表达学生自己的所做、所见、所闻、所思、所感，诸如写日记、书信、感想文、想象文和生活文等，学生用率性随笔表达自己诗意的生活。

卡夫卡认为，写作就是把自己心中的一切都敞开，直到不能再敞开为止。写作也就是绝对的坦白，没有丝毫的隐瞒，也就是把整个身心都贯注在里面。敞开一切，坦白一切……可是随着年龄的增长，生理发育渐趋成熟，学生的害羞和伪饰心理逐渐凸显，说话逐渐失去率真，有时言不由衷，王顾左右而言他，个性化表达日趋退化。率性练笔有利于保护学生的率真，促使学生个性健康发展。个性心理学认为，个性不是天赋，是在后天环境教育影响下形成的。个性的心理结构主要由个性倾向性、个性心理特征和自我意识三个因素构成。倾向性是个性中最活跃的因素，主要包括需要、动机、兴趣、理想、信念、世界观等；个性心理特征包括的能力、气质和性格等比较稳定，在心理活动中形成而后反过来影响心理过程；自我意识是个体对自己的认识和态度，包括自我观察、自我评价、自我监督、自尊心、自我控制等[①]。

个性化是率性练笔、生活意义建构的基本动力。什么叫个性化？通俗地讲，个性化就是只有我一个，我的特殊，我的行为，我的手段，我的目标。个性具有指向性、整体性、可变性，促使学生个性化发展的手段和途径很多，其中最基本的手段就是教育。个性化应成为素质教育的重要追求，我们应该从学生的实际出发，尊重学生个性，利用学生个性去因材施教，不能搞"一刀切"，不能用应试教育模式去强迫学生。青少年之间客观地存在着个性差异，教育必须承认这种差异，适应这种差异，使学生的个性得到充分发展。而率性练笔，既能促进学生个性差异发展，又能促进学生练笔个性发展，为学生构建诗意生活打下坚实的基础。

（三）专题教学引领学生有创意表达

专题教学的"专题"源于学生某阶段作文中突出的问题。对于表达技法，如以小见大、托物言志、虚实相生、反弹琵琶、铺垫衬托、对比映衬、抑扬兴波、镜头组合、双线挽合、总领分合、悬念生疑、突转逆折、伏笔照应、曲终奏雅等，可选做某次仿创性练笔的训练专题。

当代散文名家梁衡《文章五诀》，建构了一个可供我们进行仿创性练笔借鉴的专题训练框架：①形字诀的运用：单纯写形、借形写形、借形说理、借形写情、借形说事。②事字诀的运用：单纯叙事、借事塑形、借事言理、借事言

---

① 高玉祥. 个性心理学 [M]. 上海：知识出版社，1987：186−191.

情。③情字诀的运用：单纯抒情、以情助理、以情写形、含情叙事。④理字诀的运用：单纯说理、借理析事、借理写形、借理言情。⑤典字诀的运用：借用旧典增加文章的厚重感、借典比兴增加文章的幽默感、妙用暗典增加文章的含蓄感。

每次教学专题筛选可考虑年段特点：小学和七年级练习运笔，强调练笔的自由、真实、兴趣，主要写身边之人、记身边之事、描身边景物、议身边之事，培养良好的练笔习惯。八年级练就工笔，主要通过练笔训练写记叙文、简单的说明文、简单的议论文和一般应用文。九年级和高中练活文笔，练笔追求深刻透彻、形象生动、有文采、有创见等①。

我要求学生仿写的练笔，往往是针对班上学生作文存在的普遍技法问题而进行的强化性练习。这种仿写性练笔，可以在课内结合阅读教学进行，也可以提出具体仿写要求在课外完成。记得 2004 年 12 月 16 日，在教学新课标教材人教版语文第八年级上册的《你一定会听见的》这一阅读课文时，学生对课文前三段很感兴趣，在反复朗读、试着背诵之后，我要求学生当堂仿写《你一定会听见的》的前三段。学生很投入，仅 15 分钟就写好了。于是，我请学生来念，确实让人激动。下面选录几个学生的仿写。

交响乐

你听过下课铃的声音吗？那清脆的丁零零之声像敲打着我们的心弦。也许刚才你还在梦游，便被这天使般的呼唤所震撼。

你听过翻书的声音吗？那沙沙的脆响带领我们走进知识的殿堂，像泉水滋润我们的心。

你听过雨点打在树叶上的声音吗？滴滴答答像闹钟，催促着我们早起。

你听过"神州五号"起飞的声音吗？轰隆隆震动九州大地的声音，宣告东方巨龙开始腾飞。

你听过国歌的声音吗？《义勇军进行曲》这威武雄壮的声音回荡在雅典奥运会的赛场，使我们再次被感动。

（刘烁，2004－12－16）

你听过吗

你听过唠叨之声吗？唠叨之声或许有些烦，但却很美妙，时刻提醒着你。

---

① 程钧. 中学生怎样进行练笔［J］. 语文教学与研究（教师版），2007（6）：4.

因为奶奶的唠叨："房间不要太乱。"因此，你的房间变整齐了。因为妈妈的唠叨："天冷了，多加件衣服。"因此，你感冒的次数减少了。因为爸爸的唠叨："多吃蔬菜。"因此，你的身体变好了。因为爷爷的唠叨："今天上课的东西带齐了吗？"因此，你忘记带东西的次数减少了。因为老师的唠叨："上课认真听讲，作业认真完成，课后认真复习。"因此，你的学习成绩提高了。生活在唠叨中，你是幸福的。

你听过夜晚之声吗？晚上，站在阳台上，聆听着那些来自夜晚的声音，或宁静，或喧闹，会感到全身心的放松。想着、听着夜晚的风声，那是多么惬意！经常站在夜色笼罩下的阳台上思考着生活，想着某个人，让自己沉浸到夜晚那独有的声音中。

你听过希望之声吗？一缕缕阳光般的微笑，一眸眸充满信心的眼神，一次次对生活的感谢与期待，都源自对希望、对未来的信心。希望之声是美妙的，引导你不停向前走。人不能没有希望，生活不能没有希望。发出你内心希望的声音吧！去探索今后的路，去寻找……

（李芊杉，2004—12—16）

心灵之声

你听过泪滴滑过脸颊的声音吗？一个空荡荡的房间，一颗心的破碎，之后化作了一股寒流，从心底涌出。当再次静下来的时候，听到无声的悲凉，一刹那，脸颊上又多了一道莫名的泪痕。

你听过流星划过夜空的声音吗？一种说不出的感动，却无法去抓住，也无处去找寻。为什么流星的华美是那么短暂，为什么听到的只是在它陨落之前的伤痛，却听不见它陨落之后强忍着伤痛说的："我真的不想陨落。"

你听过世界上最完美的和声吗？那是两道绝美的彩虹交织而成的，一道清澈明亮，一道富有磁性。是什么在无形之中吸引着我的注意力，又是否真有命中注定的牵引？

（肖梦伊，2004—12—16）

这节课，学生异常兴奋，原因之一是都江堰市教师来我校听随堂课。昨天说好今天评讲单元考试卷子，学生也没有预习《你一定会听见的》。课前我给学生做了一番思想工作，因为来宾想听阅读课，而学生想尽早知道考试答案。临时改变上课内容，我也没这个准备，好在我是单元备课和整册备课，能有这样的效果，实属意外。意外的改变计划，意外的有人听课，意外的改变原有设计，却收到了意外效果。应该说，课文好、学生好表现和仿写性练笔等都是原因之一。

不管是个性化随笔还是仿创性练笔，都需在实践中处理好学生主体与教师主导的关系，否则自由表达有可能沦落为自娱自乐，创意表达也有可能异化为胡说八道。作文指导不再一味"空讲"，而在相机"引导"。叶圣陶早在 20 世纪 20 年代写的《作文论》中就提醒我们："写作系技能，不宜视作知识，宜于实践中练习，自悟其法，不能空讲知识。"还强调"教师教语文，无非是引导学生练习看书作文的本领"，"导者，多方设法，使学生能逐渐自求得之，卒底于不待教师教授之谓也"①。不仅引导学生作文入格，还要用专题教学促使学生作文升格，引领学生有创意的表达。

列夫托尔斯泰告诫过教育者："如果学生在学校里学习的结果使他们自己不会创造，那他的一生将永远是模仿和抄袭。"② 非常不幸，我们正在批量生产这样不懂创造的孩子！学生有创意的表达有赖于教师有创意的专题教学。苏联教育家赞可夫认为，良好的心理能力是掌握语文能力的心理学前提。苏霍姆林斯基有同样的观点，他为 1～10 年级的学生精心设计了 500 道作文题，这些命题从低年级到高年级遵循从具体到抽象的原则依次安排。维果茨基建议设法激发儿童学习语言的动机，向他们提出特殊的任务，激励他们去写能引起内心激动的题材。

美国学者克莱默认为，促使儿童书面语言充分发展的主要因素是语言的创作，即创设一种情境，使儿童感到自己是真正的创作着。我们还可以借鉴美国微型写作课，将口语交际与课后练笔结合：以平等对话的立场，尊重学生的学习权、思想权和表达权；创设生活情景，引导学生创新、创造和批判，培养现代公民负责任的态度。

我们还将语文新课标人教版教材的单元作文或练笔与阅读、综合性学习活动进行整合研究，建构了解题与目标、阅读与借鉴、仿写与创新、作文评价的训练体系③，促使学生读写结合、写与活动结合、由仿写到创新的自我更新。

新课程练笔教学受建构主义影响较大，建构主义教学理论认为，学习是有意义的社会协商，学习环境要由情景、协作、会话和意义建构四个要素构成。情景是意义建构的基本条件，师生、生生之间的协作与对话是意义建构的核心

① 叶圣陶. 叶圣陶语文教育论集 [M]. 北京：教育科学出版社，1980：718，719.
② 赵阳. 名人名言 [M]. 北京：人民日报出版社，2005：103.
③ 卿平海. 创新作文·七年级上册 [M]. 成都：四川人民出版社，2008.1.

环节，意义建构则是学习的目的，目前有情景教学（抛锚式教学）、随机访问教学、支架式教学等比较成熟的教学模式。《教师之友》2004 年 1 期有报道：曾经热衷于建构主义教学的西方国家（如美国），近一两年迫于"统一考试"纷纷抛弃建构主义的做法，因为课本知识的系统性与课堂时间的有限性是突出矛盾。将建构主义与美国学者奥苏贝尔的有意义接受式学习结合，在接受式教学中渗透学生的"自主建构"，在建构主义教学设计中充分考虑学生必要的接受，教师该"告诉"就告诉，这倒不失为新课程专题练笔教学的创新之路。如《纸随心飞》的课堂随笔教学①，就是基于此的尝试，教师有创意的专题教学促进了学生有创意的表达。

---

① 卿平海.《纸随心飞》作文教学实录 [J]. 语文教学研究，2008（8）：12—19.

第五章 基于练笔写给谁的分享评改机制

教学评价是世界性难题，高考中考作文评分历来质疑不断。教师对练笔精批细改，为什么徒劳无功？

教育不仅仅是捧上一张张高一级学校的录取通知书，而是捧出一个个有鲜明个性的活生生的人；教育不仅仅是追求百分之多少的升学率，而是追求每个学生的生动、活泼、主动的发展；教育不仅仅是汇报时的总结、评比时的数据，而是教师与学生、学生与学生共度的生命历程、共创的人生体验①。

练笔评改为了谁？不仅仅为了给分数、打等级、改病文，回答练笔写得怎么样，更为了追求练笔怎样写得更好，使评改成为学生练笔更新的学习过程，成为分享互助的幸福生活。

文章是改好的，创建互动互惠机制是创意练笔评价的关键，以此来促使学生在自改互改的多向交流中取长补短，促使学生在自评他评的多重对话中不断完善，促使师评生改在平等分享中寻觅创意。

创意练笔分享评改机制以学生练笔评改能力发展为目标，同学、教师、媒体起辅助促进作用。图5-1是创意练笔分享评改机制"一主三辅"的问题解决思维导图。

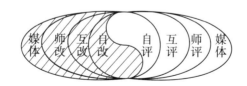

图5-1 创意练笔分享评改机制"一主三辅"的问题解决思维导图

---

① 中华人民共和国教育部《素质教育观念学习提要》编写组. 素质教育观念学习提要［M］. 北京：生活·读书·新知三联书店，2001：9-10.

一、练笔精批细改咋会徒劳无功

教师批改练笔很累，效果怎么样？叶圣陶先生曾指出："我当过语文教师，改过学生们的作文本不计其数，得到一个深切的体会：徒劳无功。我先后结识的国文教师不在少数，这些教师都改过不计其数的作文本，他们得到的体会跟我相同，都认为改作文是一种徒劳无功的工作。"① 至今亦然。语文教师把绝大部分时间，都花在了"精批细改"这种"卓别林拧螺丝式的机械而重复的劳动上"②。

谁最适宜评改练笔？新课程语文评价要求教师的评价、学生的自我评价与学生间互相评价相结合，要引导学生通过自改和互改，取长补短，促进相互了解和合作，共同提高写作水平③。现行练笔评改要么教师越俎代庖，费力低效不讨好，要么教师对学生的自我评改或相互评改放任自流，最突出的问题是缺乏生本性评改的分享机制。

评改练笔为了谁？反思以往的练笔教学，练笔是没有读者的，或者说不论写什么都只有一个读者——语文教师。我们太关注怎样写的琐碎技法，忽略了谁在写，忽略了对练笔主体的关注，更忽视了学生与读者的分享关系。接受美学认为，真正的作品只有通过"读者"才能得以实现。练笔没有读者还是真正的练笔吗？作者没有读者意识还是真正的作者吗？这种没有与真实读者生命互动的练笔，本身就失去了意义和动力。

而这种情况在中小学练笔教学中已经司空见惯，读者缺席的练笔教学教给学生的是一种畸形表达。毛泽东在《反对党八股》一文中列举的"党八股的第三条罪状是：无的放矢，不看对象"④，论述了"写给谁"的重要性。他说："真想做宣传，就要看对象，就要想一想自己的文章、演说、谈话、写字是给什么人看、给什么人听的，否则就等于下决心不要人看，不要人听。"⑤ 因此，创意练笔要解决精批细改徒劳无功的问题，就要探索基于练笔写给谁的分享评改机制，这是关键。

---

① 全国中语会. 叶圣陶、吕叔湘、张志公语文教育论集［M］. 北京：开明出版社，1995：10.
② 李白坚.《语文课程标准》对当前作文教学的启示［J］. 中学语文教学，2002（4）：40.
③ 中华人民共和国教育部. 义务教育语文课程标准（2011年版）［S］. 北京：北京师范大学出版社，2012：31.
④ 毛泽东. 毛泽东选集：第3卷.［M］. 北京：人民出版社，1991：836.
⑤ 毛泽东. 毛泽东选集：第3卷.［M］. 北京：人民出版社，1991：836.

二、练笔课《寻找作文的新亮点》实录

寻找自己作文的新亮点——话题作文《艰难》评讲，这是 2006 年作文教学公开课，学生四周后将参加中考，下面是这节课上课教学要点实录，删掉了师生、学生互动的具体内容。

（一）审准题目，避免作文盲点

审准作文题目要求，明确限制条件，弄清开放范围，避免偏题。

（1）作文考题要求，略。

（2）用"六问"法审题：

一问话题是什么？话题"艰难"的本义、引申义、比喻义各是什么？

二问立意的倾向是什么？是要肯定（褒扬）艰难呢，还是要否定（贬抑）艰难？

三问选材范围有无限制？是否只能写自己的艰难？所写艰难生活有没有时段或小学、初中的限制？是否允许写想象或虚构的艰难？是否有材料多少的要求？

四问是否有写作人称的要求？是必须用某一人称，还是考生自选？文中能否出现真实的人名、老师名、校名等？（如阿亮、小芳和 A 同学，卿老师、语文老师，A 校）

五问是否有文体或表达方式的限制？能不能写诗歌和短剧？

六问字数和书写有无要求？是 600 字左右呢，还是 600 字以上？能不能用铅笔书写？能不能写在密封线以内？作文纸不够时是否一定要写在专用的添卷纸上？

（二）对照标准，发现作文暗点

对照中考作文评分标准，发现自己作文的失分点，避免大意丢分。

1. 熟悉中考作文等级评分表，确立考场作文时的努力方向

等级	基础要求（40 分）			发展要求（20 分）
	内容（20 分）	语言（12 分）	条理（8 分）	某方面突出即可记分
一类（好）（54～60 分）	符合题意，中心明确，思想健康，内容具体，书写规范。	语句通顺，没有语病。	结构完整，条理清楚。	深刻，丰富，有文采，有创新（18～20 分）

等级	基础要求（40分）			发展要求（20分）
	内容（20分）	语言（12分）	条理（8分）	某方面突出即可记分
二类（较好）（48~53分）	符合题意，中心明确，思想健康，内容较具体，书写规范。	语句较通顺，偶有语病。	结构完整，条理比较清楚。	较深刻，较丰富，能用一定修辞方法，有创新（13～17分）
三类（中）（42~47分）	较符合题意，有中心，思想健康，内容较空泛，书写较规范。	语句基本通顺，有些语病。	结构较完整，有条理。	有观点，较形象生动，语言有闪光点（0~12分）
四类（较差）（20~29分）	基本符合题意，中心不大明确，思想健康，内容空泛，书写较乱。	语句不通顺，语病较多。	条理不大清楚。	
五类（差）（19分以下）	无中心，内容很空洞，完全偏题。	文理不通。	条理混乱。	

2. 通过自评、互评，发现自己作文的盲点

	基础要求（40分）						
	内容（20分）				语言12	条理（8分）	
符合题意	中心明确（4）	思想健康（4）	内容具体（10分）	书写规范（2分）	语句通顺（12分）	结构完整（4分）	条理清楚（4分）
	标题或开头、结尾处有一个中心句。	褒扬真善美，贬抑假恶丑。	能把突出中心的人事物景写细，或议论有3个分论点、6个论据。	字迹清楚，标点书写规范，卷面整洁，标题美观。	1个病句或者3个错别字扣1分（写完后要仔细读一遍）。	①醒目的标题，缺标题扣2分；②精而美的"凤头"，开头超过60字扣2分；③壮实的"猪肚"，"三段式"文扣2分；④短而有力的"豹尾"，缺结尾或结尾超过60字的扣2分。	①全文有清晰的时间顺序或空间顺序、情感变化顺序、事理逻辑顺序；②每段有一个中心词语或一个中心句。
自评							
他评							

（三）凸现优势，增色作文亮点

开发自身优质资源，凸现个性亮点，冲刺高分。

（1）灵活迁移。围绕题目要求，搜寻自己平时写过的相关的比较满意的作文，并适当变化，对符合话题要求的保留，对其中能突出话题中心的部分再增添内容，尽最大努力写详细些、写生动些、写得有创意些；而对那些与题目无关，或关系不大的，要坚决舍弃。当然，也可以把自己写过的与考题密切相关的几篇作文的某些语段，根据考试要求进行"重新组合"。

（2）移花接木。根据题目要求，迅速调用自己生活中独特的经验。再恰当借用课文或课外阅读中某一优秀文章的写法，来表述自己的生活故事或感悟。

（3）恰当引用。要十分注意把平时自己背诵的诗词名句、名人名言进行适时的引用，把自己平时感悟的生活哲理巧妙地显露出来。

（4）整合知识。要十分注意把自己平时阅读中记忆的相关内容，特别是与考题相联系的历史、地理、体育、音乐、美术和数理化等学科中的经典内容，适当适量地写入作文中，体现你的综合素养与众不同。要有意识地自然地结合现实社会生活中的热点问题，使自己的文章有时代气息。

（5）亮优藏劣。把自己觉得最有价值的话，运用修辞方法，让它亮丽起来；单独成段，让它特别显眼；选用自己最得意的写法和自己最有表达优势的文体。而不要为出新而冒自己没有把握的风险，写不出某字要换用近义词代替。

（6）点上下功夫。尽最大努力突出发展要求的某一点，不求面面俱到。记叙性文章在"以事感人"和"以情动人"上下功夫，而议论性文章则在"以理服人"上下功夫。

发展要求（20分）　　只要某一点很突出，就可能得20分。	自评	他评
①观点深刻：有自己独到的见解		
②内容丰富：记叙文要人物形象丰满，故事生动感人，活动有趣有味；而议论文则要有精练好记的3个以上的分论点，且能古今中外旁征博引……		
③有文采：运用成语10个以上，使用排比、比喻等修辞方法3处以上，引用诗词名句、名人名言3次以上，语言有自己的个性色彩……		
④有创新：立意角度新颖，或选材新鲜，结构精巧，写法独特（如倒叙、情节曲折、用小标题）；或选用自己擅长的而一般同学少用的童话、小说、散文和书信、日记、广告等体裁……		

三、共生评改：创建练笔互动互惠机制

语文课程标准要求重视对作文修改的评价，要考查学生对作文内容、文字表达的修改，也要关注学生修改作文的态度、过程和方法；要引导学生通过自改和互改，取长补短，促进相互了解，共同提高写作水平①。怎样将这些新的作文评改要求落实到课堂练笔教学中去，我们做了如下尝试。

（一）师生共商的练笔评价指标

练笔评改的前提是什么？首要的是练笔评价指标。练笔评价指标怎样确定？一要体现练笔的阶段导向性，教师只有心中有数，才能使每次练笔评改课的教学目标明确。二要体现每次练笔评改目标达到的可能性，高了达不到，低了没进步。这需要教师从学生练笔实际出发，与学生协商具体评价指标，评价指标难易适度、数量适宜、操作简便。

练笔成长档案袋

此为义务教育课程标准实验教科书人教版语文七年级上册第一单元《这就是我——怎样写出人物的个性》专题训练后的作文评价②。本单元作文完成后，按照以下五个步骤进行修改，并在《练笔成长档案袋》中记录。

第一步：对作文初稿进行自评，在达到的标准前画"√"，并写下"自我评语"。

第二步：同学之间或小组内"互评"，在达到的标准前画"√"，并写下"互评评语"。

第三步：教师评改，在达到的标准前画"√"，并写下"师评评语"。

第四步：自己修改作文，完成后交给同学和老师再次做出相应的评价。

第五步：自己作总评。

好文章都是经过反复修改而成的。通过以上各步骤的评改，相信你在此次作文中会有令人惊喜的进步，所得的"√"越多，表明你越接近成功，祝贺你！

---

① 中华人民共和国教育部. 义务教育语文课程标准（2011 年版）[S]. 北京：北京师范大学出版社，2012：31.

② 卿平海. 创新作文·七年级上册 [M]. 成都：四川人民出版社，2004：21.

第一单元练笔成长档案

题目：							
姓名		作文时间		修改时间		定稿时间	
		肖像描写	叙事水平	创新表达		评语	
初稿	自评	真实可感 具体生动 特征突出 个性鲜明	脉络清晰 真实可信 详略得当 细节生动	题目新颖 事例独特 表现形式新 语言有个性			
	互评	真实可感 具体生动 特征突出 个性鲜明	脉络清晰 真实可信 详略得当 细节生动	题目新颖 事例独特 表现形式新 语言有个性			
	师评	真实可感 具体生动 特征突出 个性鲜明	脉络清晰 真实可信 详略得当 细节生动	题目新颖 事例独特 表现形式新 语言有个性			
		肖像描写	叙事水平	创新表达		评语	
定稿	互评	真实可感 具体生动 特征突出 个性鲜明	脉络清晰 真实可信 详略得当 细节生动	题目新颖 事例独特 表现形式新 语言有个性			
	师评	真实可感 具体生动 特征突出 个性鲜明	脉络清晰 真实可信 详略得当 细节生动	题目新颖 事例独特 表现形式新 语言有个性			
	自我 总评	真实可感 具体生动 特征突出 个性鲜明	脉络清晰 真实可信 详略得当 细节生动	题目新颖 事例独特 表现形式新 语言有个性			

上面的练笔成长档案袋强调了自主修改、反复修改和多元评价等价值取向，强调了作文基本技能的训练落实，强调了练笔评价的过程管理。使用时要特别注意学生修改的自主和目标达成的督导，每单元作文的评改指标一定要与学生商量并着重解决突出问题。这种师生共商往往需要多次协商，找到练笔进步点给予肯定，找到练笔生长点给予扶持，找到练笔问题点给予解决。

（二）互动互促的练笔五步评改

第一步：自改——立足于改。学生至少读两遍：第一遍小声朗读，能发现字、词、句、标点等方面的毛病；第二遍默读，对照本次练笔要求，从选材、立意、结构、语言等方面进行一番增、删、调、改，"养成自己改的能力，这

是终身受益的"。（叶圣陶语）

第二步：互改——立足于批。学生按照自愿原则双双结成对子，相互评改练笔。学生批改练笔时至少看三遍：第一遍细读，标出明显的错别字、病句、错误标点，看字数是否达到规定数量，记下灵感；第二遍精读，边读边思边写眉批；第三遍速读，按照评分标准，写总评语。

第三步：抽评——立足于验。用抽签方式抽学生读自己的练笔，其他学生听记书面评价要点，然后进行形式多样的评价，或主动评，或抽签评，或点名评，或问题评，或作者自评等。

第四步：小结——立足于悟。学生个体、小组或与教师一起总结，从中悟出某些写作规律和练笔创新的技巧。

第五步：浏览——立足于查。教师对全班练笔及其评改情况进行全面验收，了解趋势，找出共同优点和普通问题，解决学生遗留的问题，对学生评语进行反批等。

（三）互助互惠的练笔创意分享

学生的练笔活动是一种创造性的语言实践活动，但有无教师的引领，其练笔活动的质量高低和有效性大小是不同的。经验告诉我们，面对面的批改练笔往往是高效的，但教师负担较重，特别是对全班学生逐一面批的可能性是很小的。开设练笔评改课，是促进学生练笔水平提高的好方法，但不少评改课却让学生失望。

这怎样办？我发现练笔评改课的效率与我们的教学理念、教学策略等有直接关系。我们的练笔评改课的价值怎样选择？是表扬或念一下学生的优秀练笔，还是批评或念一下写得差劲的练笔？是强化老师一厢情愿的或课本上规定的本次练笔训练目标，还是师生一起寻找练笔实实在在的生长点，并促进全班练笔在这个生长点上有所发展？

尝试共生性练笔评改课：以促进全班每一个学生的练笔更新为目标，以促使全班每个学生获得成功感为动力，以典型的练笔案例为载体，以师生互动鉴赏为策略，以学生自主修改练笔为主线，以二次练笔为抓手，以养成学生自动练笔、自由创新、自主鉴赏、自觉修改、自力更新的习惯为目的。

怎样才能使学生个体的自主性与学生全体的共生性协调起来，以求得练笔评改课的最大效益呢？每节练笔评改课，必须确立一个重点，才能集中时间和精力，解决学生本次练笔训练中出现的突出问题。而学生每次练笔出现的突出问题是变化的，因此每节评改课的重点也是变化的。如果每一节评改课都能解决一个问题，学生都有所得，那么得得相连，学生的练笔水平就会不断提高。

下面是练笔评改课的片段：

"国庆节期间，大家都把九月写的练笔做了一次精选，我抽看了一半多，大家做得挺认真的。我发现有两篇练笔修改得比较好……"我一上课就说开了。

教室一下静得出奇，一个个瞪大眼睛盯着我，在一片希望和焦急的眼光里，我觉得有一股神圣和压力。我不得不字斟句酌起来，谨慎地说："一篇是谢亚可心同学写的《我心目中的好老师》，她的真知灼见是我读过的练笔中最突出的。"眼光唰地聚焦谢亚可心，一朵红莲在热烈掌声中绽开。"另一篇是王玲娇同学写的一首诗《人生》。"我还没有说完，学生就急切地要求："念一下！念一下！"我微笑着点点头，说："好。请大家边听边评，好在什么地方？"教室一下子安静了。

人　生

人生如海
时起时伏
起起伏伏
起伏不定

人生如路
时坎时坷
坎坎坷坷（有一个学生与我同时轻声地念）
坎坷不定（有几个学生同时念出来）

人生如车
时平时簸
平平簸簸（有十多个同学与我一起念）
平簸不定（几乎全班高声朗诵）

下面请同学们来点评这首诗，尽量角度不同，语言简明。

生1："这首诗好在结构、节奏都相同，很好记。"

生2："好在比喻。"

生3："好在用了叠音词。"

生4："我的观点恰恰相反，这首诗恰恰败在叠音词'平平簸簸'，这是生造词语，最后一节诗不如改成'人生如车/时颠时簸/颠颠簸簸/颠簸不定'……"最后两句几乎是全班同学一起朗诵，朗诵完便是热烈掌声。

"我认为她的标题与内容相比，太大了。诗所写的无常人生，没有写平常人生、幸福人生。"方翔激动地说，"她诗的内容不如我同桌的她，拟题不如我。""同桌的她……"大家哄堂大笑起来，方翔红着脸低下了头，同桌的她也腾地红了脸。

"王玲娇同学，你能对前面同学的评价说说你的看法吗？"我想转移大家那敏感的兴奋点。

"坦率地讲，我选的时候只觉得读起来有趣，经同学们一点评，我收获很大，我赞成前面同学的意见，包括方翔说的拟题问题，不过他的另一个观点我保留，因为我没有读过他们的练笔。"大家又笑起来。

"古人说'诗无达诂'，主张'仁者见仁、智者见智'，方翔能说他的心里话，这是好的。"有的同学又笑了，"在昨天的练笔中，方翔同学的拟题确实给我很深的印象。"

"什么题目？"同学们几乎异口同声。

"别说，别说，卿老师！"方翔小声求我。

教室如球场，似啦啦队的声音"要说，要说……"淹没了方翔的请求声。

"我可以告诉大家，但有一个条件，听了题目后要尽力猜想他会写什么，看谁猜得对。"

"好！"

"他拟的题目是《把爱藏起一半》……"

"哇……""哈……哈……"又是一阵哄堂大笑，教室千姿百态。

"想听听文章是什么内容吗？"

"想——"

"不要忘了我们达成的约定。"我从方翔手中接过练笔本，收到他给我的得意的笑颜，在大家急切的盼望中，我开始了朗读："我哥哥……"在我读的过程中，我发现同学们的神色越来越严肃，眸子里越来越澄明，呼吸越来越急促。

"有谁猜的内容与方翔写的是一致的？请举手。"

有的同学脸红了，有的同学低下了头，有的同学望着窗外……

"一个也没有？"

"有！"寻着稚气未褪的童声，方翔同学高高地举起了一双手。

我和同学们都情不自禁地为那举起的小手鼓掌。

于是，我说："下面请同学们再认真修改一遍练笔，注意学习刚才念的练笔优点，避免出现类似错误，然后同桌同学相互修改，我们再随机抽同学来交流。"

这节评改课课前预设的重点是引导学生精心修改自己的练笔。采用了互动教学策略，启发学生自评自改，鼓励学生互评互改。关于标题的草拟，是课堂临时生成的，是因势利导，也与练笔拟题有关，所以借机进行了一下训练，虽然并非本课教学重点，但学生积极投入，时间短而效益高。

（四）自我超越的评改反思练笔

评改反思小练笔有助于学生将成功的经验上升为方法和技巧，有助于学生对作文问题进行理性分析，有助于提高评改课的质量和效益。写作文评改小练笔的时间要灵活处理，最好评改课中及时写，如果没有时间，可作为当天的练笔作业。

肖梦伊同学曾总结了作文"九要"："一要审题准确，并勾画写作要求；二要明确中心，找出实例；三要实例感人，有说服力；四要在心中拟一个提纲，条理清晰；五要注意题目的吸引力，要不平凡；六要文章融入自己的真情实感，以情动人；七要写法新颖，有吸引力；八要细节部分尽量生动具体；九要结尾有力，融入情感。"

方翔同学将作文高分技巧总结为："如果写话题作文，可以紧扣话题起一个十分新奇的题目，这个题目不能太短也不能太长。一个好的题目会让你获得好的第一印象分。然后就要围绕题目想好内容，内容要真实，要绝对能够打动老师的。平时作文一定要写别人或自己没有写过的新作文，在考试时则可写一些旧的好作文，只要适当修改就行了，这样多快好省。作文开头和结尾一定要短，要有力，要吸引人，让老师想看你的作文，只要给阅卷老师留下良好的印象，分数自然会高些。最后就是字数与书写了。字数千万要多，至少要达到规定要求才能不丢分，如果时间实在不够了，可以勤分段。书写要美观大方，我的书写就很烂，所以常得不到高分，我正在努力改进自己的作文书写。"

武昊东同学则认为："对于作文，没什么方法的，写我所想写的，仅此而已。不是偏题，而是发扬风格；不是乱写，而是随心而感；不会杂乱，而是条理有序，这是我的方法。我的作文，不一定是最好的，但绝不会后悔，我问心无愧。以前我说过，我没有写诗的天赋、灵感。我一直以为是我思想水平不够高，但我突然发现，是我不爱诗。我不否认写诗是一个高境界，但我认为现在我们还不适合写诗。因为我们的修养、思想根本没达到写诗的水平。有一篇文章这样写道：'拙劣的文章常常是堆砌，扭曲了作者的个性。二流的文章光芒四射，吸引人们的眼光，但归根结底也只是一些华丽的语句而已，别人还是知道你在写文章。最好的文章，让人读起来不认为这是文章，而是一个生命。'我没有那么高的水平去说什么哲理、人生，我也不想让诗只剩下一个华丽的外壳。所以我不写诗，绝不写诗。我想让我的每一篇文章都有我的个性、灵魂。"

有时，作文评改课后学生写不出反思总结，引导他们结合单元课文做学习总结后，他们又能感悟到作文的一些技法。敬雨薇同学在练笔中写道："这一周学的课文好像都在教我们怎样爱人和怎样被人爱。从细节中往往能体会到世人最珍贵的真情。它教会我怎样运用细节来写作：细心观察每一个细微之处，并将其串联起来；捕捉重要的关键点，把感人之处浓缩成一个细节。"

有时，鼓励学生积极投稿，能促进学生将评改课的收获转化为精心修改自己的作文，将评改的反思小结落实到具体的作文修改过程之中。

▶▶▶▶ 创意练笔悟道

新课程练笔评改不仅要强化写作的不同目的和对象，还要帮助学生养成修改自己作文的习惯，促使学生与他人交流写作心得，相互评改作文，以分享感受，沟通见解①。因此，我们应该建立基于"练笔写给谁"的分享评改机制，以改变练笔仅为应付、交差了事的情况，增强练笔更多是为了与人交流，在交流中修改练笔，在对话中评价练笔。我们提倡练笔评改"为伊消得人憔悴"，只因"你是我的知己"，鼓励学生练笔写实话与人交心，在互动、对话式分享过程中实现作文素养的潜滋暗长。

四、自改互改：在多向交流中取长补短

我国自古以来就重诗文自改。诗圣杜甫"新诗改罢自长吟"已成千古绝唱，散文大家欧阳修"作文，先贴于壁，时加窜定，有终篇不留一字者"传为写作佳话，随园老人"一诗千改始心安"使人振聋发聩，文学巨匠曹雪芹"批阅十载，增删五次"直至"泪尽而逝"② 令人肃然起敬。

对于学生练笔的修改，谁应拥有优先权？是教师还是学生？叶圣陶先生认为应该属于作者本人，因为自改能力会让学生受用终身。他还说，"修改是一

---

① 中华人民共和国教育部. 义务教育语文课程标准（2011 年版）[S]. 北京：北京师范大学出版社，2012：16，17.

② 曹雪芹. 红楼梦 [M]. 北京：人民文学出版社，1973：前言 12.

个重新认识、重新发现、重新创作的过程"，"我们要把学生自改作文看成是作文教学对学生教学全程训练的重要组成部分"①。新课程写作是为了自我表达和与人交流，练笔修改不仅为了更好地自我表达和与人交流，而且练笔修改也是一种交流过程，多向交流促进学生的自我修改和同学间的相互修改。

事实上，不少教育管理者至今仍要求语文教师进行练笔的全批全改精批细改，结果教师苦不堪言费力不讨好。因此，练笔批改与评价应进行视域转型：从挑剔的编辑视域转换为修正完善的作者视域，从文艺批评者的审视视域转换为文学欣赏者的审美视域，从批改他人作品的视域转换为完善自己作品的视域，从完成任务视域向激励和推荐练笔发表视域转型，从方法论视域向技术应用视域转型，从批改目标的预设视域向批改目标的多元视域转型，从关注练笔批改结果的视域向注重练笔批改过程的视域转型。② 这与中小学新课程练笔修改的有关要求相一致，教师要有创意地指导学生自改互改，促使学生在多向交流过程中取长补短，共同提高。

（一）修改建议更新练笔修改能力

创意练笔主张：用修改建议，引导学生在交流中提高练笔修改能力。

修改自己的练笔，主动与他人交换修改，做到语句通顺，行款正确，书写规范、整洁；能与他人交流写作心得，互相评改作文，以分享感受，沟通见解③，这是义务教育语文课程标准对中小学练笔修改的新要求。叶圣陶先生曾指出，在生活和工作中，谁都有作文的需要。作文难得一次成功，往往要改几次才算数，作了文又能自己改，不用请别人改，这就经常处于主动地位，岂不是好④？

在倡导主体性教学的今天，自改互改就成为培养学生练笔修改能力的主要策略。学生练笔修改交流，基础在自改，难点在互改，核心目标在修改能力提高，关键在教师的有效引导，我们常用策略是用修改建议引导学生自改互改及其多向交流。

2020 年新型冠状病毒肺炎爆发，成为全球公共卫生灾难。停课不停学，我们进行网上教学。2020 年 3 月 6 日布置的周末练笔是这样的：

① 叶圣陶. 叶圣陶语文教育论文集 ［M］. 北京：教育科学出版社，1980：157.
② 阮朝辉. 作文批改与评价的视域转型探索 ［J］. 写作，2008（7）：14—17.
③ 中华人民共和国教育部. 义务教育语文课程标准（2011 年版）［S］. 北京：北京师范大学出版社，2012：13，12.
④ 叶圣陶. 叶圣陶语文教育论文集 ［M］. 北京：教育科学出版社，1980：157.

特殊疫情，特殊生活，别样感悟。网上学习，新奇事不断，你可能从中对熟悉的同学、老师有新的发现，对学习有新的体悟。蜗居家里，往常事间断，新趣事频发，你可能重新定义了家，重新认识了父母。看电视上网，党和国家的伟力、医务人员的奉献、社区干部的敬业、国际社会的赞扬……你可能对国与家、人与人、人与动物、科学与生命等有了新的认识。苦难兴邦，艰难困苦，玉汝于成。

请你以"宅家亦有美"为话题，做周末小练笔，要求是：（1）分三次练笔，可以"疫病无情，宅家乐学""疫病无情，咱家有戏""疫病无情，人间有爱"为立意取向，自拟题目。（2）精选新颖、有趣、真实、感人的"我"宅家的小故事，用多种方法描写人，有起伏的情节，有场景描写。（3）以小见大、平中显奇，在具体叙述、生动描写中，有画龙点睛的抒情议论。（4）练笔要求精求新，每次练笔不低于300字，三次合成一篇较好的作文。

初三学生每人都在语文 QQ 群里提交了练笔，要求学生阅读点赞或提问题。针对普遍问题，2020 年 3 月 13 日，对学生周末练笔，提出如下自改互改建议：

请再认真仔细阅读上周练笔要求反思，发现自己的练笔问题，再修改提交，修改处用红色的字。

一问：有"疫病无情"背景交代吗？

二问：写"宅家乐学"的，有线上学习的具体事例吗？这些事写得生动吗？有与平时学习不同的乐趣吗？

三问：写"咱家有戏"的，有起伏的故事情节吗？有生动的对话、动作、神态、心理等描写吗？有疫病无情下别样的亲情吗？

四问：写"人间有爱"的，精选了国家领导人、医务人员、社区干部、志愿者、捐赠者以及国际人士的典型事例吗？所写事有感人的细节吗？这些事与"我"的联系合情合理吗？

五问："宅家亦有美"的美在哪？你寓情于叙事、寓情于描写之中了吗？有起画龙点睛作用的抒情、议论吗？

六问：学习运用了学过的小说、叙事散文的写法吗？借鉴了语文 QQ 群里上周优秀练笔了吗？主动寻求老师指导了吗？

按照这个练笔修改建议，学生基本解决了第一周练笔的突出问题。2020年 3 月 20 日周末练笔，又提出下列建议：

鼓励从"疫病无情，宅家乐学""疫病无情，咱家有戏""疫病无情，人间有爱"中另选一话题，自拟题目写周末练笔，不低于 300 字，注意借用好的写法，看谁练笔亮点多。

也可完善上周练笔，修改文字用绿色笔，不低于 300 字，注意突出侧重点，看谁文意连贯得好。

练笔写好或改好后，发语文 QQ 群，点赞或提问题。欢迎你再修改，再重发群里。

下面这篇练笔，是学生根据修改建议，经过师生点评、反复自改互改后，被语文群推出的一篇优秀练笔。

抗疫生活在我家

严肃的酒精味

掀开床边的窗帘，以前强烈的阳光早已被阴沉沉的乌云遮盖，树上挂着的灯笼失去原来那红彤彤的亮光，街上的人没有拿起鞭炮反而戴着口罩……这发生了什么？

我洗漱完来到客厅，一股刺鼻的味道扑面而来，我瞬间失去了睡意，只见爸妈露出两张严肃的脸在讨论着什么。

我转头一看，桌上放着几个防 PM$_{2.5}$ 的口罩，难道是 PM$_{2.5}$ 又来了吗？我暗暗地想。可是旁边刚开封的酒精否定了我的猜想，刺鼻的味道带着几分严肃。

"拿几个去，用酒精把你的房间喷一下。"

我下意识拿出手机，新型冠状病毒几个大字映入眼中。

爷爷笑了

家中，我正关注着疫情的最新情况。忽然，身边一道黑影闪过，我抬头一看，爷爷正要出门呢！我慌忙起身，跌跌撞撞地冲向爷爷，一把拉住了他的衣袖，问道："爷爷，你这是要去哪儿啊？""哦，我去菜市场买点菜！"爷爷指了指门。"哎呀，不行不行，你不能出门！"爷爷一脸不解地问道："为什么呀？不买菜，中午吃啥哩？""你可是……"我还要说些什么，爸爸扯了扯我，说："算了，不买菜可不行呀！"

"好，出门可以，但爷爷您得把口罩戴上！"我从抽屉里拿出一个医用口罩递给爷爷。"哎，没事儿！"爷爷摆了摆手，转身就要向门外跨去，"就几步路而已，用不着！""不行！"我一个箭步挡在了门口，"您一定得戴上口罩！"接着解释道："菜市场是人多的地方，人一说话就会在空气中横飞唾液，而病毒恰是通过唾液传播的！"爷爷却依然摆出一副无所谓的样子。

"爷爷，您可知道，成都已有几个确诊病例了？爷爷，病毒离我们不远啦！"爷爷口气松动了，转身却把口罩塞进了裤兜里，说："那我到菜市场再戴吧。"我更急了，跺着脚喊："不行，现在就得戴，一出门，就是公共场所，就很可能有病毒的存在。安全起见，请您务必全程戴着口罩！"爷爷犹豫片刻，最终坚定地说道："那好吧，好孙女，我会一直戴着的！""我的爷爷真乖！"我笑了，爷爷也笑了。

现在新型冠状病毒肺炎疫情已经受到了全国乃至全世界的重视，无数医务人员奋战在一线，守护着人民的生命，而我们能做的就是尽量不出门，出门戴口罩，这是对全民抗疫的支持，也是我们应担当的一份责任。

最好的手工汤圆

"好无聊啊！"我坐沙发上看着外面灰蒙蒙的天发呆。

"不如来做汤圆呀。"奶奶面带微笑望着我说。

我懒洋洋地说："那有什么好玩的，家里还有那么多呀。"

奶奶慢慢地对我解释道："自己做的汤圆，吃上去肯定会比商场那些美味多了。你也赶快来做呀，不会奶奶教你。"我顿时来了兴趣。

奶奶叫我先把面粉放在大盆子里，我就照做了，奶奶夸我做得好。我的兴趣越来越大了。然后加一点水在面粉里，奶奶对我说："水一定要适当，不多不少。"接着，奶奶叫我要搓一会儿，搓完后按下去，每搓几下就加一点点水。就这样，反复做，当把它搓成一大团粉时，有点软性，才可以包汤圆。

"哎，咋那么麻烦呀？"我垂头丧气地说。我没精神，这步做得不够好。毕竟新手上路，还需多多指教呢。奶奶说可以包馅了。我犹豫了，包什么馅好呢？红糖、花生、桂花还是芝麻？最后决定还是包芝麻馅。

我从那一大堆的面团里捏出一小块，可包不住那馅。奶奶见了，示范给我看。先捏出一块，搓成一个圆溜溜的小球，再用手指把中间给掏空了，接着用勺子舀一些芝麻，然后用手轻轻把皮捏在一起，最后搓成圆形就成了。我照着做，第一次馅太饱满了，把皮撑开了，竟两次才做好。时针悄悄指向十一点，该煮饭了，恰好汤圆也做完了，时间刚刚好。

晚上，汤圆煮熟后，我悄悄盛了一小碗，尝了尝，味道不是太好。但现在回想起来，那是我吃过的最好的汤圆了，真的！

意外的网课早读

在家的日子，当然不只是玩，最重要的还是学习。当第一次听到要上网课，我就觉得那是一件非常简单的事情，毕竟老师看不见你。但是中考的脚步越来越近，让我不得不担忧起来。

但是其中又有许多快乐的事。英语早读，那是第一节网课。我以为要把自己的脸露出来，然后视频通话，忐忑不安。我轻轻地按下了那个"加入"，突然耳边出现了一阵不整齐的声音。看见没有视频，我心中的石头终于落下了。我迅速地翻开书，开始读起来。

本以为今天早读就这么简单，忽然我感觉耳朵一热，随即是头，然后脸变得煞白——是老师让我读。怎么办？我只觉得脑袋嗡嗡作响，呼吸变得快了。嗨，不就是读个书吗，紧张什么？我安慰自己。我深吸一口气，开始读。过了一阵，只听老师说，"咦，怎么没声音呢，没听课吗？"嗯？怎么回事？我愣了。眼角忽然瞥到左下角的话筒没开，倒吸一口凉气，我的脸刹那间又变得通红。我怎么会犯这样的错啊，我只想找一个地洞把自己埋进去。我重新打开话筒，红着脸开始读……

疫情至今已经好转了许多，宅家是我们选择防护的最好的方法。宅家不仅有乐趣，也能学习。愿这乌云能早日飘散，让阳光再次照亮我们生活。

（贺鸣，2020-03-21）

贺鸣同学这篇练笔是在三次周练笔基础上形成的，第一次周练笔写的是第一、二部分，题目是《宅家防护》，我给她提了意见，修改后放在语文群里交流。第二周练笔写的是第三部分，题目是《宅家乐趣》，也在语文群里分享。第三周写的是第四部分，题目是《宅家乐学》。根据老师修改建议和同学们意见，贺鸣将三个题目改具体了，形成上面的三个小标题，内容也做了增删调改。

有研究表明，指导学生修改作文的首要任务不是教给学生修改的技巧，而是帮助学生学会对作文进行自我检查，学会识别作文的问题[1]。因而，练笔诊断不仅是自改互改的前提，还是练笔修改能力的生长点。我们可用"十度法"引导学生进行自我诊断：谨小慎微，审题加强度；高瞻远瞩，立意有高度；慧眼传神，标题增深度；一鸣惊人，开头有亮度；留有余韵，结尾添响度；一言九鼎，思想有深度；旁征博引，知识有厚度；反弹琵琶，材料有精度；飞扬多姿，语言加力度；溢出纸外，感情增浓度。

---

[1] 刘淼. 作文心理学［M］. 北京：高等教育出版社，2001：185.

　　教师还可以引导学生采用加拿大写作模式中列出的 12 个问题进行自我诊断①。值得注意的是，这些仅仅是针对练笔修改通常情况而言的"望闻问切"，有时还需要教师根据专题练笔的特殊需求，提出专门的诊断指导建议。课堂练笔时，我们还可选用巡视评改策略②，不失时机地在学生练笔时给予诊断性修改建议，我们发现这比写成后的修改建议更有效。

　　多向交流互动促进学生尝试多种自改互改方法，促使练笔修改能力在自我更新中不断提高。新课程练笔要求学生修改练笔中有明显错误的词句；调动自己的语言积累，推敲、锤炼语言，表达力求准确、鲜明、生动；养成修改自己练笔的习惯，修改时能借助语感和语法修辞常识，做到文从字顺。鼓励学生主动将练笔修改与同学互评互改，阅读彼此的练笔并修改。每个学生独特的思想和智慧那么诱人，阅读彼此的练笔并修改，永远充满惊喜，永远不会疲倦。鼓励学生请家长评阅练笔，提修改建议，别有洞天。

　　练笔修改中学生与教师的互动，既可以个别交流，也可以是小组交流，还应适时进行课堂全班练笔修改指导。如将修改了的练笔原稿复印或投影或用 PPT 展示或放在练笔群里，再由自改或互改的学生介绍修改的过程，接着师生互动评点。让学生在倾听中阅读对方，在掌声和笑声中给彼此认可或建议，这样的学习才真正称得上是最本质意义上的合作学习，因为它具备了学会倾听、学会尊重、学会共享的核心和根本③。这样的练笔修改指导课，课堂是生命相遇、心灵相约的场域，是质疑问难的场所，是通过对话探求真理的地方④。

　　这种多向交流，不但让练笔修改成果得以分享，也使被阅读学生获得了一种激励，能在全班产生更多竞争性的努力，这种效应就如领跑人的激励可以加快运动员跑步的速度，产生课堂集体交流的动力，促使学生尝试新的自改互改方法。如分点换写升格创新的自改，常见的有换开头、换结尾、换过渡、换分论点、换论据、换表达等局部换写和换文题、换中心、换结构、换人称、换文体、换纸张、换话题等整体换写⑤。自改可由学生自己寻找不适切的地方进行加工锤炼，也可由教师或同学圈出要改的内容，学生自己思考和选择修改方

　　① 杜红梅. 介绍一个加拿大的写作指导模式［J］. 语文建设，2008（4）：4—27.
　　② 潘新和. 新课程语文教学论［M］. 北京：人民教育出版社，2005：317.
　　③ 李芳. 红杏枝头春意闹——"四月随笔"的创作综述［J］. 中学语文教与学，2008（3 下）：51—53.
　　④ 肖川. 教育的理想与信念［M］. 长沙：岳麓书社，2002：234.
　　⑤ 吴健. 作文自改的方法和模式［J］. 语文教学与研究（教师版），2007（2）：8—29.

法，尝试增加、重组、删除、替换等各种修改策略。经验告诉我们，自改与互改交替进行修改活动更增效，而有教师指导的自改互改更高效。

学生练笔修改的典型错误不仅是促进学生修改能力健康发展的难得契机，也是课堂交流的一笔难得的教学资源。我们应着力挖掘其教育价值：通向真理的道路常以错误为基石；忽视针对错误的分析纠正，教学效果没有保证；认识错误之必然，弯路不可避免，而正视错误，从错误中接受教训，总结经验，是良好学习心理品质。错误非但不是我们唯恐不及的东西，反而是一笔亟待开发的宝贵的教学资源①。学生修改练笔错误的过程，包含着学生真实的学习心理过程，也包含着学生们所特有的创造性活动。因此，在练笔自改互改的多向交流中，教师既要宽容和善待练笔犯错学生，又要鼓励和引导学生从练笔修改错误中学习正确的修改方法，切实提高练笔修改能力。学生修正的不仅有练笔的内容，还可能有练笔的形式；不仅有练笔的技法，还应有不良的情感、态度、价值观；不仅有作文方面的，还有做人方面的。

（二）流动档案养成练笔修改习惯

创意练笔教学认为，用流动档案能促使学生在交流中养成练笔修改习惯。

叶圣陶先生认为："阅读与写作都是习惯方面的事情；仅仅心知其故，而习惯没有养成，还是不济事的。"② 新课程提倡学生在成长记录中收存有代表性的课内外作文和有价值的典型案例分析，以反映写作的实际情况和发展过程③。我们利用练笔档案培养学生认真练笔反复修改的习惯，帮助学生"做一个对自己的一言一行，一字一句都极端负责的有心人"④。练笔档案是过程评价的有效策略，教师做学生练笔档案不仅需要精心持久，而且应尽量做得丰富一些，既要存留学生不同时候、不同类型、课内课外有代表性的作文，又要有学生自改互改、自评互评的反映；既要有教师练笔评改的文字，又可有个别辅导、个别谈话的记载；既要有学生练笔的典型案例分析，又应有学生练笔态度变化、练笔水平提高过程的记录；既有教师选留的，又应有学生自留自荐的。

练笔档案不仅是反映过程的很好的评价形式，也是养成练笔修改习惯的有效策略。实际情况是，新课程练笔教学少，建立练笔档案的更少；练笔档案一般仅供学生反思或教师评价时用，处于静止、少用状态。于是，我们采用练笔

---

① 韩华球. 错误：一笔重要的教学资源［J］. 课程·教材·教法，2005（3）：26－30.
② 叶圣陶. 叶圣陶语文教育论集［M］. 北京：教育科学出版社，1980：58.
③ 中华人民共和国教育部. 义务教育语文课程标准（2011年版）［S］. 北京：北京师范大学出版社，2012：31.
④ 李杏保，陈钟梁. 纵论语文教育观［M］. 北京：社会科学文献出版社，2001：170.

流动档案促使学生在多向交流过程中养成练笔修改习惯。

练笔流动档案的"流动"有三个交流性含义：一是学生自我的充实、整理，练笔修改不断自我更新。二是学生之间的互动交流，相互借阅，增进修改切磋。三是学生与教师、家长及其他人员的分享交流，扩大练笔修改成果的展示范围和影响。因此，练笔流动档案在多向交流中对学生练笔修改有检查督促、激励坚持、相互借鉴、共同分享等作用，长期坚持练笔档案流动有利于学生练笔及其练笔修改习惯的养成。

练笔流动档案可以是灵活多样的广义发表。可以鼓励学生将自己或同学的文章加以整理，按照要求进行加工，汇编成册，回顾和交流学习成果；可以采用现代信息技术演示自己的文稿，学习用计算机进行文稿编辑、版面设计，用电子邮件、班级练笔QQ群进行交流；可以利用写循环日记形式向别人倾诉；可以通过黑板报、墙报、班级日报、校报校刊、校园广播电视台、社区宣传平台和其他媒体，发表练笔修改成果；还可以建立具有互动功能的练笔教学网站。

在练笔修改中，学生找到了练笔中的问题，却不自觉修改时，教师可以运用出版法来调动学生修改练笔的兴趣。如举行"出版会议"，由学生成立出版小组，商议出版计划；接着学生自改互改练笔，并组织学生审阅、编辑、出版学生的优秀练笔；最后编辑成册成书，在学生、家长乃至社会上传阅。这样，练笔流动档案，交流形式多样，学生的练笔修改兴趣盎然，学生练笔修改习惯自然养成。

五、自评他评：在多重对话中不断完善

新课程练笔评价不仅是为了考查学生达到学习目标的程度，还是为了检查和改进学生练笔、完善练笔教学过程，从而有效地促进学生发展，不应过分强调练笔评价的甄别和选拔功能。

练笔评价应综合考查学生练笔水平发展状况，重视对练笔的过程与方法、情感态度的评价。重视对练笔材料准备过程评价，不仅要具体考查学生占有什么材料，更要考虑占有材料的方法，重视对练笔修改的评价。有研究表明，80％以上的作文评价只关注练笔文本，而根本不涉及练笔主体及活动[1]。因而，应加强学生练笔的自我评价和相互评价，还应该让学生家长积极参与评价活动，促使学生在多重对话活动中自我更新。

---

[1] 刘淼. 作文心理学 [M]. 北京：高等教育出版社，2001：192.

（一）激励性评语点赞练笔微创意

学生练笔评价结果的呈现方式是多种多样的。既可用书面评语，又可用口头点评；既可用分数评价，也可用等级评估；既可定性评价，又可定量评价；既可终结性评价，又可过程性评价；既可正式评价，又可非正式评价；还可根据需要，灵活使用，综合选用。实际教学中存在的突出问题是评价的价值选择和导向，存在教育观念的冲突。《中国青年报》曾报道，教育部从一项国家级课题研究中发现，全国 50 所中小学的教师在对学生的评价中，70% 以上的看法是批评性和否定性的，认为今天的青年比过去强的，仅占百分之几[①]。练笔评价也存在类似问题，物极必反，过度的批评性、否定性评价对学生练笔的兴趣、动机、信心、成就感等都会产生伤害。

19 世纪意大利学前教育家蒙台梭利指出，儿童身上蕴藏着许多知识和智慧，如果我们没有从中学习到什么，那只是因为我们忘记了使自己谦虚一些，没有注意到这个小小生灵出现的奇迹，忽略了向儿童学习。德国教育家福禄贝尔早在 18 世纪就明确提出，成年人应该通过向儿童学习，恢复自己的本来面目[②]。每一个生命，都拥有自己的骨气和自尊。练笔教学的主要教育价值在于解放人，解放人的精神和心灵，把学生潜在的想象力、创造力和表现力，即鲜活而强悍的生命力，都尽情地释放出来。教学艺术的本质不仅仅在于传授本领，也在于激励、唤醒和鼓舞。因而对学生日常练笔，新课程主张以鼓励、表扬等积极评价为主，采用激励性评语，尽量从正面引导学生在多重对话中享受练笔的成功。

练笔评语是写练笔的学生与看练笔人之间的价值对话，有来自学生自我的评语、同学的评语、教师的评语，也有来自家长的评语，甚至还有来自编辑、作家、领导等的评语，其中教师的激励性评语起主导作用。教师的激励性评语可以是口头的，也可以是书面的；可以在课堂上，也可以在批阅练笔本时，还可以在随机交流中。

自评互评、自改互改就是为了使学生达到叶圣陶期望的"自能作文，不待老师改"，因而学生自评互评的评语引导尤为重要。其中，建立和实施练笔评价指标体系，是提高学生自评互评评语水平的基础工作。不同类型、不同时期的练笔可以采用不同的评价指标。如文学批评关注的活力、感染力等指标；伯雷顿从文章功能角度提出的表现、诗意和交易等指标；威尔金森提出的认知、

---

① 朱绍禹. 理解学生才能教育学生［J］. 语文教学通讯，2001（17）：1.
② 朱绍禹. 理解学生才能教育学生［J］. 语文教学通讯，2001（17）：1.

情感、道德和风格等领域的指标；朱作仁等 1991 年提出的审题、立意、材料、思想、详略、开头结尾、层次段落、过渡衔接、表达方式、修辞、词汇及语言基本功等 12 项指标；美国创造心理学家郭有通设计的创造性作文的流畅性、多样性、独特性和周全性四项评价内容；英国斯科内尔编制的"3 个项目 10 个因素"的作文评价计划等①。

语文新课程练笔的激励性评语，可以从这些评价指标中汲取价值取向和选用具体指标，日常练笔也可以印象评价，但练笔的激励性评语要着力引导学生通过观察、调查、访谈、阅读、思考等多种途径和运用各种方法搜集生活素材，要诱导学生练笔兴趣和良好习惯的养成，要鼓励学生表达真情实感和有创意的表达，要关注学生修改练笔的态度、过程和方法，要倡导学生通过自改互改取长补短、相互合作、共同提高，要不断提高学生练笔反思能力等。

要特别重视教师激励性评语对学生自评互评的引领示范作用。请看一则观察笔记及其评语："我和一个同学同看一只蚂蚁：它艰难地往墙上爬，爬到大半，忽然滚落。一连几次都是这样。第六次失败了。不一会儿，它又沿着墙根，一步步向上爬着……同学说：'一只小小的蚂蚁，这样执着，真是个百折不回的斗士！我们遇到一点挫折，能气馁退缩吗？'我说：'可怜的蚂蚁，只要变一下方位，就很容易爬上去。哎，可悲的蚂蚁！我们无论做哪一件事，如果失利，就应该学聪明，不能像这可怜虫一样蛮干一气。'我俩的看法究竟谁对，请老师说说自己的看法。"在这个笔记后，老师作了如下批语："你们俩都对。观察同一对象产生不同看法是正常的，每个人是不同的个体嘛。这里就难有绝对的'对'或'不对'的东西。百折不回的斗士也好，没有头脑的可怜虫也好，你看它是什么它就是什么，关键在于你怎么看它。"② 老师的看法是对的，用建构主义学习论的观点看，这里的"斗士""可怜虫"都是个性化的素材，是不同的个体对蚂蚁观察时同化或顺应后的个性化建构。这也是很好的激励性评语，它引导学生多角度观察、多角度分析、多价值判断，在此基础上对平等对话进行了教师示范。

课堂练笔的激励性评语犹如激励学生生命激情的掌声。对于学生练笔的点滴进步，教师绝不能忘了给学生以微笑、赞赏，引领学生报以热烈的掌声。掌声是一种精神激励，是架设在师生之间的情感桥梁，是学生自信种子得以萌发和成长的温润土壤。学生作文里任何一点可取的地方，都应找出来，肯定其想

① 刘淼. 作文心理学 [M]. 北京：高等教育出版社，2001：194－198.
② 熊春生. 论写作素材个性化的建构 [J]. 语文教学与研究，2007（9 上）：5.

法和写法。心理学告诉我们：青春期学生，自我表现意识强，争强好胜，练笔起步时的成功，哪怕是极微小的一点，也对他们未来的写作心态产生着不可估量的积极影响。

平时练笔的激励性评语是一种教育艺术：一句简单的鼓励，要传递一种力量；一回思想的交流，要催发一份理解；一次准确的指引，要令人茅塞顿开；即使几句善意的批评，也要让错误止步。教师充满人文性的激励性评语也是一种创意表达，如对立意高远、构思巧妙、字字珠玑、句句锦绣的练笔佳作，可引用"春色满园关不住"；对开头不怎么样，越读越妙的练笔，可引用"山重水复疑无路，柳暗花明又一村"；对语言清新质朴的练笔，可引用"清水出芙蓉，天然去雕饰"；整体水平不高但还有两三句精彩句子的练笔，可引用"一枝红杏出墙来"；对堆砌材料主题不明的练笔，可引用"两个黄鹂鸣翠柳"；对主题模棱两可的练笔，可引用"难识庐山真面目"；对文抄公类练笔，可引用"似曾相识燕归来"等①。

我国的练笔评改者主要是教师，且教师多把注意力放在评价学生练笔的思想倾向、写作技巧上，却很少在练笔的情感上作考虑，师生情感隔阻。日本的作文评改着眼于与学生感情交流，对学生表达的感情表示教师的态度，值得我们练笔激励性评语借鉴。例如，一个学生的练笔写自己收养了一只被人遗弃的小猫，表现出了对孤独无援的小动物的深切同情。老师的评语就写道："小猫的遭遇真可怜，它在雨地里发抖的样子和凄苦的叫声，使我也忍不住流下了眼泪。现在它终于有了一个体贴的朋友了，我真为它高兴。"② 他们还创造了由学生、家长、老师共同评改的方法，用激励性评语引导学生在多重对话中享受练笔的成功。

（二）天天练笔评改享受练笔幸福

用天天练笔评改，促使学生在对话中享受练笔幸福，这是创意练笔评改的追求。

学生不练笔或练笔少，教师对练笔指导少为或不为，影响练笔教学效果的因素是什么？这是一线教师和研究学者共同关注的问题。在影响练笔教学效果的诸因素中，当前最突出的问题是练笔评改机制的创建。新课程的练笔评价，实行定性评价与定量评价相结合的方式，初中生每学年练笔不少于1万字，高

---

① 周远喜. 巧用名句作批语［J］. 语文教学通讯（初中刊），2002（11）：22.
② 朱文秀. 日本作文评价给我国作文评价的启示［J］. 语文教学与研究（教师版），2007（2）：23.

中生课外练笔不少于2万字。这一教学目标要求是史无前例的。多练对中小学生完成这一练笔任务非常重要，这是国内外的共识。叶圣陶先生主张写作的历练在乎多作，许多基本功都要从多读多写来练①。契诃夫也说过，新手就要多写，在一个很长的时期内天天训练自己，用尽力气鞭策自己，让自己的手和脑子习惯纪律和急行军。南加利福尼亚大学的斯迪芬·德·克拉森教授，经过实验研究，得出了以下结论②：增加作文训练的次数只对初中一、二年级学生作文能力的发展有益，但对发展小学高年级学生的作文熟练程度帮助不大。客观现实又不允许我们天天训练学生大作文，于是我们在初中一二年级尝试天天小练笔，即使一句话练笔也可，让练笔追随学生生活，伴随成长历程，率性随笔，自由练笔，并用天天练笔评改促使学生在对话中享受练笔生活的幸福。

老师要督促每个学生都备好专用练笔本，天天练笔，并进行形式多样的评改。最常用的是每天练笔后，学生按照老师评改要求进行自评自改，对练笔进行自我反思性对话。鼓励学生适时进行同学间练笔的互评互改，有可能的请家长评改，对练笔进行分享式对话。教师根据学生自评自改或互评互改情况，进行五分制积分式评价，即每次练笔达到阶段基本要求的就得5分，而没有得5分的必须重写或修改达标才行；某一点写得好或有创意的适当加分；每天累积积分，定期或不定期进行全班练笔评改总结表扬。达标就满分或改后一百分，体现的是中小学基础性学力的现代理念，加分体现尊重学生差异、充分发展个性的思想，两者结合以促进中小学生"合格＋个性"和谐发展的综合素养追求，有利于避免"作文永远得不到100分、也不至于不及格"的温水煮青蛙的不良恶果。

学生自评、互评等进行"3+1"评价，即发现肯定练笔的三个优点或进步点、闪光点，提出一个改进点或可行的改进办法，评语要有激励性、简明扼要，最好用自己通俗的话，达意即可。这样，评价者需要用"三种眼光"看待天天练笔，即用欣赏的审美眼光看闪光点，用辩证的学术眼光看疑惑点，用创造的发展眼光看改进点，这其实也是三重对话活动，练笔生活因此而意蕴生动、意味无穷。

天天练笔评改不仅可以促使学生在多重对话中自我更新，还能培养学生练笔的自我反思能力，促进学生体验练笔生活的幸福意蕴。对话理论的主创者、

---

① 叶圣陶. 叶圣陶语文教育论集［M］. 北京：教育科学出版社，1980：144.

② 杨世碧. 国内外小学作文教学现状及我们的应对策略［J］. 课程·教材·教法，2008（3）：24.

俄国文艺理论家巴赫金在《诗学与访谈》一书中认为，生活的本质是对话，思想的本质是对话，语言的本质是对话，文学的本质也是对话；人现实地存在于"我"与"他人"的形式之中，每个人都是独立的存在，每个人都有独立的价值，都应当受到尊重和关怀。对话不仅是一种交际手段，更是一种生命的内在诉求；对话不仅是一种语言、思想的馈赠，同时也包括了人类生存方式的相互参照；真正的对话是师生双方共同处于一种作为主体的积极的自由状态，是从一个开放心灵者看到另一个开放心灵者之话语①。被誉为"拉丁美洲的杜威"的巴西教育家保罗·弗莱雷认为教育教学应是一种对话性、创造性的活动，其构成的基本要素是反思与行动。练笔是一个创造性表述的过程，是一种智力探险的行为，只有通过练笔反思才能促使学生将写作知识转化为写作能力，将练笔经验提升为练笔智慧，帮助学生从练笔反思中获得自我感和价值感②。

天天练笔评改的对话与反思，秉承尊重、平等、合作、分享的理念，以学生为中心，进行学生与文本、学生与教师、学生与伙伴、学生与自我、学生与生活、学生与媒体之间多次、多媒、多重对话，形成对话场，不仅是一种深层次的教学方式，更是一种理想的教学形态③。练笔评改对话，不仅分享知识提高能力，倾听心声心灵对话；还丰赡学习生活，充盈练笔生活。就如语文新课程所期待的学生写作教学生活意趣：指导学生积极参与生活，体验人生，关注社会热点，激发写作欲望；引导学生多想多写，做到有感而发；鼓励学生自由地表达、有个性地表达、有创意地表达；促进学生分享感受、沟通见解，获得与他人分享练笔的快乐，培养学生写作的兴趣和良好的习惯等等。

练笔评改对话是一种民主体验活动，努力追求陶行知先生所希望的教学境界：只有民主才能解放最大多数人的创造力，而且使最大多数人之创造力发挥到最高峰。练笔评改对话激励一颗颗充满活力的心灵去创造出张扬着生命力的文章，促使学生在评改对话过程中产生愉悦美好的心理体验，力图师生共构练笔教学的生命场，诗意地生活，激励每个人都追求幸福。

六、师评生改：在平等分享中寻觅创意

在《创新作文教学研究与实践》中，我们用了近四年时间开发与新课标语文教材相配套的创新作文实验教材。《创新作文》从小学三年级到高中三年级

---

① 谭学纯. 人与人的对话 [M]. 合肥：安徽教育出版社，2000：1.
② 刘永康. 语文教育学 [M]. 北京：高等教育出版社，2005：161.
③ 李家黎. 对话教学的理论思考 [J]. 现代中小学教育，2008（6）：20.

形成一个系统，小学、初中、高中的训练体系各有特点，符合学生身心特点和作文教学实际。因为每学期都针对教学实验反映的具体问题，进行实事求是的改革创新，所以现在的《创新作文》是与众不同的。由于有鲜活的案例和突出的实用性、显著的实效性、鲜明的创新性，《创新作文》发行量逐年大幅度增加，使 400 万人次的学生受益，产生了巨大的教学效益和社会效益。

在这套书中，对学生作文过程中的立意、选材、构思、写法、语言和拟题等各种基本能力及其创新能力进行了扎实而有效的专题训练，我编著的《创新作文——初中第 6 册》①《创新作文·九年级下册》② 和《高考作文·"一"招夺高分策略——创新篇》③ 三本书，用近 50 万字对作文创新技法及其相关内容进行了比较系统的研究和总结。下面结合新课程的练笔教学实践，对如何通过师评生改促使学生在平等分享中寻觅创意，进行创意练笔经验的总结与反思。

（一）发现生活新理念促立意更新

不幸已是万幸

这是一场没有硝烟的"战争"。

在 2019 即将结束之时，我们每个人都幻想着自己 2020 年的模样，都幻想着 2020 年的春天应是怎样一番光景。鸟语花香，生态和谐，笼罩天际的雾霾消失殆尽。可是这个春天却好像与我们开了一个巨大的玩笑。

这个春天是我们最大的不幸。

令我向往的成都春天，街道上却没有以往的张灯结彩，没有以往的欢声笑语，没有以往人头攒动的汹涌，亦没有阖家欢乐的喜悦。往日热闹温馨的春节街头变得冷冷清清，行人寥寥，昔日里火红的商家店铺纷纷闭市歇业，千千万万的游子身处异地，不能回家团聚。新型冠状病毒如同魑魅魍魉，将它的魔爪伸向了 2020 年的春天，将恐惧的披风掩盖在九州之上，贪婪地抓住一个又一个的无辜者，妄想将他们拖入深渊，妄想把这个春天变成世界末日。

这个春天亦是我们最大的幸运。

"这一场看不见敌人的战场，将无人可以幸免！我申请长驻留观室，对病人进行进一步的分检工作。好处在于不再需要不停地院内会诊，可以减轻其他

---

① 卿平海. 创新作文——初中第 6 册［M］. 成都：四川人民出版社，2002.

② 卿平海. 创新作文·九年级下册［M］. 成都：四川人民出版社，2004.

③ 卿平海. 高考作文·"一"招夺高分策略——创新篇［M］. 成都：四川人民出版社，2003.

医生的负担，病人也可以获得延续性治疗，留观室床位也可以流动起来。"这是武汉大学人民医院呼吸与危重症医学Ⅱ科的张旃副教授第一时间发出的声音。真正地让人们紧张起来，又觉得似乎松了一口气。

武汉封城，一封又一封的请战书却挥洒而下，在阖家欢乐之际，他们逆行而上，奔赴疫情最前线，直抵核心战场；他们默默地替我们负重前行，没有迟疑，没有犹豫，在疲惫不堪之时继续迎难而上。"不是不知道那里有多危险，有多难，只是有这个责任。"这让我重新定义了医生这个角色，不管他们平时如何谈笑风生，如何调侃逗乐，但是在他们披上白大褂的那一刻，仿佛这个世界就是他们的，眼中是你从未见过的坚定，那身白衣就是他们的责任，是让他们喊出"我的兄弟还在战斗，我要回去"的支柱。

是他们接到消息后立刻动身前往湖北，投身到各大医院，与时间赛跑，与病毒搏击。"我的时间不多了，我还想救更多的人。"这是张定宇院长所说的。知者不惑，勇者不惧。他迈着蹒跚的步伐，告知同事自己膝关节动了手术有些不方便。没有谁知道他患上的却是渐冻症，肌肉逐渐萎缩直至呼吸衰竭。疫情来了别人再问，他再把早已准备好的借口无感情地叙述。疫情来了，他走得更快了："性子急，是因为生命留给我的时间不多了，我是一个渐冻症患者，双腿已经开始萎缩，全身慢慢都会失去知觉。我必须跑得更快，才能跑赢时间，把重要的事做完；我必须跑得更快，才能从病毒的手里，抢回更多的病人。"他终于在采访中这样说道，如释重负。

像张定宇院长这样的人还有千千万万，他们不顾自己的性命去付出。孝感安陆市烟店镇水寨村党支部书记黄汉明，当了30年的村支书，患有肺气肿，面对来势汹汹的疫情，顾不上自己的身体，从1月23日开始，他带领村干部一班人在村里开展疫情防控宣传，登记排查返乡人员情况，走村串户为村民测量体温，他在疫情防控一线连续工作9天后，因劳累过度引起双肺肺气肿并发心肺功能衰竭，经抢救无效不幸殉职，年仅58岁。他在去世的前一天晚上还在村口执勤4小时，在去世前2个小时还在叮嘱其他村干部要做好从武汉返乡人员的监测工作。

疫情当前，警察不退。武汉市公安局硚口区分局局长张晓红带领分局党委成员一线作战，第一时间启动战时模式，全力投入社区封控、路口管控、治安巡控、医院防控和服务群众等工作中。"1月23日凌晨1点半，我接到命令，两个小时以内组织300警力赶到天河机场，执行交通管制的任务。那个时候我们就知道，武汉保卫战已经打响了。"在23日的记者见面会上，张晓红说，在这场没有硝烟的战斗中，硚口民警承担很多工作，硚口公安流传着一句口号：

"抗击疫情，用我必胜！"他说，深深为这些英雄的战友感到特别骄傲和自豪！张晓红说："哪里有困难，哪里就有警察出现；哪里有疫情，哪里就有警察战斗。我始终相信，最冷的冬天一定会过去，最美的春天一定会到来。"

疾病就如同迷雾，但雾终会渐渐消散。我知道，黎明前的黑暗是最难熬的，紧接着东方是一片鱼肚白。最终，太阳会像一块切了一半的大红橙子，我们终会看到旭日东升。

不需一帆风顺，只愿乘风破浪披荆斩棘。这个春天的不幸，因为这些逆行的人们，已成万幸，向他们致敬！

（王茜彤，2020—03—08）

因为新型冠状病毒爆发，美好的世界变了样；因为新型冠状病毒爆发，美好的春天变了态；因为新型冠状病毒爆发，美好的春节变了味；因为新型冠状病毒爆发，美好的生活变了色……从未经历过这样大疫病的初三同学王茜彤，用她15岁的眼光发现生活这样的大变化，用她15岁大脑感悟生活哲学。"不幸已是万幸"的生活新理念，让这篇练笔立意更新，超越一般同学写疫病练笔的立意。

文以意为主，明代王夫之认为："无论诗歌与长行文字，俱以意为主。意犹帅也。无帅之兵，谓之乌合。李、杜所以称大家者，无意之诗，十不得一二也。烟云泉石，花鸟苔林，金铺锦帐，寓意则灵。""意"即文章的立意或中心、主旨、主题，意是文章的灵魂。好的立意，将正确（无错、合题）、集中（精粹、专一）、鲜明（明朗、突出）、深刻（有深度、厚重）、新颖（新鲜、独特）五个方面融于一体。其辩证关系是：立意第一是正确、健康，在此基础上集中；只有写得集中，才能进一步做到鲜明、深刻、新颖；正确、健康是立意的前提，集中、鲜明是立意的基础，深刻、新颖是立意的价值追求。

文体不同，立意的侧重点也不尽相同：记人，侧重捕捉言行的闪光点；叙事，侧重探求事物的本质意义；写景状物，侧重以物象取意象；议论文，侧重通过分析综合，揭示"真理"，发现"规律"。但练笔立意创新是有一些常用的方法可学的，可通过正向立意、反向立意、多向立意、辩证立意、引申立意、批判立意、对比立意、借理立意、顺时立意、题眼立意等，引导学生练笔立意创新。

法国学者查铁尔说："你在做事时候，如果只有一个主意，这个主意是最危险的。"我们同样有理由认为，仅从一个角度来立意作文，这个立意往往是没有新意的。其实，学生作文立意时，若我们注意引导学生换一个角度来思考，不仅能打破学生的思维定势，还往往能产生与众不同的立意来。"横看成岭侧成峰，远近高低各不同。"随着角度的变换，新见解就可能随之产生。

现举一例来说明换角度立意求新的练笔教学步骤：

题目：阅读下面材料，联系实际，写一篇不少于600字的议论文，尽量见解新颖。

薛谭学讴于秦青，未尽青之技，自谓尽之，遂辞归。秦青弗止，饯于郊衢，抚节悲歌，声振林樾，响遏行云。薛谭乃谢求反，终身不敢言归。

第一步，引导学生整体了解材料意思。薛谭学唱歌浅尝辄止，后经秦老师教育，改正了错误。

第二步，引导学生多角度思维立意。学生主要从四个角度立意：①从薛谭"辞归"角度立意——切勿浅尝辄止，骄傲自满；②从秦青"弗止""抚节悲歌"的角度立意——要讲究教育方法，善于诱导；③从薛谭"乃谢求反"的角度立意——要知错就改；④从薛谭"终身不敢言归"的角度立意——青出于蓝，还要胜于蓝。

第三步，选择深刻新颖的立意。①③流于一般，缺少独创性；②具有独创性，联系实际很有意义；④具有批判性和独创性，薛谭从自傲变成自卑，走了两个极端，很有批判意义。因此，②的立意是比较深刻的，④的立意是最深刻的。根据自己的思想认识水平，在②④中选择一项集中思考，便可收到立意求深求新的效果。教学实效也证明了这一点。

中考和高考作文试题的"自选角度"，既为每一个考生提供了通过换角度来求立意创新以获取高分的可能，也是一个严峻的挑战。怎样巧取立意角度？通过实践总结，我认为要注意"三宜"：一是立意角度宜小不宜大。角度大了，涉及面广，容易谈得空泛，往往注意了面面俱到，却什么也说不深说不透。二是立意角度宜扬长避短。从自己的实际出发，选择自己认识深刻、有理可讲、有事可说又能展现自己个性的角度，通过自己的兴趣爱好和个性特长来展示自己的独到见解。三是立意角度宜新不宜俗。角度新，就能引人入胜，即使老生常谈的问题，也可以挖掘下去，翻出新意来。

（二）发现生活新精彩促选材更新

疫情中的温暖

2020年在我们期盼下拉开了序幕，本该是万家团圆，欢乐喜庆，殊不知一场疫情，像一个巨石砸入我们原本热闹非凡的生活。在这个不平凡的年份里，各种善良温暖却频频显现。他们是一个个平凡的人，却做着不平凡的事情。

　　随着新型冠状病毒病例上升，80多岁的钟南山院士仍奔赴抗肺炎第一线，15名医务人员受病毒感染，李文亮医生的牺牲……医护人员不计报酬，不惧生死，签下一份份请战书，在团圆之际与家人分离，奔赴一线，在这场无硝烟的战争中冲锋陷阵。他们瞒着亲友悄悄地前往一线，他们是孩子的父母，是父母的孩子，是刚到社会开始工作的年轻人，他们是白衣天使，更是我们心目中的英雄。感谢有你们，是你们的出现让我们重新燃起希望之火！

　　2020年2月7日，李文亮医生离开我们，那时他才35岁。他的孩子还未成年，他的孩子还需要他，作为医生，在抗击疫情这场没有硝烟的战场中，他明知危险却毅然留下妻儿父母奔赴一线。犹记李文亮医生母亲说的话，"我儿，是一个非常非常非常善良的一个人，没想到他走得那么快，他还有孩子，我们必须挺过来。"这是医者的不畏牺牲，一个美满家庭的舍己为人，这是一个家庭给予我们的温暖。

　　1月31日，南京公安检查站，一辆白色轿车停在路边。下来一个戴口罩的人，他搬下从土耳其扛回的箱子，民警一看是一箱口罩，问其贵姓，男子笑着说："免贵，中国人好了。"我记住我是中国人，你不必知道我是谁。男子骄傲地摆手，骄傲地说出"我是中国人"，他骄傲地把口罩交给民警时，那骄傲的神情深刻地印在我们中国人的心中。河南沈丘，42岁的王国辉载着五吨蔬菜只身送往火神山医院工地。他说："1988年抗洪，我在一线，2008年冰灾我在一线，这次我一样在一线。"只因为心中有爱，便要冲在一线。王国辉再一次身处一线，他用自己的方式，细心呵护着这些白衣天使。中华儿女身在异地，却不忘自己的祖国，他们的爱国行为给予了在前线的医者、民警最大的温暖。

　　遇困境方知真君子，遭国难方知真国士。自病毒散播开来，各个荧屏频繁出现同一个名字——钟南山，他是一位耄耋老人，岁月的痕迹爬上他的脸庞，他本应欢度晚年，但此刻的钟南山院士却仍奋战在医疗前线，为全国人民的安全抗争。遥想2003年非典之战，他的身影便常常出现在一线，正因他的存在我们才平稳度过非典疫情。而今新型冠状病毒肺炎惹得人心惶惶，也唯有像钟老一般的国士才让人心安。一袭白衣，挽生民于水火；两袖清风，拂花开于社稷。梅须逊雪三分白，三分皆在医者仁心。除却君身三重雪，天下又有何人配着白衣？钟南山院士重新站在抗击疫情的前线，他毫无保留地把自己奉献给需要自己的病人，他有双翅膀温暖地保护着我们。毫无疑问的是，他是我们中华民族的伟大英雄。

　　上面这些人，不管伟大还是平凡，他们都尽全力在黑暗中点亮一束光。他们的举止犹如一片照射在冬日的阳光，使我们感到人间的温暖，他们的真情温暖了人间，温暖了我们国人的心，那一点一滴的温暖，汇成了一片爱的海洋。

　　冬将尽，春可期，花待开。愿国泰民安，山河无恙，人间皆安。

（赵馨妍，2020－03－07）

　　对于一个 15 岁的初三学生来说，学习、应考是够紧张的了，无暇顾及校外的人与事。特殊的疫情，院士钟南山、医生李文亮、签下请战书的医务人员的事迹进入了赵馨妍的生活视野，长途货运司机王国辉、从土耳其扛回一箱口罩的无名中国人的事迹也让赵馨妍难以释怀，她从中发现疫情中这些平凡善良人体现的人间大爱。"他们的举止犹如一片照射在冬日的阳光，使我们感到人间的温暖，他们的真情温暖了人间，温暖了我们国人的心，那一点一滴的温暖，汇成了一片爱的海洋。"她发现了特殊生活中的新精彩，相对平时的练笔来说，材料就新鲜别样。

　　"宁尝鲜桃一个，不吃烂桃一筐。"喜新厌旧是人之常情。事实上，选材出新不仅是创意练笔的重要方法之一，也是考场作文取胜的一个法宝。那么，怎样引导学生选材出新呢？

　　1. 引导学生从亲身经历中提炼新材料

　　2020 年 4 月 1 日，上完一年级下期网课《制作春卷》后，张速老师布置了下列作业：

　　生活即学习，生活即交流，生活即劳动，和家人一起劳动起来，制作青团、春卷……把自己和家人劳动起来的美景画在下面或拍下来粘贴在下面。

有味的春天

　　今天是清明节，妈妈说清明扫墓、祭奠祖先，要吃青团。一大早，我们洗好新鲜的艾草叶子，焯熟，再打成艾草泥。然后，我们和好糯米团；再把它和艾草泥混合均匀，青团的皮子就做好了。我喜欢蛋黄豆沙的青团馅；将咸蛋黄烤熟，外面包裹上红豆沙，捏成圆球，就是一个美味的馅球了。用艾草糯米皮包住馅球，捏紧，揉圆，一个漂亮的青团就做好了！把它蒸熟，就可以吃了！我觉得做青团真有意思，青团里有春天的味道哦！

（于宸欢，2020－04－01）

家长感言：通过孩子亲自动手参与，去了解中华民族传统节日与习俗；感受四季变化，寓教于乐，记忆深刻。

2. 引导学生从现实生活中发现新材料

我们的生活正在发生日新月异的变化，我们周围新的人、新的事、新的物，层出不穷。罗丹说："对于我们的眼睛，不是缺少美，而是缺少发现。"生活是练笔的源泉，只要我们平时处处留心，做生活的有心人，就可以不断从生活中发现许多有写作价值的新材料。

2020 年 4 月 3 日，上完一年级下期网课《春耕》后，张速老师又布置了下列作业：上期末，我们把教室里的花儿带回了家，它们还好吗？结合今天学习的《春耕》，先说说寒假养花的过程和感受，然后自拟题目写下来。

<h3 align="center">豆瓣绿养殖记</h3>

寒假前，我从学校带回来一盆豆瓣绿。

我特意在网上查了资料，豆瓣绿属于半阴性植物，冬天温度较低时，可以放在有充足光照的地方，于是我就把它放在了阳台上。

春节，我们要回外婆家过年，走之前，我给它浇了水。一个月后我回家，发现原本枝繁叶茂的豆瓣绿变得枝叶凋零，妈妈说："可能是冬天太冷了，它被冻着了。"我赶紧把它放进了室内，修剪坏掉的枝叶，然后把比较好的叶子插回盆里，让它重新生长。

春天是豆瓣绿迅速生长的季节，所以我要多多给它浇水，好好照顾它。妈妈说："植物也是有感情的，只要用心呵护，它就一定会给你意想不到的惊喜。"我好期待我的豆瓣绿能变回以前生机勃勃的样子。

经过我的悉心照顾，我的豆瓣绿终于慢慢地变回了原来的样子，别提有多高兴啦！

（邹子森，2020－04－03）

我们每个人的经历，就是一座作文材料的宝库。如果说青春是一首美丽动听的歌，那么学生亲身经历的每一件有意义的事情就是一个动人的音符。每个学生不同的经历演绎出风格各异的青春乐章。我们应该相信：每个学生都有自己的精彩故事。创意练笔，就是要让学生有话好说，新话新说。

3. 引导学生从阅读积累中发掘新材料

撬动希望

哪有什么岁月静好，不过是有人替你负重前行。

在本应热闹的时节，繁华的城市褪去了人潮涌动，冰冷的石板上积了灰，每个人的眼中都蒙上了一层雾霭。这一切的罪魁祸首是谁？是新型冠状病毒。它潜伏在我们身边，缓慢而又耐心地吸取人的生命。对一座城市的生机与繁华，它开始露出狰狞的面孔，向人们痛下杀手。

第一线与病毒对抗的人是白衣战士。一封又一封的请战书，无数医生护士提前结束假期。

穿上了白衣，便有了不可推卸的责任重担。是的，他们必须战斗在一线，日夜劳苦，精心照顾病人。"我的妈妈是英雄，英雄的女儿不能哭！"这句来自一位白衣战士的女儿的话，让我热泪盈眶，他们也有家庭，也有亲人，可是他们义无反顾地奔赴一线。这是最富有勇气的奔跑，不是奔向安全区域，不是奔往家的方向，而是奔去充满硝烟的战场。

疫情当前，他们不退缩。钟南山在高铁餐车中疲惫入睡，李兰娟每天只睡三小时只为研发抗疫药剂，身患渐冻症的张定宇院长与时间赛跑，年轻护士的手被消毒液腐蚀得裂痕满满。严丽，是急诊科医护团队眼里的"铁娘子"，白天黑夜连轴转。其实，在1月20日时，严丽本可以乘飞机离开武汉，但她改变了主意，决定重回医院。严丽说："不是觉得自己高尚，只是觉得一线医护人员短缺，自己一辈子没当过逃兵，这一次也不能离开。"

其实哪有什么白衣战士，只不过是一群穿上防护服，戴上手套、护目镜、口罩的普通人，走上了白色战场。

人们都在用自己的方式去撬动希望。

值班的警官，为生命坚守岗位；基层干部，为安康绝不怠慢；奔波的快递员，为生活提供保障；受苦难的患者，为希望不言放弃。在疫情面前让萤火汇聚成星河，让我们坚信所有失去的都会以另一种方式归来。斗争不止，希望不灭。

所有的细微之下，都隐藏着春暖花开，冰面破裂的巨响。所有的平静之下，都隐藏着狂风暴雨，海洋呼啸的疯狂。所有的黑暗之处，都隐藏着光的诞生，等待时机，冲破黑暗。

（张云翔，2020—03—14）

钟南山在高铁餐车疲惫入睡，李兰娟每天睡三小时研发抗疫药剂，身患渐冻症的张定宇院长与时间赛跑，白衣战士的女儿的话，年轻护士的手被消毒液腐蚀得裂痕满满，"铁娘子"严丽白天黑夜连轴转……这些不是张云翔同学亲眼所见、亲耳所闻，而是从媒体阅读、电视新闻中获得的，但因是新事件，这篇练笔就因新材料组合而出新了。

亲身经历、生活观察等获得的都是第一手的直接材料，这是非常宝贵的。但学生的时间、经历、条件有限，不可能做到每事亲躬，应引导学生借用前人、他人的经验和智慧，通过平时阅读和上网等获取作文的间接材料。这些二手材料与第一手材料有机结合，往往可以产生创新。

马克思创作《资本论》，阅读了1500多种书，摘录的笔记就有100多本。问渠那得清如许？为有源头活水来。因此，指导学生平时多读书报、多读名篇佳作、勤做读书卡片、常写阅读日记，建一个自己的练笔材料库，随时吐故纳新，才可能使学生的作文有书卷之气、有文化之蕴、有文人之味，也才可能写出跳动着时代和心灵的脉搏、清新扑鼻的好文章来。

当然，怎样将阅读的旧材料用出新意来，甚至化腐朽为神奇，是需要技巧的。刘勰说："善附者异旨如肝胆，拙会者同音如胡越。"其意思是说，善于选择材料的人，能把与主题并不相关甚至相反的材料变得关系密切，相互结合；不善于选择材料的人，会把本来可以与主题相互配合的材料变成绝不相关。

我们在课题研究中强调通过四个角度使练笔材料出新：①选材角度宜小。以小见大，一滴水见太阳。②选材角度宜异。曲径通幽，与众不同。③选材角度宜深。挖掘典型素材，标新立异。④选材角度宜奇。以古讽今，化腐朽为神奇。

（三）发现练笔新思维促构思更新

第一个夜晚

新春伊始，若放在往年，必定从天泛起鱼肚白开始，家里便处处充盈着笑颜笑语，香喷喷的佳肴味充满每一个角落。如你换上新布衣裳，咯咯地笑，乐得合不拢嘴。而这一切，却被昨晚的一通视频电话扰了个干净。

时钟的分针"滴答滴答"地响，时间又回到了除夕夜，"冬瓜，都最后一把咯，搞快打个么鸡来碰一下嘞。""想得美哦！"小姨和舅舅的拌嘴声又传了来，院子里如火如荼的牌局，随着一盘盘珍馐被端进了客厅，也逐渐进入了尾声。我死盯着大门，听是否有大门嘎吱响的声音，熟悉的身影还是没有出现。

"怎么大娃还没回来哦，搞快打个电话催一下哦。"外婆边掌着勺边向母亲喊道。

"晓得了。"母亲摸着牌，"嘿，这娃儿不是说下午就到了，怎么现在都还没到。"

另一边，瘫在沙发上的姨夫和父亲看着新闻，嗑着瓜子，说道："这次疫情死了好多人嘞，这东西凶得很啊！"

母亲拿起了电话又打，数不清多少次皱眉，也忐忑不安起来，空气里添了几分凝重。死一般的沉寂，牌局也没有了心思，枯燥无味，心也跟着提到了嗓子眼。走路的脚步也多了几分急促不安。

"会不会出啥事了哦？"小姨的话音刚落，母亲的微信丁零响了一声。母亲赶紧划开屏幕，简洁的聊天框中，是姐姐的一条消息："妈，我去武汉当志愿者了，新年快乐，平安。"

母亲赶忙抓起手机回了个视频电话，接通……"你个死娃儿你……"母亲的声音戛然而止。屏幕的另一边，漆黑的夜里，姐姐蹲在路边的台阶上，身上穿的是一套白色塑料防护服，脸上是口罩勒出的两道深色红痕和坑坑洼洼的印子，旁边是冒着热气的泡面，昏黄的路灯把人影拉长，一群人三五个坐在一起。姐姐还在喘着气，豆粒般大小的汗水从她两颊流下，只有那双眼，还发着光，眉宇间露出坚毅的神情。

母亲噎住了，喉咙像被塞了坨棉花。她久久盯着屏幕，眼神黯淡了些许，似乎猜到了些什么。良久，母亲颤巍巍地问道："大娃，你在那边搞啥子？"

"我和同学前天来这边当志愿者，我们筹得的第一批口罩到货了，刚才在卸货。"姐姐清亮的声音传了过来，又顿了顿继续说道，"妈，除夕快乐，我好想你们啊。阿婆他们可还好吗？"

母亲颤抖着举着手机，阿婆听到了，两行热泪从脸颊流过。时间停住了，只听得见一家人的默默抽泣……

新年的第一个夜晚，夜空深远，横亘一道银河，月亮静静悬着，远处是绚烂的烟火，却不见欢呼的人儿。我们买了一盏孔明灯，亦置相思之情，缠绕心间的担心与祈福，目光所及之处，是八个墨字：暮寄平安，佑我之子。

（蒙思易，2020－03－15）

突如其来的疫情，往常的除夕变了样；姐姐不打招呼到武汉当志愿者，一家人的年夜饭变了味。新的事情变化，新的情感变化，新的认识变化，构思遵循这些新变化，练笔自然表达这些新变化。蒙思易同学练笔用新构思叙述新变化，新文之理显新事之理，使新构思不怪异，而合情又合理。

所谓构思，就是思考文章的结构层次，解决先写什么、后写什么，哪里详写、哪里略写。这也就是人们常强调的动笔之前要先打好"腹稿"。古人说："袖手于前，始能疾书于后。"叶圣陶先生也认为：想清楚后写，这是个好习惯；养成这个好习惯，写出东西来，人家才能充分了解你的意思，自己也满意。可见，构思对写好练笔是很重要的。

构思是练笔必不可少的一个阶段，构思是一个创造性思维过程，构思也是一项重要的练笔能力。构思新颖是创意练笔的主要表现之一。构思难，构思新颖更难。怎样构思呢？刘勰在《文心雕龙》中告诉我们：总文理，统首尾，定与夺，合涯际，弥纶一篇。意思是说，用中心思想统帅全文，决定材料的取舍、段落的衔接，有机地组合成一个整体，构成一篇文章。言之有序，就是指思路清晰，材料组织有条不紊，结构严谨。

构思的重要结果是形成练笔的结构。如果说材料像人的血肉，主旨像人的灵魂，那么练笔的结构就是人的骨骼。没有坚实、健壮的骨骼，血肉便无所依附，灵魂也无所寄托。练笔的结构要精美，具有审美价值，古人将其形象地描述为"凤头—猪肚—豹尾"，即开头要像凤凰的头一样精美，鲜艳夺目，引人入胜；中间部分要像猪肚一样饱满凸起，有充实感；结尾要像豹尾一样雄健有力，回味无穷。

练笔结构的内容一般包括开头和结尾、层次和段落、线索及脉络、过渡与照应等，在长期的练笔实践中，人们对不同文体已经形成了如下比较稳定的结构模式。

文体	开头	线索	过渡·照应	结尾	常用结构形式
记叙文	时间开头 地点开头 人物开头 抒情开头 回忆开头 拟声开头 总领开头	时间线索 空间线索 人物线索 事物线索 情感线索	词语过渡 句子过渡 段落过渡 照应标题 前后照应 首尾照应	篇末点题 蕴涵哲理 再现细节 出乎意料 议论抒情 自然结尾 戛然而止	①合理安排顺叙、倒叙、插叙、平叙 ②分角度描述人物形象 ③分镜头记叙事情过程
说明文	设问开头 定义开头 故事开头 地点开头	时间线索 空间线索 逻辑线索	除上面以外，还有序位式（第一，第二，第三；首先，其次，最后）	总结归纳 自然结尾 展望前景 提出问题	①特点并列 ②逐层解说 ③时空顺序 ④由主到次

续表

文体	开头	线索	过渡·照应	结尾	常用结构形式
议论文	开宗明义 自问自答 类比联想 事实引路 释文破题 引用名言 反弹琵琶 树立靶子	事理线索	设问式过渡 推论式过渡 总分式过渡 序位式过渡 小标题式过渡 重申观点过渡	归纳总结 卒章显志 首尾呼应 推究原因 推而广之 展望未来 提出希望 戛然而止	①引论—本论—结论 ②总论—分论—结论 ③总论—分论 ④分论—总论 ⑤逐层深入 ⑥正反对照

按照上面的结构模式去练笔，可以解决学生练笔结构入格的问题，但练笔不能模式化、程式化，文似看山不喜平，创意练笔构思要在"新"字上下功夫，结构要在"巧"字上花力气。

早恋的颜色

淡粉色——

你可曾想过为什么爱他（她）？是因为他外表很酷，或是她长得很秀美？是因为他打篮球的技术高超，或是她能歌善舞？是因为他成绩优秀，或是她聪明伶俐？是因为他幽默，或是她善良？是因为被他（她）的爱而感动？

淡绿色——

你可曾想过爱情不是你生命中的一切？生活是多方位的，你不是为了爱情而活着，你还有很多事要做，难道为了经营你们的爱情，而放弃斗志吗？这是非常不理智的！因情废志，将令人遗恨终生！因为你们还小，所以，很难驾驭这两方面。影响学习，影响前途，对你们不是一种伤害吗？

淡紫色——

你可曾想过这份爱是不是浮在表面上的？你们有心与心的真正相容吗？如果你们只是在一起玩，只能说你们是玩伴，而谈不上是爱侣。有一天，长大的你不是总是在玩，不会和只能陪你玩的人相伴同行，也就不会让你们的爱长久。若想此情不变，两个人最好有共同的生活目标；志同道合，方能此情不渝！

随着岁月的流逝，你们渐渐长大了，或许不会喜欢只是外表很酷，善打篮球的他，而觉得内涵更重要。那时的感情一点一点淡了，自然要分手，对自己、对他人不是一种伤害吗？不要假装潇洒地抛出"不在乎天长地久，只在乎曾经拥有"来安慰自己。

你们发现了吗？在你们这道爱的画廊中，所有的色彩，都是淡淡的，都是朦朦胧胧的。我承认他的存在，她的纯美。但你们知道吗？浪漫是一件缥缈的事。远远地望，他永远都是美丽的；或许走近了，倒觉得平淡无奇。年少的你们，何不将最浪漫的事，好好收藏。

谢雯雯同学这篇练笔的构思是与众不同的，用"年少的你们，何不将最浪漫的事，好好收藏"这个观点统摄全文。用"早恋的颜色"这个标题展开联想，以淡粉色、淡绿色、淡紫色为彩线结构全文，既没有"凤头"又没有"豹尾"，简洁明快，设问反问层层追问，情理交融，让人耳目一新。

怎样引导学生练笔构思和结构出新呢？一要以意运法。清人沈德潜在《说诗晬语》中说："诗贵性情，亦须论法。杂乱而无章，非诗也。然所谓法者，行所不得不行，止所不得不止，而起伏照应，承接转换，自神明变化于其中。若泥定此处应如何，彼处应如何，不以意运法，转以意从法，则死法矣。试看天地间，水流云在，月到风来，何处著得死法。"作诗如此，练笔亦如此。二要拓展思路。在多看多想的基础上，锻炼思路的发散性和求异性。比如通过同类文章的多角度比较，寻找自己练笔结构的新方式。三要注意移植。善于借用名家、名文的构思和结构，或其他巧妙的构思和结构，来表现自己独特的生活感受，表达自己独到的见解。

（四）发现练笔新方法促写法更新

说话要讲究说法，写练笔要讲究写法。不同文体有基本的写法，掌握了这些写法，就达到了写法入格的要求。在此基础上，我们还要引导学生练笔写法出新。

疫寒离人　情暖聚心

本打算在年后去嫁到湖北的姐姐家里串门，可这猝不及防的新型冠状病毒在短短几天的时间里席卷武汉，乃至全国。即将相见的惊喜转变成了对姐姐的担忧。这串门的计划也只得一搁再搁。

爷爷奶奶因此天天紧锁着眉，唉声叹气。

"唉——得有三年没见到欢欢了吧。欢欢待在湖北，万一染上了那劳什子的肺炎，那可怎么办呐！阿弥陀佛，菩萨保佑。"奶奶凝视着与姐姐的合影，颤巍巍的手一遍遍地抚摸着那早已泛白的照片，不经意间，浑浊的眼眸中流露出泪光来。

爷爷沉默已久，见奶奶着急，心里自然也不是滋味："欢欢一定会没事的。他们昨儿才给我们打了电话报了平安哩！咱等疫情过了，马上去湖北看她，和她热热闹闹地吃上一顿团圆饭。"

眼前似浮现出姐姐那温柔可人的笑容，耳畔萦绕着似银铃般清脆的笑声，刹那间却变得斑驳—模糊—破碎，悦耳的笑声转变为惊恐的尖叫。我的害怕不比爷爷奶奶少，思念在我心中潜滋暗长。我多希望，在这个寒风凛冽的冬天，能和姐姐在一起啊！

我细细思索，一下子捕捉到脑中闪过的灵光，兴奋地说："爷爷奶奶，你们别担心啦！今天晚上，我们就能见到姐姐，和她吃上一顿团圆饭。"

奶奶花白的眉毛皱成一个八字，疑惑地问道："湖北那边封城，我们到不了欢欢那儿，欢欢更来不了我们这儿。我们怎么吃得上一顿团圆饭？奶奶知道你一片孝心，可你也不能唬爷爷奶奶啊。"

"我可没唬你们哦——"我的嘴角扬起一抹狡黠的弧度，"等着吧——晚上我们和姐姐吃一顿丰盛的团圆饭。"

夜晚，明亮的灯光照耀着一桌热气腾腾的家常菜。两位老人落了座，却时不时捏握着手心，一副欲言又止的模样。

我笑眯眯地对他们道："爷爷奶奶，我知道你们想问什么。你们看，姐姐这不来了吗？"

爷爷奶奶的眼前蓦地闪过什么，随后，他们的眼泪不由得夺眶而出。

"哎呀！欢欢，真的是欢欢！阿弥陀佛，菩萨显灵。"已是白发衰颜的奶奶，满是皱纹的脸像一朵菊花一般绽开笑容。而不善言辞的爷爷不禁抹了抹眼眶。

出现在他们眼前的是一台笔记本电脑，上面显现着和记忆重合的那张灿烂笑颜——姐姐正一只手握着筷子，另一只手张开同我们打着招呼，她的脸上洋溢着无比幸福且甜蜜的笑意。

我们虽远隔万水千山，但心却随彼此而牵动，无比贴近。

那夜，我许下一个小小心愿——愿凛冬散尽，国家无恙，天下至亲至爱的人们不再分离，相聚在一起，看河清海晏，观山高水长。

（覃庆，2020－03－08）

一张照片、一段视频，平时日子不以为意。特殊疫情下，天各一方，团年时刻，一张照片、一段视频，却弥足珍贵，它能安抚老人的担忧，舒缓相思分离之苦。覃庆这篇练笔，明暗两线并行，悲喜两情交织，铺垫、伏笔、悬念、衬托等多种综合运用。写法更新，练笔就有了新意，表达就有了创意。

怎样有效地引导学生进行练笔写法的新尝试呢？

首先，要培养学生写法创新的意识。在文学史上，凡有所成就的诗人、作家都曾努力更新自己的写法，追求用新的写作技巧来表达自己独特的体验和观点。海明威在获得诺贝尔文学奖后说过一段非常精彩的话：对于一个真正的作家来说，每一本书都应该成为他继续探索那些尚未到达的领域的一个新起点，他应该永远尝试那些从来没有人做过或他人没有做成的事。这样他就有幸获得成功。女作家叶文玲主张写出与众不同的"鲜味"来。赵树理说：我在写作上有些别扭劲儿，就是不愿意重复别人已经写过的东西。如果学生也能像这些作家那样思考，就有可能不断尝试新的写作方法，使自己的练笔有创新。

其次，表达方法力求熟中生巧，引人入胜。著名爱国诗人陆游有一句诗："天机云锦用在我，剪裁妙处非刀尺。"说明真正高明的东西并不是循规蹈矩所能成就的，需要脱离框架的束缚。因此，我们在练笔教学中要对写法进行切实引导。如鼓励学生从模仿借鉴中求创新，用旧瓶装新酒；构筑心路历程，张扬个性；进行独到的推理，联想奇特、想象丰富，丰富表达内容；经营好细节，处理好开头、结尾和过渡照应，于细微处显创意；用新形式表达自己新颖的见解等。

最后，文体选用尽量符合要求而又卓尔不群。中考和高考一般不限制学生写作的文体，鼓励学生选用自己最擅长的文体来写作，也为学生进行写法创新尝试提供了自由空间。其实，不同文体之间的写法往往可以移植变通。有时，把某一种文体或艺术的结构方式用于另一种文体，便产生了新的写法，给人耳目一新的感受。如用漫画手法描写人物，用答记者问来写说明文，用法庭辩论、实验报告来写议论文，都能使练笔写法焕然一新。

校园树病历

病人：校园梧桐树。

年龄：与学校同岁。

症状：叶片发黄，有小洞。树根松动，叶稀，枝光。没有任何昆虫光顾。

病人诉苦：医生，同学们似乎对我很好奇。经常扯下我的叶片玩，甚至折断我的枝干，把我弄得遍体鳞伤。除了害虫以外，没有一种益虫来我这儿住和玩，我很苦恼。

处方：你不要苦恼，一定会有人来帮你。现在学校正搞保护树木活动，相信那些令你头痛的同学会受到教育。等同学们都爱护你时，你会越长越漂亮，益虫自然会来玩的。

这是学生王铃娇的练笔，给我的印象较深。原因何在？因为借用了病历，文体与众不同。如果是一篇作文，当然篇幅短了，应该详写"病人诉苦"，可采用对话形式推进，这样符合医院问诊的特殊环境。而作为练笔，这样也行。

（五）发现言语新魅力促语言更新

下面这篇是 2020 年新型冠状病毒流行期间，贾焜尧同学在 3 月 14 日网课教学的周末练笔。

于疫有感

至今，有月余见疫。其见虽不为惊天地，而随之人主之急命速及卓效可泣鬼神。

余近在家闷，时时登轩。寻往来者，窗外花开艳赏，枝头衔绿，鸟啼不绝，见其悠然享受那飞翔之乐。余因忆前之春矣：赏花踏春之人集，林中之盛……不免心里涌上一阵落寞。

然疾病之徒不乐、不积之一面。

于己，其供给我休息之时也，明之来者也。每日一人在家里，以理思其行事不可者，如何是我好生成者？其余自何也？如何我望中之志生？往虽有不免者去偏道，若以今养性犹学重，而又反之对稍溜之业……然既有隙，则有存者，我思琢两之平也，孰轻孰重？幸甚至哉，吾之知归于正，无复令其于不当之路上，走到底。

而"上学"似已成一行。在线上学所致之奇后，乃更试人之"自性"也。今年中考者与往年大不同，变作战场斋；自信为一门"试"之目。而日就当成之事，余一大把者得自置广、锻炼等，充而愈。

于大义，疫使中国人民合。不论地界，真得"一方难，八方援"者之共体，疫之功尤见我世制之胜，为中国患商机。

塞翁失马，焉知祸福。我意欲，务合事，在其位，以难得而贵之暇，思著义也，为己之未奋而奋之，望远之佳音，此诚是疫之幸也！

（贾焜尧，2020－03－14）

对于一名初三学生而言，文言文学习有限，但能用文言练笔，难能可贵，值得鼓励。虽然有字词欠斟酌、语法欠稳妥之处，但辩证立意、独特感悟、清晰表达等，还是值得肯定。用文言练笔书写情思感悟，用练笔促进文言复习运用，又是一种值得尝试的有创意的学习。

从某种角度讲，练笔是语言的艺术。考场作文对学生语言表达有严格要求，每三个错别字扣一分，把不通顺、语病多列为最差等级的一个条件。因此，对学生进行准确、简明、连贯、得体的严格的语言训练与指导学生语言有创意表达是同等重要的。这就需要我们对学生练笔侧重进行以下语言训练：

一是注意弄清所用词语的确切含义、词性、感情色彩和典故意思，注意辨析近义词的细微区别，注意词语搭配规律，尽量使作文的语言表达合乎事实、合乎情理、合乎语法、合乎逻辑，准确无误。

二是注意前后语义的衔接照应和语序排列，注意叙述和议论角度的统一与转换，注意语境的协调和语言形式的和谐，使练笔语言连贯一气。

三是注意语言表达要符合不同文体的语体特点，注意语言是否吻合特定的情境、场合，切合各自不同的身份、对象，注意语言是否适合于特别的写作目的和意图，使练笔语言恰当得体。

此外，我们在课题研究与教学实验中，还鼓励学生用以下方法促使自己练笔语言出新：①体悟平凡生活，用不平凡的语言来表达。如挖掘事情的本质意义，叙述渗透感悟，激情绽放公理，巧喻激活哲思。②语言丰富、鲜活，炼字点亮思想。如用网吧、网虫、伊妹儿、网恋等反映网络生活，用黑哨、假球、乌龙球、倒脚、蓝衣军团等写足球比赛活动，用爽、酷、帅呆了、酷毙了等写学生新新人类的流行语言……这些新词汇反映了我们的新生活，折射了我们生活的新亮点。③腹有诗书气自华，善于运用多种修辞方法。如引用诗句，巧作点睛之笔；引用名言，增强练笔说服力；引用俗语、谚语，增强练笔趣味性；使用比喻拟人，使练笔生动形象；运用排比，使练笔有气势；编写对偶，使练笔典雅等。

（六）发现心灵新风景促拟题更新

下面这篇练笔，是陈欣韵同学 2020 年 3 月 14 日写的，请读后追问一下：最吸引你的是什么？哪一点给你印象最深？

你要相信这不是最后一天

"混合着庆典余味，血泊里没有眼泪。"

2020 年是特殊的一年。这一年，因为新型冠状病毒而变得与众不同。相比往年的繁华热闹，显得格外冷清。病毒带给人们的恐惧弥漫了整个国家，让我们度过了一个难忘的春节。

坐在电视机前，电视里报道的几乎都是白衣天使们正奋不顾身地在前线抢救病人。无数人团结在一起抗击疫情，令人感动。

感动也不过只是一时的感动，千篇一律的报道新闻，看多了也令我无聊。

那天，还是无聊地翻着电视，忽然听到了我的偶像华晨宇为这次疫情而创作的歌《你要相信这不是最后一天》。作为湖北人，华晨宇对于疫情有更深的感受。他认为每位深处漩涡中的人们，都正在用莫大的勇气与意志力，直面身体上的苦痛和精神上的悲恐。他希望通过这首歌曲，让大家坚信，世界的美好不曾终结，希望的光亮未曾湮灭。

他深情的演唱，把我深深吸引住了。

《你要相信这不是最后一天》歌词直击患者的内心世界，鼓励他们坚强勇敢。

"斜阳下的阳光映在白墙"形象地描绘出患者的生活——每天看见最多的就是病房的墙。

"只为了更好的遇见，那一天值得等待，那一眼，满载星海"让患者重获信心。

该曲以患者内心世界的感知为出发点，华晨宇用温暖有力的声线辅以真挚细腻的歌词，将情绪层层推进，唤醒人们心中对生命的坚持、对生活的期许、对未来的向往。

每位身处漩涡中的人们都在用莫大的勇气和意志力，直面身体上的苦痛和精神上的悲恐。但请务必相信，世界的美好不曾终结，希望的光亮未曾湮灭。请用"相信"的力量自我和解，绝不向命运妥协。惊喜一定会在裂缝中开花结果。

这首歌使我颇为感动，我感受到了歌手真心的祝福与充满希望的期待。

相信吧，最后一天永远不会到来，因为我们心中早已筑起围墙来保护我们的世界。

（陈欣韵，2020－03－14）

也许你和我一样，一下就被练笔的题目吸引了。新型冠状病毒肆虐全国，随后又席卷全球，看到每日激增的病例数，听到触目惊心的死亡数，令人窒息恐惧的时候，"你要相信这不是最后一天"犹如喷薄日出、洪钟贯耳，让失望者重拾希望，给人无穷的力量！陈欣韵同学引用歌词名为练笔题目，恰合时需。

眼睛是心灵的窗户，题目是文章的眼睛。高考几十年，有一半左右考题需要考生拟题作文，中考作文也常要求自拟题目。题好一半文，拟题既是一项基本功，又是冲刺作文高分的一个有效策略。自拟题目是为了给学生作文自由，鼓励学生作文创新。那么，怎样引导学生练笔拟出一个有创意的标题呢？

方法一：引导学生从作文试题中寻找。供料作文所供的材料中，如果有足以概括自己作文主要内容的简明扼要的语句，不妨直接从材料中截取。这样的语句可以是全文的论点，也可以是论题。如果没有现成的，可以通过认真审题来寻找自己的作文题目。曾兴盛一时的话题作文，直接以话题为题目虽不算错，但大家都这样拟题，就毫无新鲜感了，可以在话题前后或中间加一些词语，或稍加变化使自己的题目精彩起来。如 2002 年全国高考优秀作文中，就有不少考生是对话题"心灵的选择"加以适当变化而拟的题目，如《用心灵去选择》《文学路——心灵的选择》《花的选择》《昭君的选择》《选择牢笼》。

方法二：借用众所周知的名句。根据自己确定的立意，想一想有无与之相关的名言、警句、成语、格言、俗语、歌词、典故，如果恰当，就不妨借它一用。因为这些名句往往有文学色彩，或有文化底蕴，或大家喜闻乐见，所以只要借用得当，题目就可能出人意料。如全国高考优秀作文中就有这样的拟题：《劳于读书逸于作文》《问渠那得清如许，为有源头活水来》《自缘身在此山中》《问世间情为何物》《爱，是这样炼成的》。

方法三：巧用公式符号。如 2001 年全国高考试题是一个寓言故事，寓言中的年轻人拥有健康、美貌、诚信、机敏、才学、金钱、荣誉七个背囊，乘船中遇险，需要弃物求生，年轻人竟把"诚信"抛进了水里。要求以"诚信"为话题，自拟题目作文。有一考生拟的题目是《$7-1=0$》，以特殊的等式为题目，暗示诚信的重要性，去掉诚信，其他诸如美貌、金钱、荣誉等已经失去意义，真是匠心独运，令人拍案叫绝。

方法四：巧用修辞方法。以比喻、拟人、双关、设问、反问、对偶、移用等修辞手法拟题，拟得好就能使题目饶有趣味。如《红舞鞋》就是喻体拟题，读完全文后才知道，作者将过去的荣誉比作红舞鞋，新颖独特。在 2002 年高考优秀作文里，也有不少运用修辞方法拟题的，如《把爱吵醒》《那是，哪年?》《送玉僧妙语如珠解心结　贾宝玉前思后想出家门》《在平平仄仄的日子里》。

在几十年创意练笔探索中，学生都在尝试用不同方法使自己的练笔题目与众不同，我常常会被学生好的练笔题目吸引而迫不及待地读下去，也会因为学生新颖的练笔题目而反复玩味，也为学生内容好而练笔题目不好而惋惜，有时还会试着为学生拟几个题目，供学生修改练笔题目参考。

后　记

学生怕写作文，教师难教作文，作文教学是中小学语文之痛。

创意练笔是我们三十多年作文教学实验的改革主题，也是我们一以贯之的研究主线。

卿平海从1984年开始，通过语文目标激励教学实验，探索乡村作文教学改革，1991年获内江市教改成果一等奖。通过"成功作文法"实验，开展语文读启导学的区域改革，1997年获教育部教改实验成果三等奖。在成都市盐道街中学所做的整体优化语文课堂教学实验成果发表在《人民教育》后，被《中国教育报》、中国国际广播电台作为素质教育典型来报道；新课程练笔教学探索经验在中国教育学会中学语文教学专业委员会年会上交流；编写的《创新作文》经四川省教育厅中小学教材审定委员会审定，全省实验，惠及数百万学生；包括天天练笔、创新作文等教改成果的"初中新课程语文创意教学"获教育部教师教育优秀课程资源一等奖。

张速1988年开始在村小探索快乐读写取得显著效果，调入内江艺体师范附属小学。通过读写听说培养小学生语感实验，获中央教育科学研究所一等奖。调入成都后，探索仿创练笔、想象性习作、创新作文，主研省级重点课题获四川省人民政府教学成果一等奖。总结自己三十多年习作、阅读教改经验专著《幸福语文》，2020年5月获成都市人民政府哲学社会科学优秀成果二等奖。

我们探索创意练笔，虽然学段不同，但都从乡村到中等城市再到大都市，都经历了变厌写为会写的练笔成功方法、变会写为创写的练笔智慧策略、变创写为乐写的练笔育人之道的三个阶段，都有相同的创意练笔教学理念追求，都积累了大量的创意练笔策略方法、典型课例，于是合作编写《创意练笔》，意在实事求是地探寻中小学创意练笔的一般规律，意在精益求精地探求中小学创意练笔的基本方法，意在多快好省地解决小学与中学创意练笔的衔接问题。

卿平海、张速所著的《创意练笔》一书是成都市卿平海名师工作室丛书中的一本。我们围绕创意练笔教学进行系列研究，以为了创意练笔的写作教改实验、基于为什么练笔的言语生命动力、基于练笔写什么的学生生活世界、基于练笔怎样写的自主写作实践、基于练笔写给谁的分享评改机制这些突出问题为研修专题，以练笔真问题有创意的有效解决为研修主线，进行问题价值发现的创意练笔问道，课堂精心预设与精彩生成的创意练笔寻道，学生课堂心语、同行赏课圆课、工作室磨课沙龙、专家评课等创意练笔论道，课例深化研究或专题经验反思的创意练笔悟道。近八年来，我们用这一课例研修模式，与工作室成员、学校语文老师同课异构，在市内外上公开课、做讲座百余次，在各级刊物上发表论文十多篇。特别是在 2020 年抗击新冠疫情中，我们在网上教学中运用创意练笔方法，取得了特别好的效果。本书就是这些成果的集萃。

创意练笔的显著成效和丰硕成果，凝聚了无数人的大力支持和深情厚爱。三十多年，一万多个日日夜夜，有太多的人给我们力量和智慧。每届激情投入创意练笔的学生，作文课里激扬文字，天天练笔如痴如醉，文章发表时手舞足蹈，这是激励我们守正立新的不竭动力。每届学生家长的积极参与，各级领导和语文同行的无私帮助，这是我们坚持改革的力量源泉。省内外高校的著名教授、教科院所的知名教研员、教材编写的资深专家的学术引领，这是我们研究成果不断突破的智慧保障。

四川省教育厅和财政厅、成都市教育局和财政局对卿平海名师工作室给予了政策和资金支持；四川大学出版社陈克坚老师精心编辑，令人起敬。特别是教育部基础教育语文课程标准研制专家、著名语文教育家、中国大陆课程与教学论专业首位语文教育研究方向的博士生导师、中国高等教育学会语文教育专业委员会副会长、华东师范大学著名教授倪文锦先生，在主编教育部语文教材繁忙工作中，拨冗为《创意练笔》写序鼓励……

千言万语凝成一句话：衷心感谢！

创意练笔是学生生命与智慧的精彩绽放，创意练笔教学是师生共创的遗憾艺术。我们竭诚与您分享练笔教学创意，意在总结反思、自我超越中探索语文之道，体悟语文之味，共育语文之人。广大读者的批评指正，将是我们继续前行的动力，请不吝赐教。

最后，向所有关爱我们的人和我们心爱的人致敬！

卿平海　张　速
2020 年 9 月 6 日于青城山